**Peter Schaar**
**Überwachung total**

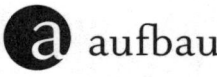 aufbau

# Peter Schaar

# Überwachung total

## Wie wir in Zukunft unsere Daten schützen

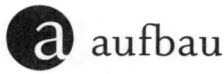 aufbau

FSC
www.fsc.org
MIX
Papier aus ver-
antwortungsvollen
Quellen
FSC® C083411

ISBN 978-3-351-03295-1

Aufbau ist eine Marke der Aufbau Verlag GmbH & Co. KG

1. Auflage 2014
© Aufbau Verlag GmbH & Co. KG, Berlin 2014
Einbandgestaltung hißmann, heilmann, Hamburg
Satz LVD GmbH, Berlin
Druck und Binden CPI – Clausen & Bosse, Leck
Printed in Germany

www.aufbau-verlag.de

# Inhalt

## Diagnose Totalüberwachung

Am 6. Juni 2013 hat sich unsere Sicht auf das Internet dramatisch verändert. An diesem Tag veröffentlichten die Washington Post und der britische Guardian erste Dokumente, die der ehemalige Geheimdienstmitarbeiter Edward Snowden gesammelt und auf drei tragbaren Computern ins Ausland mitgenommen hatte. Schon diese ersten Veröffentlichungen offenbarten die atemberaubenden globalen Überwachungsaktivitäten des amerikanischen Computergeheimdienstes NSA. Seither wird die Welt immer wieder durch neue Enthüllungen in Atem gehalten.

Es ist nicht mehr zu leugnen: Nicht nur die Geheimdienste autoritärer »Schurkenstaaten«, auch westliche Nachrichtendienste überwachen unsere Kommunikation, und sie sammeln viele Daten über unser Verhalten. Ihre Grenzen werden dabei in erster Linie von den eigenen Fähigkeiten bestimmt, weniger durch Gesetze und schon gar nicht durch moralische Grundsätze. Sie handeln gemäß einer Devise, die dem Minister für Staatssicherheit der verflossenen DDR, Erich Mielke, zugeschrieben wird: »Um wirklich sicher zu sein, muss man alles wissen.«

Solange es Geheimdienste gibt, streben sie nach Informationen, von denen sie annehmen, dass sie für ihre Regierungen nützlich sein könnten. Bisweilen ist die Informationssammlung auch Selbstzweck und dient dem eigenen

7

Machtgewinn. Auch in der alten, analogen Welt galt für die Geheimdienste nicht das Gebot der Mäßigung – die Grenzen der Nachrichtensammlung waren wie heute überwiegend praktischer Natur. Aber weil es viel mühsamer war, Daten zu sammeln, zu kopieren und auszuwerten, konzentrierte man sich auf »lohnende« Ziele. Das alltägliche Leben der allermeisten Menschen wurde weder registriert noch überwacht. Lediglich in Überwachungsstaaten wie der DDR hatten Geheimdienste die Aufgabe, die Menschen auch in ihrem Alltag soweit wie möglich auszuforschen. Dass dabei riesige Datensammlungen entstanden, zeigen die vielen Kilometer Aktenregale, die in der Stasi-Unterlagenbehörde zu besichtigen sind.

Trotzdem waren selbst die in autoritären Regimen angehäuften Informationsbestände ein Klacks gegen die Datenmassen, die Geheimdienste heute aus der Digitalkommunikation erlangen und in elektronischen Speichern ablegen. Die NSA sieht in der Informationsgesellschaft ein »goldenes Zeitalter«, wie ein im Internet zu findendes Strategiepapier[1] belegt – vermutlich sehen das andere Nachrichtendienste ähnlich.

Dabei haben die Geheimdienststrategen im Blick, wie sich die Informationstechnik weiterentwickelt. Das Zauberwort heißt »ubiquitous computing« – allgegenwärtige Datenverarbeitung. Digitale Informationen entstehen vielfach auch dann, wenn die Betroffenen davon nichts mitbekommen: Technische Daten, die für den Betrieb der Geräte, für den Aufbau von Verbindungen und für viele Dienstleistungen erforderlich sind. Wenn wir den Fernseher einschalten, mit dem Auto oder mit öffentlichen Verkehrsmitteln unterwegs sind oder beim Bezahlen an der Supermarktkasse erzeugen eingebaute Computerchips solche »Metadaten«. Selbst wenn wir keinen PC benutzen und das Handy zu Hause bleibt, hinterlassen wir so immer mehr digitale Spuren. Einen erheblichen Beitrag zur Datenanhäufung leisten die vermeintlich »kostenlosen« Internetangebote, die wir in Wirklichkeit mit unseren Daten finanzieren. Viele Dienste rechnen sich nur, weil sie unser Verhalten und die Interessen registrieren und die Daten zur möglichst treffsicheren Platzierung personalisierter Werbebotschaften verwenden. Je zahlreicher die angehäuften Nutzerdaten sind, aus denen die Unternehmen Verhaltens- und Interessenprofile ableiten können, desto besser.

Von dem immer weiter perfektionierten Tracking und Targeting, der möglichst umfassenden Verfolgung des Nutzers im Netz, profitieren auch die Geheimdienste. Die aus kommerziellen Gründen eingesetzten Mittel zur elektronischen Wiedererkennung von Nutzern liefern auch ihnen Erkenntnisse über persönliche Interessen und Verhaltensweisen. Internetunternehmen bestellen das Feld für staatliche Überwachung. Wie wir inzwischen wissen, ernten Nachrichtendienste die privatwirtschaftlich bestellten Datenfelder großflächig ab – sei es mit legalen Mitteln, sei es unter Ausnutzung technischer Schwachstellen bei Google, Facebook & Co.

Die im Verborgenen agierenden Nachrichtendienste setzen gewaltige Ressourcen ein, um die bei der digitalen Kommunikation angehäuften Datenbestände auszulesen, zu kombinieren und zu bewerten. Im Mittelpunkt steht dabei natürlich nicht mehr die »Wanze«, die unter dem Bett oder Schreibtisch einer Zielperson versteckt wird. Es geht vielmehr um die Bildung umfassender Kommunikations-, Verhaltens- und Bewegungsprofile von jedermann. Angestrebt wird die Datengewinnung »from anyone, anytime, anywhere«, also die totale Überwachung, wie die NSA unumwunden zugibt. Der Dienst sieht sich dabei als Maschine, als Teil eines »Netzwerks von

Sensoren, die interaktiv messen, reagieren und sich in Echtzeit gegenseitig alarmieren.« Die Überwachung beschränkt sich nicht auf Verdächtige. Erfasst wird jeder, der elektronisch kommuniziert oder sich digitaler Hilfen bedient. Wo Gesetze im Wege stehen, wird versucht, sie im eigenen Sinne umzudeuten und sie zu umgehen. Oder man hält sich nicht an sie.

Dabei sind sich die Nachrichtendienstler durchaus bewusst, dass Unternehmen, Staaten und Nutzer versuchen, sich zu schützen. Um die befürchtete »Erblindung« zu vermeiden, setzt man alles daran, die Datenverschlüsselung und andere Schutzmechanismen auszuhebeln. Während Nachrichtendienste offiziell vor Hackern und feindlichen Mächten warnen, die unsere Daten aus dem Cyberspace bedrohen, suchen sie nach unbekannten Lücken in der Hard- und Software und nutzen sie aus. Zugleich wird daran gearbeitet, die gegen Datenmissbrauch und andere virtuelle Bedrohungen gerichtete Datenverschlüsselung zu schwächen.

## Die Instrumente

Die zur elektronischen Überwachung verwendeten Instrumente sind vielfältig, ihre Bezeichnungen phantasievoll: PRISM, X-Keyscore, Mainway, Co-Traveller, Tempora, Stellar, Wind, Turbulance, Marina, Pinwale … Eine im Sommer 2013 veröffentlichte Übersicht[2] kommt auf zwanzig Überwachungsprogramme, die allein von der NSA betrieben werden sollen. Mitgezählt wurden dabei nur die Programme, die bis dahin öffentlich bekannt waren. Dass es darüber hinaus weitere Programme gibt, ist inzwischen belegt.

Die Zusammenhänge der verschiedenen Komponenten des

global angelegten Überwachungssystems werden durch jede neue Enthüllung deutlicher: Zunächst geht es um die möglichst umfassende Abschöpfung von »Metadaten« (Mainway) und die Erfassung und Filterung von Kommunikationsinhalten (Tempora). In einem (logisch) weiteren Schritt werden Kommunikationsvorgänge besonders ausgewertet, die aufgrund bestimmter Muster, wegen der beteiligten Kommunikationspartner oder der Verwendung bestimmter Begriffe auffällig erscheinen (X-Keyscore). Schließlich werden gezielt Daten bei Internet- und Telekommunikationsunternehmen angefordert, die man durch die Abhöraktivitäten nicht bekommen konnte. Diese Aufgabe erledigt PRISM.

Es ist sehr wahrscheinlich, dass die global erfassten Metadaten und »verdächtige« Inhalte von den Diensten langfristig gespeichert werden. So lassen sie sich bei Bedarf flexibel – nach jeweiligem Informationsinteresse – auswerten. Wie umfangreich die weltweite Kommunikation aktuell überwacht und registriert wird, lässt sich allein anhand der auf Snowden zurückgehenden Veröffentlichungen nicht zuverlässig bestimmen. Zwar heißt es in einer NSA-Präsentation, die Inhalte würden »nur« drei Tage gespeichert, bei den Metadaten betrage die Speicherungsfrist regelmäßig dreißig Tage.[3] Allerdings stammt diese Information aus dem Jahr 2008. Seither haben sich die Speichertechniken immens verbessert, und es wäre naiv anzunehmen, die Nachrichtendienste würden sich die Möglichkeiten zur noch umfangreicheren Erfassung und Speicherung entgehen lassen. Nicht mehr bestritten wird, dass die NSA die bei den US-Telefongesellschaften abgeschöpften Metadaten fünf Jahre bevorratet hat.[4] Dass die nicht aus den USA stammenden Metadaten von der NSA früher gelöscht werden als die Metadaten amerikanischer Nutzer, ist kaum vorstellbar.

## PRISM: Eine neue Sicht auf die Welt

Von den vielen Codewörtern für Überwachungsprogramme, die durch die Snowden-Papiere bekannt wurden, hat sich keines so tief ins öffentliche Bewusstsein gegraben wie PRISM. Dabei ist bis heute nicht wirklich klar, ob es sich dabei um eine Abkürzung handelt oder um einen Eigennamen, das englische Wort für »Prisma«. Die Bezeichnung ist jedenfalls gut gewählt, wenn man sich die Funktionsweise eines Prismas vergegenwärtigt: Es bricht einen Lichtstrahl und leitet ihn um. Je nach Wellenlänge ist der Brechungswinkel der Komponenten, aus denen sich das Licht zusammensetzt, unterschiedlich, so dass eine farbliche Aufspaltung des Spektrums der Lichtquelle stattfindet. Damit lässt sich etwa die Art der Lichtquelle bestimmen. PRISM überträgt dieses Prinzip auf Informationen, die in großer Anzahl und anscheinend zufällig im Internet übertragen werden und auf Servern landen. Aus dem »Rauschen« der Metadaten sollen durch Filterung und Verknüpfung Strukturen erkennbar werden, die sich mit »bloßem Auge« nicht wahrnehmen lassen.

Im Zentrum von PRISM steht die Auswertung von Daten, die die NSA von großen US-Internetunternehmen erlangt, mit denen der Nachrichtendienst Kooperationsabkommen abgeschlossen hat. An Bord war – so die Dokumente – fast alles, was in der US-Internet-Branche Rang und Namen hat: Microsoft, Google, Yahoo!, Facebook, YouTube, Skype, AOL und Apple. Die NSA und das FBI – so eine ursprünglich streng geheime Präsentation – hätten sich Zugang zu den zentralen Servern von neun führenden US-Internet-Unternehmen verschafft. Auf diese Weise extrahiere der Dienst Audio- und Video-Chats, Fotos, E-Mails, Dokumente und

Verbindungsprotokolle, berichtete die Washington Post am 6. Juni 2013.[5] Das Überwachungssystem, das unter dem Codewort »PRISM« betrieben werde, besitze einzigartige Fähigkeiten. Die NSA sei »stolz darauf, Geheimnisse zu stehlen und Codes zu brechen, und dabei Unternehmenspartnerschaften erreicht zu haben, die ihr helfen, den Datenverkehr umzuleiten oder Hindernisse zu umgehen«.

Auch wenn sich die öffentlichen Stellungnahmen zum Funktionsumfang und zum Einsatzbereich von PRISM widersprechen, bestehen an der Existenz des Programms heute keine ernsthaften Zweifel mehr. Der Bundesregierung verdanken wir den Hinweis, dass es angeblich sogar zwei Programme gibt, die unter diesem Namen laufen. Kurz nach den ersten Medienberichten hatte sie nämlich bestritten, jemals irgend etwas von PRISM gehört zu haben. Diese Behauptung wurde allerdings angezweifelt, nachdem Medien darüber berichtet hatten, die Bundeswehr gehöre zu den Nutzern von PRISM – in Afghanistan. Regierungssprecher Steffen Seibert dementierte mit einer kreativen Argumentation: Es gebe zwei verschiedene Systeme namens »PRISM« – das System der NSA und ein anderes Programm der Internationalen Schutztruppe in Afghanistan (ISAF). Die beiden Programme seien »nicht identisch«, sagte Seibert.[6] Verblüffend – und widersprüchlich – ist dabei, dass die Bundesregierung einerseits jegliches Wissen um die Existenz von PRISM bestritt, aber zugleich auf die Nicht-Identität beider Programme hinwies. Wie konnte der Regierungssprecher ohne Kenntnis von »PRISM 1« sicher sein, dass »PRISM 2« ein ganz anderes Programm sei? Auch auf Nachfragen der Opposition beharrte die Bundesregierung darauf, nichts von dem NSA-PRISM gewusst zu haben: Es handele sich bei dem in Afghanistan genutzten

PRISM um das »Planning Tool for Resource, Integration, Synchronisation and Management«, ein Programm zur »Aufklärungssteuerung« der NATO/ISAF-Verbände. Deutsche Kräfte hätten hierauf keinen direkten Zugriff.[7] Kurze Zeit später berichtete die NSA schließlich von einem weiteren (dem dritten!) Programm namens PRISM. Danach soll das Codewort eine Abkürzung sein für »Portal for Real-time Information Sharing and Management (PRISM)«, ein Programm der für die IT-Sicherheit zuständigen NSA-Abteilung.[8]

Hier soll nicht weiter der Frage nachgegangen werden, ob wirklich diverse NSA-Programme unter dem Codewort PRISM existieren oder ob es sich bei diesen Behauptungen um Desinformation handelt. Wenn im Folgenden von PRISM die Rede ist, dann von dem System zum Datenabruf bei Telekommunikations- und Internetunternehmen.

Die Snowden-Dokumente legen nahe, dass es regelrechte Abkommen mit den Internetunternehmen gegeben hat, in denen diese zusagten, die NSA mit den gewünschten Informationen zu versorgen.[9] Dies erschien glaubwürdig, denn die Kooperationsbeziehungen amerikanischer Geheimdienste mit Kommunikationsunternehmen reichen Jahrzehnte zurück – und sie sind seit langem bekannt.[10] In den 1970er Jahren hatte die NSA mit den wichtigsten Telekommunikationsunternehmen Vereinbarungen geschlossen, in denen diese sich verpflichteten, Kopien sämtlicher – auch inneramerikanischer – Telegramme an den Dienst zu liefern.[11] Die Zusammenarbeit zwischen der NSA und den Telekommunikationsunternehmen setzt sich bis in die Gegenwart fort, wie wir heute wissen. Für die Glaubwürdigkeit der Meldungen über enge Kooperationsbeziehungen von NSA und Internetunternehmen sprechen zudem Mitteilungen anderer Whistleblower, etwa des ehemaligen technischen NSA-Direktors William Binney, die sich auf die Zeit unmittelbar nach den Anschlägen von 2001 beziehen.[12]

Trotzdem wiesen die in der NSA-Präsentation genannten Unternehmen die Behauptungen über die vertragsmäßigen Kooperationsbeziehungen vehement zurück. In den Tagen nach der ersten Snowden-Veröffentlichung gaben die betroffenen Unternehmen nahezu gleich lautende »Dementis« her-

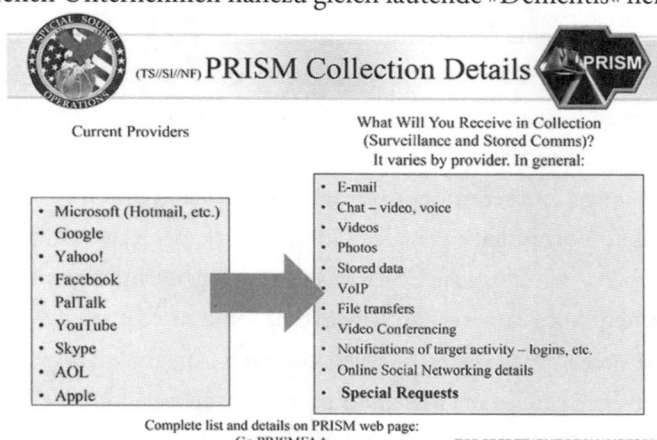

PRISM: Die NSA bedient sich bei Internetunternehmen (Quelle: WP 6.6.2013)

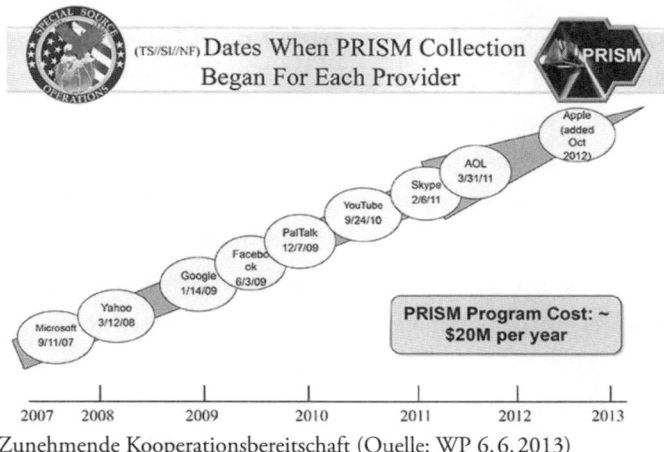

Zunehmende Kooperationsbereitschaft (Quelle: WP 6.6.2013)

aus. Diese waren geschickt formuliert, ihre Wortwahl ist ver-
räterisch: So schreiben etwa Google-Gründer Larry Page und
der Chefjustiziar des Unternehmens David Drummond im
offiziellen Google-Firmen-Blog vom 7. Juni 2013[13]: »Erstens
sind wir keinem Programm beigetreten, das der US-Regierung … einen direkten Zugang zu unseren Servern geben
würde. Tatsächlich hat die US-Regierung keinen direkten Zugang oder eine ›Hintertür‹ zu den in unseren Rechenzentren
gespeicherten Informationen. … Zweitens stellen wir Regierungen Benutzerdaten nur in Übereinstimmung mit dem Gesetz zur Verfügung. …. Presseberichte, dass Google offenen
Zugang zu unseren Benutzerdaten bietet, sind falsch.«

Die Formulierungen der Google-Chefetage erweisen sich
– ebenso wie ähnliche Erklärungen anderer beschuldigter Unternehmen – als ziemlich schwaches Dementi. Wenn etwa behauptet wird, es gäbe »keinen direkten Zugang zu unseren
Servern« provoziert dies die Frage, ob es denn indirekte Zu-
gänge gibt. Betreibt etwa die NSA Server, auf denen die für
sie interessanten Daten landen? Zudem wäre es mit dem »Dementi« durchaus vereinbar, dass das Unternehmen der NSA
auf freiwilliger Basis technische Schnittstellen zur Überwachung zur Verfügung gestellt hat, denn eine entsprechende
Verpflichtung hierzu hat das Unternehmen bisher nicht.
Wenn weiter ausgeführt wird, Benutzerdaten würden »nur in
Übereinstimmung mit dem Gesetz zur Verfügung« gestellt,
ist auch dies keine wirkliche Entwarnung. US-Unternehmen
müssen schon dann Daten herausgeben, wenn vorstellbar ist,
dass Terroristen entsprechende Dienste nutzen könnten. Besonders schwach sind die gesetzlichen Begrenzungen, wenn
die Daten aus dem Ausland stammen.

Dass »offizielle« staatliche Anfragen – unabhängig von ihrer

Rechtsgrundlage – nur einen Teil des tatsächlichen nachrichtendienstlichen Zugriffs auf die Daten abdecken, kann heute niemand mehr ernsthaft bestreiten. Britische und amerikanische Nachrichtendienste erheben auch außerhalb ihrer gesetzlich geregelten Inlandsaktivitäten Daten, etwa indem sie Transatlantikkabel anzapfen. Sie dringen in Computersysteme ein und überwachen interne Netze von Unternehmen und ausländischen Regierungen. Die NSA und der britische Computergeheimdienst GCHQ verfügen über derartige Fähigkeiten und sie setzen sie auch ein. So konnten etwa Eingaben europäischer, asiatischer, südamerikanischer oder afrikanischer Nutzer bei US-Suchmaschinen, E-Mails und in sozialen Netzwerken wie Facebook abgefangen und protokolliert werden. Die riesigen Schattendatenbanken haben aus Sicht der Geheimdienste den unschätzbaren Vorteil, dass sie sich auch ohne Kooperationsbereitschaft der Internetunternehmen auswerten lassen.

Die Bemühungen von Unternehmen und Nutzern, ihre Daten durch Verschlüsselung gegen heimliches Mitlesen zu schützen, wurden von den Nachrichtendiensten frühzeitig als Bedrohung erkannt. Die Unternehmen fühlten sich auf der sicheren Seite, weil sie ihren internen Datenverkehr überwiegend über besondere, extra für diesen Zweck angemietete Leitungen und nicht über das leicht zu überwachende öffentliche Internet abwickelten. Damit lagen sie allerdings falsch: Um das drohende »Erblinden« zu verhindern, investierten die NSA und der britische GCHQ große Summen in Forschungsvorhaben und in Kooperationsbeziehungen zu privaten Dienstleistern. Offenbar eine ertragreiche Investition, folgt man den stolzen Bekundungen in den streng geheimen Fortbildungsmaterialien für den Spionagenachwuchs. So ist es der NSA offenbar gelungen, in die internen Netze verschiedener Internetunternehmen einzudringen.[14] Damit bekamen sie vollen Zugriff auf die bei den Unternehmen gespeicherten Daten. Erleichtert wurde ihnen das Überwachungsgeschäft dadurch, dass die Datenübertragung zwischen den Servern in den internen Netzen unverschlüsselt erfolgte. So konnten die NSA und der GCHQ sich ein umfassendes Bild von den Nutzeraktivitäten machen, vorbei an den »offiziellen« PRISM-Mechanismen. Suchanfragen, E-Mails, elektronische Landkarten und Routenplaner, Office-Dokumente, Kalender und Kontaktlisten: Alles konnte in Echtzeit registriert und ausgewertet werden.

Die Berichte, dass es den Geheimdiensten gelungen war, in die abgeschotteten internen Kommunikationsstrukturen von Google & Co. einzudringen, führten zu heftigen Reaktionen der amerikanischen Internetwirtschaft. In einer gemeinsamen Erklärung[15] forderten Apple, Facebook, Microsoft, Google, Twitter, AOL, Yahoo und LinkedIn eine drastische Reduktion der staatlichen Überwachung. Insbesondere solle der Datenzugriff auf bestimmte Benutzer begrenzt werden. Alle staatlichen Überwachungsaktivitäten müssten einer unabhängigen Kontrolle unterworfen werden. Zudem verlangten die Unternehmen das Recht, Angaben über die Anzahl und Natur staatlicher Anfragen zu veröffentlichen.

Diese Intervention der Big Player der US-Internetwirtschaft beeindruckte die US-Regierung offenbar stärker als die Proteste ausländischer Regierungen – vielleicht auch deshalb, weil Google, Facebook und Twitter Barack Obama in den Präsidentschaftswahlkämpfen 2008 und 2012 massiv unterstützt hatten. Zudem waren die Berichte über die ungezügelten NSA-Abhöraktivitäten für die US-Internetwirtschaft nicht gerade geschäftsfördernd. Analysten berechneten die zu erwartenden Schäden für die amerikanischen Internetfirmen auf einen hohen zweistelligen Milliarden-Dollar Betrag. So bezifferte eine von der unabhängigen Washingtoner Information Technology and Innovation Foundation (ITIF) im August 2013 vorgelegte Studie den für US-Cloud-Anbieter durch die Snowden-Affäre innerhalb von drei Jahren zu erwartenden Umsatzverlust auf 22 bis 35 Milliarden. US-Dollar.[16] Zahlen aus dem Frühjahr 2014 deuten an, dass die tatsächlichen Verluste sogar noch größer sind.

## Metadaten als neue Goldader

Wenn von Überwachung die Rede ist, denken wir zunächst an Inhalte: An Telefonate, die belauscht und aufgezeichnet werden, an kopierte Briefe, Telefaxe oder E-Mails. Heute findet diese Inhaltsüberwachung in größerem Umfang statt als jemals zuvor. Wichtiger ist aber inzwischen die Auswertung der sogenannten Metadaten. Dieser Begriff umschreibt alle Daten, die bei der digitalen Kommunikation anfallen – mit Ausnahme der Inhalte. Zu den Metadaten gehören insbesondere die Verbindungsdaten der Telekommunikation (wer hat mit wem wann telefoniert), die Standortdaten von Mobilfunkgeräten, die Adressen angesteuerter Webseiten. Metadaten fallen bei jeder elektronischen Interaktion an. Ohne sie gäbe es kein digitales Mobilfunknetz und kein Internet.

Die Metadaten haben auch aus Sicht der Überwacher ein unschätzbares Potential:

– Sie können vollautomatisch erfasst und ausgewertet werden,

– das Datenvolumen ist nicht annähernd so groß wie das-
jenige der Inhaltsdaten,

– aus ihnen können umfassende Beziehungs- und Verhaltensprofile abgeleitet werden.

Zudem können Metadaten immer effizienter verknüpft
und bewertet werden. Angesichts drastisch gesunkener Preise
für Speicherchips können gewaltige Datenmengen im schnellen Hauptspeicher von Computersystemen verarbeitet werden. In-Memory-Datenbanken, bei denen alle Operationen
im Hauptspeicher ablaufen, sind um Dimensionen schneller
und leistungsfähiger als klassische Datenbanksysteme. Bei den
älteren Systemen wurden die Daten auf externen Speichermedien gehalten und nur temporär in den Hauptspeicher

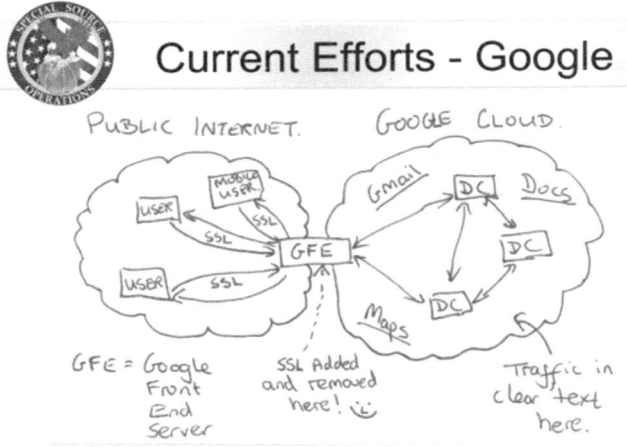

TOP SECRET//SI//NOFORN

Einbruch in interne Netze der Internetunternehmen (Quelle: 30. 10. 2013)

übertragen, was sehr viel mehr Zeit in Anspruch nahm und
die Auswertung verlangsamte. Mit der neuen Technik können Verknüpfungen praktisch in Echtzeit vorgenommen werden – ein für private Datenjäger und für Nachrichtendienstler

gleichermaßen paradiesischer Zustand: Daten aus unterschiedlichen Quellen werden zusammengeführt und auf Auffälligkeiten untersucht. Im Trefferfall werden auch die Inhalte nach Möglichkeit ebenfalls in Echtzeit analysiert. Metadaten gelten deshalb zu Recht als ergiebigste »Goldader« der Überwacher.

Sie geben Aufschluss über unsere Gewohnheiten und Freunde, und sie verraten unseren Aufenthaltsort. Aus ihnen kann abgeleitet werden, wer sich für welche Inhalte interessiert. Nachvollziehen lässt sich auch, wer ärztlichen Rat in Anspruch nimmt oder bei einer Suchtberatungsstelle Hilfe sucht. Aus gutem Grund stehen die Metadaten deshalb in Europa unter dem Schutz des Fernmeldegeheimnisses. Nicht so in den USA: Hier beschränkt sich das Fernmeldegeheimnis auf die Kommunikationsinhalte. US-Gerichte vertreten bis heute die Position, dass die Nutzer von den Unternehmen nicht die Geheimhaltung der Metadaten erwarten (»no reasonable expectation of privacy«).

Seit 2001 fordern und erhalten das FBI und die NSA sämtliche Metadaten von den wichtigsten US-Telefongesellschaften. Zunächst erfolgte die Herausgabe ohne gerichtliche Genehmigung. Seit einigen Jahren erlässt der für die Genehmigung von Überwachungsmaßnahmen zuständige FISA-Court entsprechende Anordnungen. Da die Anordnungen gesetzlich auf 90 Tage begrenzt sind, werden die Datenanforderungen jeweils kurz vor Fristablauf erneuert. Nach offiziellen Angaben bleiben die gesammelten Metadaten mindestens fünf Jahre bei der NSA gespeichert.[17] Zeitweise umfasste die inneramerikanische Metadatensammlung auch E-Mails und sonstige Verkehrsdaten aus Internetdiensten.[18]

Vertreter der US-Administration verheimlichten bis zu den

Presseveröffentlichungen im Juni 2013[19] die Existenz der umfassenden inneramerikanischen Metadatensammlung. So antwortete der Geheimdienstkoordinator (Director of National Intelligence) James R. Clapper noch während eines Hearings des Kongress-Geheimdienstausschusses am 12. März 2013 auf die Frage von Senator Ron Wyden, ob die NSA irgendwelche Daten über hunderte Millionen Amerikaner gesammelt habe, mit dem so klaren wie unwahren Statement »No, Sir.«[20] Wyden hakte nach: »Wirklich nicht?« Antwort: »Es gibt Fälle, in denen solche Daten vielleicht versehentlich gesammelt werden könnten, aber nicht bewusst«. Wegen dieser offensichtlichen Fehlinformation hat der Republikaner James Sensenbrenner im Dezember 2013 eine formale Beschwerde bei Generalstaatsanwalt Eric Holder eingelegt.[21] Die bewusste Falschaussage gegenüber einem parlamentarischen Ausschuss ist auch nach US-Recht strafbar.

Noch robuster als beim Sammeln inneramerikanischer Metadaten geht die NSA bei der Erfassung von Metadaten von Nicht-Amerikanern vor. Ohne gerichtliche Anordnung überwacht werden auch US-Bürger, bei denen angenommen wird, dass sie sich im Ausland aufhalten. Rechtlich weitgehend ungeschützt sind die Daten, die »Non-US-Persons« auf Servern in den USA ablegen, und die, deren Kommunikationsverbindungen über US-Netzkonten geleitet werden.

Die NSA profitiert auch massiv von den Überwachungsaktivitäten ausländischer Nachrichtendienste. Der bedeutsamste Datenlieferant ist der britische Computergeheimdienst GCHQ, der viele der im Rahmen des Programms Tempora von ihm erfassten Daten an die NSA weitergibt. Auch andere befreundete Nachrichtendienste versorgen die NSA mit Daten-Rohmaterial.

Zu den Datenlieferanten der NSA gehört auch der Bundesnachrichtendienst (BND). Anfang Juni 2013 berichteten die Medien darüber, dass der BND massenhaft in Deutschland gesammelte Verbindungsdaten der Telekommunikation an die NSA weitergegeben habe – die Rede war von 500 Millionen Metadaten in einem Monat.[22] Das entsprechende Programm laufe bereits seit 2007. Die Bundesregierung bestätigte zwar, dass der BND am Standort Bad Aibling Metadaten an die NSA weitergegeben habe. Der BND gehe aber davon aus, dass die in den Medien genannten Datenübermittlungen der Fernmeldeaufklärung in Afghanistan zuzuordnen seien. Dies habe die NSA zwischenzeitlich bestätigt. »Der BND arbeitet seit über 50 Jahren erfolgreich mit der NSA zusammen, insbesondere bei der Aufklärung der Lage in Krisengebieten, zum Schutz der dort stationierten deutschen Soldatinnen und Soldaten und zum Schutz und zur Rettung entführter deutscher Staatsangehöriger.«[23] Vor der Weiterleitung würden diese Daten in einem gestuften Verfahren um eventuell darin enthaltene personenbezogene Daten deutscher Staatsbürger bereinigt. Bemerkenswert ist an diesem Eingeständnis nicht nur, dass der BND millionenfach vertrauliche Daten auf fremdem Territorium sammelt. Noch bedenklicher ist es, dass der deutsche Auslandsnachrichtendienst diese Daten in großem Umfang an die NSA weiterleitet. Angesichts der riesigen Datenmengen, die übermittelt werden, ist nicht vorstellbar, dass der BND im Einzelfall prüft, ob die Voraussetzungen für eine Datenübermittlung vorliegen.

Auch der Hinweis der Bundesregierung, dass vor der Übermittlung diejenigen Daten, die deutsche Kommunikationsteilnehmer betreffen, vor der Übermittlung herausgefiltert würden, beruhigt nicht wirklich. Denn weder Telefonnummern noch die E-Mail-Kennungen ermöglichen eine sichere Unterscheidung nach Staatsangehörigkeit und Land. Wie soll es dem BND etwa möglich sein, die Daten eines deutschen Nutzers herauszufiltern, der in seinem Mobiltelefon eine ausländische Simkarte benutzt oder Kunde bei einem internationalen E-Mail-Anbieter ist, dessen Domainname auf ».com« und nicht auf ».de« endet? Zudem werden die Daten von Bürgern anderer EU-Staaten offenbar nicht aus dem Bestand ausgefiltert – jedenfalls ist davon in der Antwort der Bundesregierung nicht die Rede. Da die übrigen mit der NSA »befreundeten« Nachrichtendienste – wie die Snowden-Papiere belegen – ähnlich wie der BND verfahren, gelangen so massenweise Daten von Bürgern aus ganz Europa in die »Obhut« des amerikanischen Dienstes.

## Datamining weltweit

Was nützen Datenberge, die niemand erschließen kann? Je mehr Daten gesammelt werden, desto wichtiger werden die Instrumente, mit denen sie sich auswerten lassen. Die früher für aussichtslose Fälle gebrauchte Metapher von der Suche der Nadel im Heuhaufen stimmt in Zeiten von »Big Data« offenbar nicht mehr. Heute gilt – nicht nur bei den Geheimdiensten – die Devise: Je mehr Daten, desto besser. So wird der stellvertretende US-Justizminister James Cole mit der Aussage zitiert »Wenn Sie eine Nadel im Heuhaufen finden wollen, brauchen Sie einen Heuhaufen«.[24] Der bis April 2014 amtierende NSA-Chef Keith B. Alexander hatte dieselbe Metapher schon 2008 verwendet, als es um die Erfassung von Daten aus dem Irak ging: »Statt nach einer einzigen Nadel im Heuhaufen zu suchen sollten wir den

ganzen Heuhaufen nehmen. Alles sammeln, markieren, speichern... Was immer du brauchst, kannst du darin suchen.«[25]

Bei dem unter der Bezeichnung X-Keyscore bekannt gewordenen Programm handelt es sich um ein solches »mächtiges
Werkzeug zur Analyse abgehörter Daten«.[26] Eine NSA-Präsentation aus dem Snowden-Fundus beschreibt X-Keyscore
als Instrument, mit dem sich beliebige Daten – Metadaten
und Inhalte – verknüpfen und auswerten lassen. Die Auswertung von Nutzereingaben könne sogar in Echtzeit erfolgen.
Dies setzt allerdings voraus, dass auf den überwachten IT-Systemen entsprechende Software zur Echtzeit-Überwachung
läuft. Im Regelfall dürfte es sich dabei um Systeme handeln,
die mittels »Trojanern« manipuliert wurden. X-Keyscore kann
sehr umfangreiche, unterschiedlich strukturierte und auf weltweit verteilten Servern gespeicherte Datenmengen verknüpfen und aufbereiten. Die Datenhaltung erfolgt auf vernetzten
LINUX-Servern, die am Ort der Abhöreinrichtungen stehen.
Diese Systeme können zusammengeschaltet und über eine
Web-Schnittstelle ausgewertet werden. Sofern die Verarbei-
tungs- oder Übertragungskapazitäten für die Auswertung der
Datenströme in Echtzeit nicht ausreichen, kann das System
die Verarbeitungstiefe reduzieren und sich darauf beschrän-
ken, ungewöhnliche Muster (»Anomalien«) zu erkennen. Der
Rest wird zwischengespeichert, um ihn später einer genaueren
Analyse zu unterziehen.

X-Keyscore kann aus den Datenmassen anhand unterschiedlichster Suchkriterien die für Nachrichtendienste interessanten Daten herausfiltern. Als Kriterien nennt die NSA-
Darstellung E-Mail-Adressen, Autorenangaben und andere
Eigenschaften von Dokumenten, Telefonnummern, Suchbegriffe der Web-basierten Suchmaschinen und Landkarten-

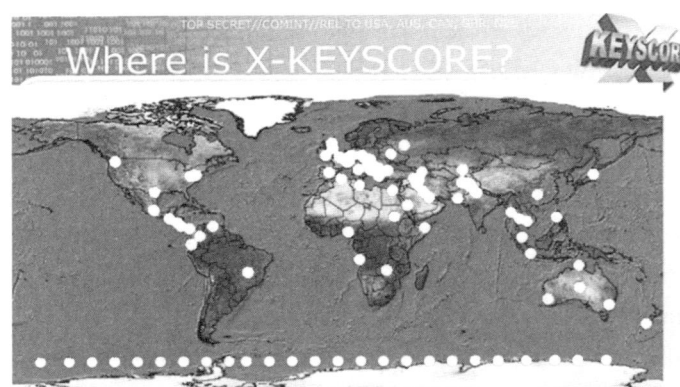

X-Keyscore: Weltweite Datensammlung (Quelle: Guardian 31.7.2013)

dienste. Auch nach bestimmten Verhaltensmustern könnten die Daten selektiert werden, etwa nach der Verwendung einer für eine Region untypischen Sprache. So wäre es z.B. möglich, Nutzer mit deutschen IP-Adressen zu identifizieren, die auf arabisch kommunizieren.

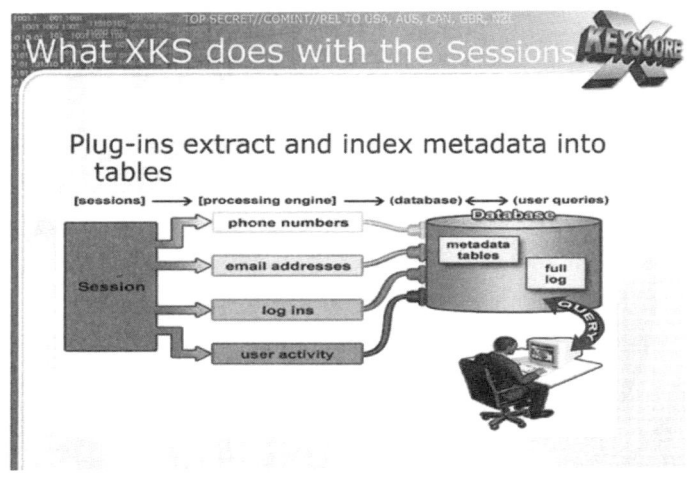

X-Keyscore: Umfassende Datenauswertung (Quelle: Guardian 31.7.2013)

Auf besonderes Interesse der NSA stoßen offenbar Virtual Private Networks (VPN), die Behörden und Firmen zur Abschottung ihrer internen Kommunikation verwenden. VPN nutzen zwar das Internet zur Datenübertragung, die übertragenen Daten sind aber verschlüsselt. Zwischen den im VPN zusammengeschlossenen Systemen bestehen »virtuelle Datentunnel«, die auf dem Transportweg nicht überwacht werden können. Wie wichtig der NSA die Identifikation der an VPN angeschlossenen Computer ist, belegen die Schulungsunterlagen zu X-Keyscore. Danach kann das Programm die Verwendung von VPN lokalisieren (Beispiel aus den Snowden-Dokumenten: »Show me the VPN startups in country X, and give me the data so I can decrypt and discover the users«). Schließlich können auch die genauen Eigenschaften bestimmter IT-Systeme (»Fingerprints«) in X-Keyscore geladen werden. Diese technischen Fingerprints liefern Ansatzpunkte dafür, wie sich die entsprechenden Computer überwachen und per Trojaner infiltrieren lassen.

Zu welchen Konditionen die NSA das System X-Keyscore befreundeten Geheimdiensten zur Verfügung stellt, ist nicht öffentlich bekannt. Zu den Kunden zählen jedenfalls auch das deutsche Bundesamt für Verfassungsschutz (BfV) und der Bundesnachrichtendienst (BND). Das BfV testet die Software nach Mitteilung der Bundesregierung, um die im Rahmen der gesetzlichen Befugnisse nach dem G10-Gesetz erlangten Daten aus der Individualüberwachung der Telekommunikation aufzubereiten. Seit 2007 setzt zudem der BND das Programm in seiner Außenstelle in Bad Aibling ein und führt Tests in zwei weiteren Außenstellen durch.[27]

## Der britische Datenstaubsauger

Großbritannien ist eine der größten Drehscheiben für den internationalen Datenverkehr. Viele Transatlantikkabel verlaufen über das Vereinigte Königreich oder nahe der britischen Küsten. Der Computergeheimdienst GCHQ verschafft sich unter dem Codewort »Tempora« systematisch Zugang zu Glasfaserkabeln, die Europa mit den Vereinigten Staaten und mit anderen Weltregionen verbinden.[28] Für die Überwachung der Unterseekabel nutzt der GCHQ seine Zugangsmöglichkeiten zu den Relaisstationen, in denen die übertragenen Signale verstärkt werden. Die Betreiber der Stationen sind zur Zusammenarbeit mit dem britischen Geheimdienst verpflichtet. Außerdem ist es den Briten offenbar gelungen, auch in Küstennähe verlaufende Verbindungen anzuzapfen. Ob der GCHQ sich dabei – wie öffentlich spekuliert wird – im Wege der »Amtshilfe« amerikanischer Spezial-U-Boote bedient, die nach Einschätzung von Geheimdienstexperten in der Lage sind, Unterwasserkabel anzuzapfen[29], ist nicht belegt.

Nach den veröffentlichten Unterlagen hat sich der Geheimdienst Zugang zu mehr als 200 Glasfaserkabeln verschafft, jedes mit einer Übertragungskapazität von 10 Gigabit pro Sekunde. Auf diese Weise könnten 21 Petabytes pro Tag abgefischt werden, was in etwa der 192-fachen Informationsmenge aller Bücher der British Library entspricht.

Wenig bescheiden bezeichnet der GCHQ wesentliche Komponenten seines erfolgreichen Überwachungsprogramms als »Mastering the Internet« und »Global Telecoms Exploitations«. Die Datensammlung umfasst Telefonate, E-Mails, Facebook-Einträge und weitere Angaben darüber, wie sich Internetnutzer im Netz bewegen, etwa welche Webseiten sie aufrufen. Nach Einschätzung von Edward Snowden handelt es sich bei Tempora »um das größte Programm zur verdachtslosen Überwachung in der menschlichen Geschichte ... Sie (die Briten) sind schlimmer als die Vereinigten Staaten.«[30] Mit seinen gewaltigen Überwachungskapazitäten ergänzt das vom GCHQ ausgelegte Tempora-Schleppnetz in idealer Weise das von der NSA betriebene Programm PRISM, das auf die Daten von Internetunternehmen zugreift.

Auch die Medienberichte über Tempora sind inzwischen im Wesentlichen bestätigt. So beteuerte GCHQ-Direktor Sir Iain Lobban bei einem öffentlichen Hearing des Geheimdienstausschusses des britischen Parlaments: »Wir verschwenden unsere Zeit nicht damit, die große Mehrzahl der Telefonate abzuhören oder E-Mails zu lesen«, aber leider täten »Terroristen und Kriminelle uns nicht den Gefallen«, nur eine bestimmte Methode der Kommunikation zu verwenden. Deshalb bliebe den Diensten gar nichts anderes übrig, als wahllos alles abzugreifen, was sie kriegen können. Das Internet sei ein »riesiges Heufeld, und von den uns zugänglichen Teilen des Felds versuchen wir so viel wie möglich Heu zu ernten, soweit wir der Auffassung sind, dass sich dort Nadeln oder Teile von Nadeln finden lassen, die uns interessieren und unsere Mission voranbringen könnten.«[31] Die Auswertung der Daten finde aber in engen rechtlichen Grenzen statt. Schließlich durfte eine Ehrenerklärung des Geheimdienstchefs für seine Mitarbeiter nicht fehlen: Beim GCHQ würden ausschließlich Menschen arbeiten, die nicht in E-Mails oder Telefonaten unschuldiger Menschen stöbern wollen. Geheimdienstmitarbeiter würden eher den Job quittieren als Unschuldige auszuspionieren. Ob er da wohl richtig liegt?

Die gewaltige »Heuernte« teilt der GCHQ freizügig mit

der NSA. Die Tatsache, dass dafür erhebliche Mittel – mehr als 100 Millionen britische Pfund jährlich – von der NSA an den GCHQ überwiesen werden[32], spricht dafür, dass es sich hier um eine Auftragsarbeit für die amerikanische Seite handelt. Zumindest ist es ein Kooperationsprojekt zu beiderseitigem Nutzen, wobei die NSA bestimmt, wo es langgeht. Die NSA-Leute hatten offenbar sehr klare Vorstellungen davon, was die Briten liefern sollten. Soweit diese Erwartungen erfüllt wurden, waren die Amerikaner bereit, sich dafür finanziell erkenntlich zu zeigen.

## Nichts bleibt geheim

Über viele Jahre war es verhältnismäßig einfach, den Datenverkehr im Internet abzuhören. Die Datenübertragung erfolgte fast durchgängig unverschlüsselt. Jeder, der Zugang zu den Datenströmen hatte, konnte die Daten mitlesen oder kopieren. Bei der Entwicklung des Internets waren die Entwickler der Maxime gefolgt, das Netz möglichst robust zu gestalten, so dass es selbst bei Ausfällen vieler Netzkonten oder anderer Komponenten noch funktioniert. Vertraulichkeit war kein Thema, zumal das Netz in seinen Anfangsjahren ganz überwiegend zur Kommunikation der Wissenschaftscommunity genutzt wurde. Die Forscher setzten dabei auf die Ehrlichkeit aller Beteiligten und dachten nicht an die Möglichkeit, dass ihre Kommunikation einmal flächendeckend von Nachrichtendiensten überwacht werden könnte. Weil das Internet inzwischen zur Plattform für kommerzielle und staatliche Aufgaben wurde, rückt das Thema Sicherheit immer stärker in den Vordergrund. Zur gestiegenen öffentlichen Aufmerksamkeit für die IT-Sicherheit tragen die sich häufenden Meldungen über Daten- und Identitätsdiebstahl bei. Neue Schutzkonzepte und Instrumente sollen den Datenmissbrauch verhindern. Dabei geht es insbesondere um die Abschottung interner Netze vom Internet und um die verschlüsselte Datenübertragung.

Zwar waren die Kampagnen von Datenschützern und Netzaktivisten, die Nutzer zum besseren Schutz ihrer Daten anzuhalten, zunächst nicht allzu erfolgreich. Nur wenige private Internetnutzer installierten zusätzliche Software, um ihren E-Mail-Verkehr zu verschlüsseln: Im Dezember 2013 wurden gerade einmal vier Prozent aller E-Mails verschlüsselt übertragen.[33] Anders liegen die Dinge bei Unternehmen, die sich um die Vertraulichkeit ihrer Betriebs- und Geschäftsgeheimnisse sorgen. Längst werden nicht nur E-Banking-Daten verschlüsselt, sondern auch viele andere Alltagstransaktionen. Im Dezember 2013 waren bereits 23 Prozent aller über das Web übertragenen Datenpakete verschlüsselt[34], mit stark zunehmender Tendenz. Es ist absehbar, dass sich die verschlüsselte Kommunikation zum Standard entwickelt, nicht zuletzt wegen der Berichte über geheimdienstliche Überwachungsaktivitäten. Von den Bemühungen der Internetwirtschaft, kommerzielle Daten besser zu schützen, profitieren auch die privaten Internetnutzer. Sie können heute viele Internetangebote verschlüsselt in Anspruch nehmen.

Die Bemühungen um mehr IT-Sicherheit machen es nicht nur Betrügern und bösartigen Hackern schwer, sie verändern auch die Rahmenbedingungen für die geheimdienstliche Überwachung. Solange nur sehr wenige Internetnutzer ihre Daten verschlüsselten, konnten Nachrichtendienste die kryptierten Daten aussondern und gezielt an der nachträglichen

Entschlüsselung arbeiten. Das Verfahren, alles im Klartext mitzulesen und nur die verschlüsselte Kommunikation besonders unter die Lupe zu nehmen, funktioniert aber nicht mehr, wenn immer mehr Daten verschlüsselt übertragen werden. Die Nachrichtendienste sind sich darüber im Klaren, dass leistungsstarke, einwandfrei implementierte Verschlüsselungsverfahren einen effektiven, auch für sie kaum überwindbaren Schutz der Daten gewährleisten. Deshalb haben sie in den letzten Jahren viel Geld investiert, um die Verschlüsselung zu unterlaufen. Die NSA und der GCHQ starteten unter den Codewörtern BULLRUN, Edgehill und Muscular verschiedene Initiativen, um die Bemühungen von Internet-Anbietern und Nutzern zum kryptographischen Schutz ihrer Daten zu durchkreuzen. Ein großer Teil der Mittel floss dabei in die Kassen von IT-Unternehmen, die Produkte zur kommerziellen Datenverschlüsselung anbieten. Als Gegenleistung lieferten diese Unternehmen Knowhow und Technik, mit der sich die von ihnen entwickelten Schutzmechanismen umgehen lassen. So bestätigte Art Coviello, Chef des Unternehmens RSA, eines der weltweit wichtigsten Hersteller von Verschlüsselungstechnik, mit der NSA zusammengearbeitet zu haben. Sein Unternehmen habe – ebenso wie andere US-Technikunternehmen – zum Wohle der Verteidigung des Landes schon seit langem mit der NSA kooperiert. Dies sei »kein Problem« und im übrigen schon lange bekannt. Der von RSA jahrelang als Standardeinstellung in seinen Produkten angebotene schwache Verschlüsselungsalgorithmus sei auf Verlangen der US-Regierung verwendet worden: »Die US-Regierung verlangte diesen Algorithmus. Sie war damals unser größter Kunde, und wir taten, was der Kunde wünschte.«[35] Der angesehene amerikanische Kryptologie- und Security-Experte Bruce Schneier warf der US-Regierung vor, ihre Aktivitäten zur Kompromittierung der Datenverschlüsselung seien Verrat am Internet und seinen Nutzern. Fundamentale gesellschaftliche Vereinbarungen seien gebrochen worden. Auch den ethischen Beteuerungen der IT-Konzerne könne man nicht trauen.[36]

Lange Zeit wurde in Exportbestimmungen die maximale Schlüssellänge in für das Ausland bestimmten Geräten und Diensten begrenzt. Die US-Regierung wollte so die Stärke der Verschlüsselung künstlich einschränken und der NSA das Mitlesen der verschlüsselten Daten ermöglichen. Eine weitere, 1993 von der US-Regierung gestartete Gesetzesinitiative lief unter dem Stichwort »Clipper-Chip«. Die Anbieter von Mobilfunkgeräten sollten dazu verpflichtet werden, bestimmte Verschlüsselungschips einzubauen, zu denen die NSA bei Bedarf einen Nachschlüssel bekommt.[37] Sowohl der Clipper-Chip als auch die Export-Begrenzungen wurden Ende der 1990er Jahre stillschweigend aufgegeben. Die Gründe liegen auf der Hand: Die Vorgaben waren leicht zu umgehen, und sie führten zudem dazu, dass im Internet zunehmend Verschlüsselungssysteme aus anderen Ländern verwendet wurden, auf die US-seitig kein Einfluss genommen werden konnte. Damals entschied sich die US-Regierung dafür, fortan auf raffiniertere Methoden zu setzen, insbesondere auf die Manipulation der zur Verschlüsselung verwendeten Programme. Seither ging es vor allem darum, digitale Systeme mit Schwachstellen und Hintertüren zu versehen, die von den Diensten bei Bedarf geöffnet werden können. Die NSA und der GCHQ haben sich dies einiges kosten lassen – von jährlich 250 Milliarden US-Dollar ist in den Snowden-Papieren die Rede.

Wie wir jetzt wissen, waren NSA und GCHQ hier ziemlich erfolgreich. So berichtete die New York Times, der NSA sei es gelungen, in die verschlüsselten Kommunikationssysteme von großen Fluggesellschaften, das Netz eines für Nuklearfragen zuständigen ausländischen Ministeriums und in die Netzwerke von Internetdiensten einzudringen, indem sie deren virtuelle private Netzwerke (VPN) geknackt hätte. Bis 2010 sei der GCHQ in dreißig VPNs eingebrochen, der Dienst strebe zudem an, weitere 300 Zielsysteme zu infiltrieren. Wenn man bedenkt, dass in einem VPN tausende Rechner einer Firma oder einer staatlichen Stelle zusammengeschaltet sein können, ist dies ein ambitioniertes und zugleich gefährliches Projekt. Bereits in einem Dokument aus dem Jahr 2010 rühmen sich die Dienste, auch verschlüsselte Internettelefonate abhören zu können. Ferner komme man bei der Entschlüsselung des Standardverfahrens zur Verbindungssicherung im Internet, dem SSL-Standard, immer schneller voran.[38]

Ein Weg zu den nur auf dem Verbindungsweg verschlüsselten Daten besteht für die NSA darin, von den Unternehmen die Herausgabe der für die Chiffrierung verwendeten Schlüssel zu verlangen. Von besonderem Interesse sind hier die Trust-Center. Sie sind die wohl wichtigsten Vertrauensanker für die Sicherheit von Verfahren zur Datenverschlüsselung und für die elektronische Signatur digitaler Daten. Wenn Trust-Center mit dem Geheimdienst zusammenarbeiten, kompromittieren sie weite Teile der Sicherheitsinfrastrukturen. Die Trust-Center generieren die SSL-Schlüssel und geben sie an die Betreiber von Websites weiter. Wenn ein Geheimdienst den Hauptschlüssel erfährt, kann er damit die verschlüsselt übertragenen Daten mitlesen.

34

Nach Medienberichten hat die NSA versucht, an diese Hauptschlüssel heranzukommen. Einige Konzerne hätten deren Herausgabe verweigert. Während Facebook und Google entschieden bestritten, ihre Schlüssel herausgegeben zu haben, wollten sich AOL, Apple, AT&T, Yahoo und Verizon dazu nicht äußern.[39] Nach anderen Medienberichten soll Microsoft der NSA dabei geholfen haben, die Verschlüsselung von Daten seiner Nutzer zu umgehen. So habe das Unternehmen bereits vor dem Start des neuen Mail-Portals Outlook.com sichergestellt, dass die NSA stets auf die dort verarbeiteten Informationen zugreifen kann. Die Kooperation betreffe auch den Microsoft-Cloud-Dienst SkyDrive und den Sprachtelefoniedienst Skype, den Microsoft 2011 übernommen hatte. Nach der Übernahme durch Microsoft seien Abhörschnittstellen in den Dienst eingebaut worden.[40] Dies wäre insbesondere deshalb pikant, weil Skype bis dahin als nahezu abhörsicher galt. Microsoft-Vertreter erklärten, dass man auch bei den genannten Diensten gesetzliche Vorgaben zu beachten habe. Gemeint sind damit wohl die Vorgaben des Communications Assistance for Law Enforcement Act (CALEA), der die Anbieter öffentlicher Telekommunikationsdienste dazu verpflichtet, den US-Sicherheitsbehörden über eine automatisierte Schnittstelle den Zugriff auf die Kommunikation zu ermöglichen, und FISA, das Gesetz zur Überwachung der Auslandskommunikation.

Viele Schlüssel gewinnt die NSA zudem offenbar, indem sie in die internen Systeme der Unternehmen oder anderer Institutionen eindringt. Alle – legal oder auf Umwegen – erlangten Schlüssel sollen in einer Datenbank landen, auf die die NSA-Mitarbeiter bei Bedarf automatisiert zugreifen können. Sofern der benötigte Schlüssel noch nicht bekannt sei, ergehe eine Anfrage an einen »key recovery service«, eine Art elektronischen Schlüsseldienst, der dann versuche, den fehlenden Schlüssel zu erlangen[41] – eine Umschreibung von Cyber-Angriffen gegen diejenigen, die ihre Daten zu schützen versuchen.

Sogar Standards zur Erzeugung von Schlüsseln seien manipuliert worden – ein Szenario, mit dem nur wenige Experten gerechnet hatten. Die von einem Zufallszahlengenerator erzeugten Schlüssel sind nur dann sicher, wenn die zu Grunde liegenden Zufallszahlen wirklich zufällig sind. Wenn man den »Zufall« aber begrenzen kann, schwächt dies die Sicherheit. Dies wäre vergleichbar mit einem Würfel, der wider Erwarten nicht sechs, sondern nur drei verschiedene Zahlen anzeigt. Die NSA nutzte zur Manipulation der Zufallszahlengeneratoren ihren Einfluss auf das amerikanische Normungsinstitut NIST. Die dort für kryptographische Verfahren festgelegten Standards werden weltweit von vielen Softwareherstellern und Internetdiensten verwendet. Nachdem im Herbst 2013 bekannt geworden war, dass eine NIST-Spezifikation einen durch NSA-Vertreter eingeschleusten bewusst schwachen Algorithmus zur Generierung von Zufallszahlen enthielt, forderten einflussreiche Mitglieder der Internet Engineering Task Force (IETF) eine Umkehr. Es müsse für die Zukunft ausgeschlossen werden, dass die NSA oder andere Sicherheitsbehörden Einfluss auf die Internet-Standards ausüben können.[42]

Um auch bei weiter verbesserten Verschlüsselungsverfahren eine reiche Datenernte einfahren zu können, investiert die NSA große Summen in die Entwicklung von Computern, die zum Brechen auch solcher Codes geeignet sind, die bis heute als sicher gelten. Ein besonderes Augenmerk gilt dabei den »Quantencomputern«, deren Leistungsfähigkeit alle Systeme in den Schatten stellen soll, die auf klassischer binärer Computertechnik basieren. Allerdings ist nicht absehbar, ob und wann der Quantencomputer kommt – Informatiker rechnen hier eher in Jahrzehnten als in Jahren. Doch selbst wenn der Durchbruch gelingt, bedeutet dies nicht notwendigerweise, dass alle Versuche zur Verschlüsselung daran zerschellen werden. Vielmehr wird die neue Technik auch denjenigen neue Möglichkeiten geben, die ihre Daten durch Verschlüsselung schützen wollen. Sie müssen dann allerdings längere Schlüssel generieren und effektivere Verschlüsselungsverfahren verwenden.

## Durch die Hintertür zum Ziel

Schon seit 1994 verpflichtet der Communications Assistance for Law Enforcement Act[43] die amerikanischen Telekommunikationsunternehmen, ihre Systeme so zu gestalten, dass sie einfach zu überwachen sind. Sie müssen Schnittstellen zur Ausleitung der Kommunikationsdaten an die »Bedarfsträger« – die Sicherheitsbehörden – zur Verfügung stellen, damit diese in Echtzeit Inhalte und Metadaten mitlesen können. Das unter Präsident Bill Clinton beschlossene Gesetz galt zunächst nur für herkömmliche Telefonnetze. Es wurde 2007 auf die Anbieter von Breitband-Internetzugängen und Unternehmen ausgeweitet, die an der Erbringung von Internet-Telefoniediensten mitwirken, soweit diese mit öffentlichen Telefonnetzen verbunden sind. Dadurch fielen auch die Betreiber von Internet-Netzkomponenten unter CALEA, denn über die Leitungen und Netzknoten können ja auch Internettelefonate geschaltet werden.

Die Anbieter werden durch CALEA dazu verpflichtet, die Sicherheitsbehörden beim Abhören und beim Sammeln der Daten zu unterstützen. Ihnen ist es bei Strafandrohung verboten, die Existenz der Überwachungstechnik sowie konkrete Überwachungsmaßnahmen Dritten zu offenbaren. Auch ausländische Firmen, die in den USA Telekommunikationsdienste anbieten oder dort Netze betreiben, sind zur Bereitstellung der Überwachungsmöglichkeiten verpflichtet. So wird die Lizenzvergabe zum Betrieb von Übergabepunkten bei Überseekabeln zum US-Festnetz vom Abschluss eines »Network Security Agreement« und einer überwachungsgerechten Ausgestaltung der Technik abhängig gemacht.[44] Dabei müssen die Telekommunikationsunternehmen zugelassene Netzkomponenten verwenden. Diese Vorgaben haben dazu geführt, dass die für den amerikanischen Markt produzierten Router mit entsprechenden Schnittstellen ausgestattet sind und über die Fähigkeit zur detaillierten Datenanalyse (»Deep Packet Inspection«) verfügen, um die von den Sicherheitsbehörden angeforderten Daten gezielt auszuleiten. Dass IT-Systeme mit Hintertüren zur Überwachung ausgestattet sind, ist vor diesem Hintergrund mehr als eine Vermutung.

Anbieter von »Mehrwertdiensten« – etwa Suchmaschinen, Websites und soziale Netzwerke – sind bisher nicht an CALEA gebunden. Sie müssen den US-Behörden keine technischen Zugangsmöglichkeiten zu ihren Diensten und Netzen bereitstellen. Schon seit längerem wollen Sicherheitsbehörden diese »Überwachungslücke« schließen. Das FBI bestätigte Berichte, wonach die US-Regierung seit 2012 CALEA auf Internetunternehmen ausweiten und sie unter Androhung hoher Strafzahlungen zur Gewährung eines Zugriffs auf ihre Server verpflichten wolle (CALEA II).[45] Außerdem sollen die

Anbieter von Software verpflichtet werden, die auf Systemen der Endnutzer installierten Programme standardmäßig mit Überwachungsschnittstellen auszustatten. Eventuell waren die Autoren von CALEA II ja durch die chinesische Regierung inspiriert worden, die bereits seit längerem auf den Einbau von Überwachungsmechanismen in die von den Nutzern verwendeten Systeme setzt. So soll die in China zugelassene Skype-Software (»TOM-Skype«) einen Zensurmechanismus enthalten, der bestimmte im Chatmodus verwendete Begriffe erkennt, unterdrückt und den Behörden meldet. Die Pläne zur Ausweitung der CALEA-Verpflichtungen treffen auf breite Kritik bei Bürgerrechtsorganisationen, IT-Sicherheitsspezialisten und Internetunternehmen.[46] Die Ausweitung von CALEA würde nicht nur die Möglichkeiten zu staatlicher Überwachung vergrößern. Sie wäre auch ein Einfallstor für Angriffe auf IT-Systeme. Ob die Pläne weiter verfolgt werden, ist offen. Vielleicht sind derartige Verpflichtungen ja auch gar nicht mehr erforderlich, weil die Internetunternehmen solche Schnittstellen bereits auf freiwilliger Basis eingerichtet haben, wie die Informationen über PRISM nahelegen. Zudem gelangen auch Mehrwertdienste in den Anwendungsbereich von CALEA, soweit sie zusätzlich zu ihren sonstigen Leistungen Sprachtelefoniedienste anbieten.

Auch in anderen Staaten bestehen CALEA-ähnliche Vorgaben. In Deutschland müssen die Betreiber von Telekommunikationsnetzen an »Übergabepunkten« Kopien der Kommunikationsvorgänge an Nachrichtendienste und Polizeibehörden ausleiten, allerdings nur im Rahmen der jeweiligen behördlichen Befugnisse. Die Überwachung darf für die Nutzer des betreffenden Anschlusses nicht erkennbar sein. Besonders weitgehend sind die Regelungen zur Datenbereitstellung an den Bundesnachrichtendienst (BND). Paragraf 27 Abs. 2 TKÜV[47] verpflichtet die Netzbetreiber, dem BND für die strategische Fernmeldekontrolle »an einem Übergabepunkt im Inland eine vollständige Kopie der Telekommunikation bereitzustellen, die über die in der Anordnung bezeichneten Übertragungswege übertragen wird.«

Vieles spricht dafür, dass manche Netzkomponenten nicht nur die geforderten Überwachungsschnittstellen, sondern darüber hinaus auch nicht dokumentierte Schwachstellen und Hintertüren aufweisen, die – einmal geöffnet – den Nachrichtendiensten einen tiefen Einblick in die jeweiligen Netze und Kommunikationsvorgänge ermöglichen. Wer diese Hintertüren letztlich nutzt, ist eine andere Frage. Bemerkenswert ist, dass ausgerechnet die NSA im Oktober 2010 den US-Telefonriesen AT&T vor dem Einsatz chinesischer Produkte warnte. Die Washington Post berichtete unter Berufung auf nicht namentlich genannte Quellen[48], dass chinesische Geheimdienste Schlüssel zu den digitalen Hintertüren besäßen, die zum Ausspähen des US-Kommunikationsnetzes verwendet werden könnten. AT&T nahm daraufhin vom Kauf Abstand. Regierungsstellen sollen in ihren Netzen keine Systemkomponenten der chinesischen Hersteller einsetzen.[49] Australische und britische Behörden schlagen in dieselbe Kerbe. Auch sie sehen in den Produkten chinesischer Provenienz erhebliche Risiken für die Computersicherheit. Schließlich behauptete der ehemalige NSA-Chef Michael Hayden Anfang Juli 2013, die US-Geheimdienste hätten handfeste Beweise dafür, dass der chinesische Hersteller Huawei in Spionageaktivitäten verwickelt sei.[50] Warum diese Beweise bisher nicht vorgelegt wurden, kann man nur mutmaßen:

Vielleicht bedienen sich chinesische und amerikanische Backdoor-Spezialisten ja ähnlicher Techniken, an deren öffentlicher Diskussion die NSA nicht interessiert ist. So wird berichtet, die NSA nutze einen fünfzigseitigen geheimen Katalog von Hintertüren und Schwachstellen in verschiedensten Systemen, die für gezielte Spionageaktionen verwendet werden können, darunter auch Router und Firewalls der Hersteller Cisco, Juniper und Huawei.[51] Zu den wichtigsten Nutzern dieses Katalogs zählen nach Medienberichten die NSA-Spezialisten für Tailored Access Operations (maßgeschneiderte Operationen, TAO), von denen im nächsten Kapitel die Rede sein wird.

Wenn sich die Nachrichtendienstler für bestimmte Kommunikationsvorgänge oder Personen interessieren, werden die den Zielpersonen zuzurechnenden Daten, die bei der laufenden Überwachung anfallen, separiert und besonders analysiert. Das ist aber noch nicht alles. Berichtet[52] wird auch über die Verwendung von Spähprogrammen, die heimlich auf Zielsystemen installiert werden (Trojaner): Dabei installieren die Angreifer heimlich eine maßgeschneiderte Software auf dem Computer oder anderen IT-Geräten der Zielperson. Je nach Machart der verwendeten Spionagesoftware können die Nachrichtendienste auch die Kontrolle über die infiltrierten Systeme übernehmen. Auf Datenträgern kann dann gezielt nach bestimmten Begriffen oder Dateien gefahndet oder deren gesamter Inhalt kopiert werden. In diesem Fall spricht man von »Online-Durchsuchung«. Außerdem können verschiedenste Systemfunktionen manipuliert werden. Seit langem bekannt ist etwa die Manipulation von Mobiltelefonen in der Weise, dass das Mikrofon unbemerkt angeschaltet wird und die so erlauschten Sprachinformationen – etwa aus einer

Sitzung – übertragen werden. Auch Computermikrofone oder eingebaute Kameras können heimlich aktiviert werden und einen Blick ins Schlaf- oder Arbeitszimmer der überwachten Person ermöglichen.

Ungeahnte Möglichkeiten für den Trojanereinsatz werden sich ergeben, wenn auch Haushaltsgeräte, Medizin- und Anlagentechnik mit vernetzten Computerchips ausgestattet sind. Einen ersten Eindruck davon vermittelt das Schadprogramm »Stuxnet«, mit dem iranische Ultrazentrifugen außer Betrieb gesetzt wurden, die bei der Produktion nuklearen Materials verwendet wurden. Dabei wurde das von Siemens gelieferte Steuerungssystem mittels eines Computervirus so manipuliert, dass die Maschinen ausfielen.[53] Inzwischen bestehen kaum noch Zweifel, dass die Autoren dieser Software in den USA und auch in Israel sitzen.

Schließlich können Trojaner dazu verwendet werden, die laufende Kommunikation einer Zielperson zu überwachen – die sogenannte »Quellen-Telekommunikationsüberwachung« (Quellen-TKÜ). Eingesetzt wird diese Technik insbesondere bei der Überwachung verschlüsselter Kommunikation, etwa wenn die Zielperson eine Internet-Telefoniesoftware wie »Skype« benutzt. Um die verschlüsselte Kommunikation abzuhören, geht man »an die Quelle« – die Daten werden bereits vor ihrer Verschlüsselung auf dem System abgefangen. Kommuniziert die Zielperson mit Hilfe eines manipulierten Geräts, werden Inhalte und Metadaten an die Ermittler ausgeleitet. Nach deutschem Recht ist die Quellen-TKÜ nur ausnahmsweise, auf gesetzlicher Basis und unter Einhaltung strenger Schutzvorkehrungen zulässig. So muss gewährleistet sein, dass sich die Überwachung auf die laufende Telekommunikation beschränkt. Die eingesetzte Software darf also nicht sonstige Inhalte des Computers, z. B. gespeicherte Texte, Bilder oder andere Dateien an die Behörde übertragen.

Der Einsatz von Trojanern auf Computersystemen beeinträchtigt nicht nur das Fernmeldegeheimnis und das Grundrecht auf informationelle Selbstbestimmung, sondern verletzt darüber hinaus auch das Grundrecht auf die Gewährleistung der Vertraulichkeit und Integrität informationstechnischer Systeme.[54] Technische Voraussetzung für die gezielte Infiltration von IT-Systemen ist die genaue Kenntnis der jeweiligen Konfiguration. Für die Installation und den Betrieb von Spähprogrammen reicht es dabei nicht aus, das jeweils verwendete Betriebssystem eines Ziels zu kennen. Erforderlich sind Informationen über die installierten Firewalls, Virenscanner, Anwendungsprogramme und weitere Systemparameter. Schließlich geht es nicht nur darum, eine bestimmte Schadsoftware »irgendwie« auf den Computer zu bringen. Angestrebt wird vielmehr, unbemerkt bestimmte Informationen zu gewinnen und diese aus dem geknackten System auf externe Server auszuleiten, und dies nicht nur einmalig. Schließlich müssen Vorkehrungen getroffen werden, um die heimlich installierte Spähsoftware wieder spurlos vom Rechner zu entfernen, wenn sie nicht mehr benötigt wird. Wie wir inzwischen wissen, setzt die NSA Trojaner massenhaft zur Überwachung ein. So wird darüber berichtet, dass die NSA seit Jahren eine eigene, hochspezialisierte Einheit für »Tailored Access Operations« (TAO) unterhält, um gezielt mit »maßgeschneiderten« Werkzeugen jedes technische System angreifen zu können. So könnten fast nach Belieben Rechner von Zielpersonen mit Schadsoftware verseucht werden. Anschließend ließen sich weitere Software-Komponenten nachladen, die ganz nach Bedarf bestimmte Informationen an NSA-Server weiterleiten.[55]

Um an die erforderlichen Informationen zu gelangen, können unterschiedliche Mechanismen kombiniert werden. Ein Teil der erforderlichen Daten fällt bereits bei den »einfachen« Abhöraktionen an. Denn bei der Kommunikation über das Netz offenbaren die Systeme eine Reihe von Eigenschaften, etwa die IP-Adresse, das Betriebssystem und die verwendete Anwendungssoftware. Ferner können Nutzerkennungen und Passwörter abgefangen werden, die nicht oder nur schwach verschlüsselt sind. Detailliertere Informationen liefern Absturzberichte von Programmen, die routinemäßig an die Hersteller gesandt werden. Diese Absturzberichte enthalten umfassende Systemdetails, die es den Herstellern ermöglichen sollen, die Ursache für Systemfehler zu erkennen und zu beheben. Wenn diese Absturzberichte mitgelesen werden – wie es die Snowden-Dokumente nahelegen – erhält die NSA sehr genaue Informationen über die jeweiligen Computer. Dazu gehören Sicherheitsschwachstellen, die bei Bedarf zur Infiltration verwendet werden könnten. Die Crash-Reports würden mit dem NSA-Spionagewerkzeug X-Keyscore aus dem abgehörten Internet-Verkehr herausgefischt. Die gesammelten Informationen ergeben eindeutige Systemprofile, die mit einem Fingerabdruck zu vergleichen sind – man spricht deshalb auch von »Fingerprinting«.

Medien berichteten darüber, dass laut dem Etatplan für die US-Geheimdienste bis Ende 2013 weltweit rund 85 000 Computer von den NSA-Spezialisten infiltriert werden sollten. Die mit Abstand meisten dieser Infektionen würden von TAO-Teams über das Internet erledigt.[56] Berichtet wird auch darüber, dass Zugriffe von Nutzern auf populäre Webseiten gezielt abgefangen und auf manipulierte Server umgeleitet worden seien, um die Spionagesoftware als unbemerkte digitale Beiladung auf die Zielsysteme zu schleusen. In anderen Fällen seien online bestellte Rechner vor ihrer Auslieferung durch Paketdienste umgeleitet und mit entsprechender Spähsoftware ausgestattet worden.

So hätten die TAO-Spezialisten auf geschützte Netzwerke demokratisch gewählter Staatschefs zugegriffen. Ebenso hätten sie die Netzwerke von europäischen Telekommunikationskonzernen infiltriert. Schließlich sollen sie für sicher gehaltene verschlüsselte Mail-Server der insbesondere bei Managern und Politikern beliebten BlackBerrys geknackt haben. Unter Berufung auf eine NSA-Präsentation wird berichtet, im Rahmen der »Computer Network Exploitation« seien alle möglichen IT-Systeme gekapert worden, Server, Workstations, Firewalls, Router, Telefon-Schaltanlagen und »Scada«-Systeme, Steuermodule für Industrieanlagen, die in Fabriken und Kraftwerken eingesetzt werden.

Um gezielte Angriffe handelt es sich auch bei der Überwachung der Kommunikation wichtiger Persönlichkeiten. Die Empörung erreichte Spitzenwerte, als Ende September 2013 immer mehr Informationen über das gezielte Ausspähen von Spitzenpolitikern in aller Welt durch die NSA durchsickerten. Die brasilianische Staatschefin Dilma Roussef und der französische Staatspräsident François Hollande hätten zu den Opfern gehört. Schließlich konnte es eigentlich niemanden mehr überraschen, dass auch das Handy von Bundeskanzlerin Angela Merkel auf der Zielliste der NSA gestanden haben soll. Wie sich erst Anfang 2014 herausstellte, war seit 2002 offenbar auch ihr Amtsvorgänger Gerhard Schröder überwacht worden.

Am 23. Oktober 2013 berichteten Medien darüber, auch das Handy von Bundeskanzlerin Angela Merkel sei von US-

Geheimdiensten abgehört worden. Angela Merkel habe sich telefonisch bei Barack Obama darüber beschwert. Regierungssprecher Steffen Seibert wusste zu berichten, die Kanzlerin habe klargemacht, »dass sie solche Praktiken, wenn sich die Hinweise bewahrheiten sollten, unmissverständlich missbilligt und als völlig inakzeptabel ansieht … Dies wäre ein gravierender Vertrauensbruch. Solche Praktiken müssten unverzüglich unterbunden werden.« Das Dementi aus US-Regierungskreisen war denkbar schwach: »Der Präsident hat der Kanzlerin versichert, dass die Vereinigten Staaten ihre Kommunikation nicht überwachen und auch nicht überwachen werden.«[57] Die früheren Versicherungen von US-Vertretern, die NSA unternehme nichts, um die deutschen Interessen zu schädigen, erwiesen sich nun vor aller Augen als weiße Salbe. Sie machten aber auch deutlich, wie verletzlich die Vertraulichkeit der Mobilkommunikation ist. Wenn sich nicht einmal die Bundeskanzlerin gegen Handy-Spionage schützen kann, wie sollen dies dann die vielen Millionen »normalen« Handy-Nutzer?

In den Medien wurde vermutet, dass die Handy-Überwachung aus dem Gebäude der amerikanischen Botschaft erfolgte, das sich mitten im Berliner Regierungsviertel, am Pariser Platz, befindet. Experten machten auf dem Botschaftsgebäude Aufbauten aus, in denen Überwachungstechnik untergebracht sei. Ob und inwieweit diese Berichte zutreffen, konnte bis heute nicht definitiv geklärt werden, weil die US-Botschaft unter Berufung auf den exterritorialen Status des Botschaftsgebäudes jede Auskunft verweigert.

Nach den Medienberichten wurden derartige Spionageaktionen vielfach als Gemeinschaftsprojekte der NSA und der CIA ausgeführt. An weltweit achtzig Standorten – auch in

Berlin – soll eine Einheit des gemeinsamen »Special Collection Service« (SCS) aktiv sein. Ein weiterer deutscher Stützpunkt befinde sich in Frankfurt.[58] Ganz neu ist diese Information indes nicht. NSA-Fachleuten ist SCS seit längerem bekannt. So schrieb James Bamford bereits 2008, der SCS bringe ausgefeilte Überwachungstechnik – von Wanzen bis zu Parabolantennen – an schwer zugänglichen Plätzen unter. Zudem versuche der SCS, in den jeweiligen Operationsgebieten Datenbankmanager, Systemadministratoren, IT-Spezialisten und andere Mitarbeiter in Schlüsselpositionen bei Kommunikationsunternehmen zu identifizieren, um sie später anzuwerben.[59]

Bemühungen der Bundesregierung, von der US-Regierung die verbindliche Zusage zu erhalten, dass Spionageaktivitäten gegen deutsche Politiker unterbleiben, sind inzwischen gescheitert. Das hierfür ins Auge gefasste Instrument, ein »No-Spy-Abkommen«, wird es aller Voraussicht nach nicht geben. Präsident Barack Obama versprach in seiner Ansprache über die NSA-Affäre am 17. Januar 2014 lediglich, Staats- und Regierungschefs befreundeter Staaten sollten nicht mehr regulär überwacht werden. Dieser Personenkreis werde zukünftig nur noch dann abgehört, wenn es zum Schutz der nationalen Sicherheitsinteressen der USA zwingend erforderlich sei.[60] Zu weiteren Zugeständnissen, etwa im Hinblick auf die Überwachung anderer Regierungsmitglieder, der Mitglieder von Parlamenten und sonstiger Verfassungsorgane, war der US-Präsident nicht bereit.

Die Abhöraktionen gegen die Bundeskanzlerin, andere Regierungsmitglieder und führende Vertreter der Oppositionsparteien entkräfteten gleich zwei Legenden, mit denen die umfassenden Überwachungsaktivitäten der NSA immer wieder gerechtfertigt wurden: Überwacht wurden nicht nur Terrorverdächtige oder Schwerstkriminelle. Widerlegt ist auch die Behauptung, die amerikanischen Behörden hielten sich an deutsches Recht, wie Regierungsmitglieder wiederholt behauptet hatten. Es war schon befremdlich, dass führende Vertreter der Bundesregierung erst nachdem sie erfahren hatten, dass sie selbst Beobachtungsobjekte waren, schrille Töne anschlugen – dieselben Politiker, die die Berichte über die flächendeckende Massenüberwachung der Kommunikation verharmlost hatten.

## NSA: Schwert und Schild der Demokratie?

Viele staatliche Stellen in aller Welt sammeln heimlich Daten – sie zu beschreiben, würde den gegebenen Rahmen sprengen. Die folgenden Ausführungen beschränken sich deshalb auf diejenigen Akteure, die bei den durch Edward Snowden enthüllten Überwachungsaktivitäten in besonderem Maße mitwirken: Als Treiber, Helfer oder Nutznießer.

Die National Security Agency (NSA), der wohl größte US-Geheimdienst, ist dem Verteidigungsministerium angegliedert und dem Minister direkt unterstellt. Als militärische Organisation ist sie auch an operativen Einsätzen des US-Militärs beteiligt, etwa am Einsatz von Kampfdrohnen. Von 2005 bis zum Frühjahr 2014 wurde sie von General Keith B. Alexander geleitet, der zugleich Chef des United States Cyber Command war. Sein Nachfolger ist Michael Rogers, ebenfalls Militär und ausgebildeter Kryptologe. Mit dieser Personalentscheidung widerstand Präsident Obama der Forderung von Bürgerrechtlern, die NSA unter eine zivile Leitung zu stellen. Zusammen mit den übrigen auf Bundesebene tätigen Nachrichtendiensten bildet die NSA die United States Intelligence Community, die von einem nationalen Geheimdienstdirektor geleitet wird. Dieses Amt übt seit 2010 der ehemalige General James R. Clapper aus. Angeblich soll die NSA, deren Zentrale sich in Fort Meade im US-Bundesstaat Maryland befindet, mehr als 40 000 Mitarbeiter beschäftigen.[61]

Die wichtigste Rechtsgrundlage für die Überwachungs- und Spionageaktivitäten der NSA ist der Foreign Intelligence Surveillance Act (FISA). Überwachungsmaßnahmen, die sich gegen amerikanische Ziele richten, müssen durch den FISA-Court (FISC), einem geheim tagenden Gericht, genehmigt werden. Die parlamentarische Geheimdienstüberwachung obliegt dem »Select Committee on Intelligence« des Senats und einem entsprechenden Ausschuss des Repräsentantenhauses. Beide Ausschüsse wurden Ende der 1970er Jahre als Reaktion auf die Überwachung von Bürgerrechtsgruppen eingerichtet.

Die NSA hat im Wesentlichen zwei Aufgaben: Als Computergeheimdienst sammelt sie alle Arten elektronischer Daten und wertet sie aus. Dabei ist sie auch in militärische Operationen eingebunden. Inwieweit die NSA auch – wie von Edward Snowden behauptet[62] – Wirtschaftsspionage betreibt, ist umstritten. Sicher scheint zu sein, dass die NSA auch wirtschaftlich relevante Daten sammelt, die zur Beurteilung politischer oder militärischer Fähigkeiten anderer Staaten dienlich erscheinen (»economic intelligence«).[63] Zudem gibt es Meldungen darüber, dass zumindest bei Wirtschaftstätigkeiten von strategischer Bedeutung, etwa bei der Vergabe von großen Aufträgen im Bereich der Luftfahrtindustrie, US-Unternehmen Informationen über die nicht-amerikanischen Konkurrenten zugespielt wurden.[64] Daneben ist die NSA auch für die Gewährleistung der IT-Sicherheit in Regierungsstellen zuständig. Aufgrund dieser unterschiedlichen Aufgabenstellungen sind Konflikte unausweichlich: Als Garant der Computersicherheit hat die NSA dafür zu sorgen, dass informationstechnische Systeme nicht verletzlich sind. Als Spionageorganisation sorgt sie für Schwachstellen in Hard- und Software.

Die NSA wurde auf Anweisung von US-Präsident Truman unter absoluter Geheimhaltung am 4. November 1952 gegründet. Selbst die bloße Existenz des Dienstes wurde geheim gehalten. Erst 1957 erfuhr die Öffentlichkeit – eher beiläufig –, dass es einen militärischen Nachrichtendienst namens NSA gibt.[65] Hartnäckig hält sich deshalb bis heute der Scherz, die Abkürzung stehe für »No Such Agency«. Die erste Vorläuferorganisation der NSA war die »Black Chamber«, eine Organisation, die seit dem Ersten Weltkrieg den Brief- und Telegrafenverkehr der Botschaften in der US-Hauptstadt überwachte. Angesichts der kriegsentscheidenden Bedeutung der Funkkommunikation wurden während des Zweiten Weltkriegs die mit der Funkaufklärung befassten Dienste neu strukturiert. Die NSA entstand schließlich als Zusammenschluss zweier militärischer Nachrichtendienste, der Army Security Agency und der Armed Forces Security Agency.

Die NSA-Aktivitäten richteten sich nach dem Zweiten Weltkrieg vornehmlich gegen den von der Sowjetunion geführten Ostblock. Eines der wichtigsten Instrumente war dabei seit den 1970er Jahren das zusammen mit befreundeten Nachrichtendiensten unter dem Decknamen ECHELON betriebene Projekt, ein weltumspannendes Netz von Stationen zur Überwachung der Satellitenkommunikation.

Seit den 1960er Jahren überwachte die NSA – zusammen

mit dem FBI und anderen Nachrichtendiensten – amerikanische Bürgerrechtsorganisationen, Vietnamkriegsgegner und oppositionelle Politiker. Dabei entstanden Dossiers über zehntausende Menschen, die von den Geheimdiensten subversiver Aktivitäten verdächtigt wurden. Nachdem diese illegalen Überwachungsmaßnahmen aufgeflogen waren, beschäftigte die illegale Überwachung mehrerer Ausschüsse des US-Kongresses. Die nach Vorschlägen der Church-Kommission installierten Kontrollmechanismen sollten verhindern, dass US-Bürger erneut zu Zielobjekten geheimdienstlicher Überwachung würden. Die dagegen in den 1980er Jahren errichteten gesetzlichen Schutzwälle wirkten allerdings nur bis zu den Terroranschlägen vom 11. September 2001. Seither hat die NSA ihre Datensammlungen exzessiv ausgeweitet, darunter zunehmend auch Informationen inneramerikanischen Ursprungs.

Viele NSA-Mitarbeiter versehen ihren Dienst in weltweit verteilten Stützpunkten. So soll die NSA während des Kalten Kriegs in Deutschland achtzehn streng geheime und gut bewachte Standorte betrieben haben. Nach dem Ende des Ost-West-Konfliktes wurden in den 1990er Jahren viele der deutschen Horchposten geschlossen. Angeblich soll es heute noch drei NSA-Standorte in Deutschland geben, in Wiesbaden, in Stuttgart und in Darmstadt.[66] Der dortige »Dagger Complex« ist der mutmaßlich größte und wichtigste von ihnen. Ein neues Abhörzentrum des US-Geheimdienstes, das Consolidated Intelligence Center (CIC), soll zudem offenbar in Wiesbaden auf einem US-Kasernengelände gebaut werden.[67]

## GCHQ: Im Auftrag ihrer Majestät

Auch die Briten verfügen mit den Government Communications Headquarters (GCHQ) über einen Nachrichtendienst, der sowohl für die Sicherheit der Regierungskommunikation als auch für die elektronische Nachrichtengewinnung zuständig ist. Der GCHQ untersteht – zusammen mit dem Inlandsgeheimdienst MI6, dem Auslandsgeheimdienst MI5 und dem militärischen Nachrichtendienst DI (Defense Intelligence) – der Aufsicht durch das »Joint Intelligence Committee«. Die Zentrale des Dienstes liegt in der südenglischen Stadt Cheltenham. Nach älteren Medienberichten betreibt der GCHQ mit seinen mehr als 7000 Mitarbeitern sechs weitere Abhörstationen in Großbritannien und drei Stationen in Übersee. Inwieweit es darüber hinaus auch weitere europäische GCHQ-Standorte gibt, ist nicht bekannt.[68]

Die Rechtsgrundlage für die Überwachungsmaßnahmen des GCHQ bildet der Regulation of Investigatory Powers Act (RIPA) aus dem Jahr 2000. Danach ist die Überwachung zulässig aus Gründen der nationalen Sicherheit, zum Schutz vor schwerer Kriminalität und zur Gewährleistung des ökonomischen Wohlergehens Großbritanniens (»for the purpose of safeguarding the economic well-being of the United Kingdom«) und schließlich zur Erfüllung international vereinbarter gegenseitiger Unterstützung.[69] Damit besitzt der GCHQ – anders als die NSA – eine ausdrückliche gesetzliche Befugnis zum Ausspähen von Wirtschaftsdaten. Die Überwachungsmaßnahmen bedürfen in aller Regel einer Anordnung durch den zuständigen Minister (»certified interception warrant«), der sich davon zu überzeugen hat, dass die entsprechenden Informationen nur so gewonnen werden können.

Der Zugang zu Metadaten der Kommunikation muss von einem höheren Beamten genehmigt werden.[70]

Bei der Anordnung von Überwachungsmaßnahmen differenziert auch das britische Recht zwischen der Überwachung im Inland und der Auslandsüberwachung. Für ausländische Anschlüsse und Kommunikationsverbindungen kann die Überwachung auch ohne Benennung einer bestimmten Zielperson oder eines Zielanschlusses angeordnet werden. Die (nachträgliche) Kontrolle der Überwachungsmaßnahmen obliegt einem speziellen Beauftragten, dem Interception of Communications Commissioner, der darüber dem Intelligence and Security Committee des Parlaments Bericht erstattet, das über die Aktivitäten der britischen Nachrichtendienste teils öffentlich, überwiegend aber in geheimer Sitzung berät.

Wie die durch Edward Snowden veröffentlichten Papiere belegen, ist die Zusammenarbeit zwischen dem GCHQ und der NSA sehr eng. Im Rahmen des Programms Tempora überwacht der britische Dienst flächendeckend die mittels Glasfaserkabeln abgewickelte transatlantische Kommunikation und teilt seine Erkenntnisse freizügig mit der NSA. Aus Sicht der NSA vorteilhaft ist dabei, dass der GCHQ sich nicht an US-Recht gebunden fühlt, das die Überwachung von »amerikanischen Personen« beschränkt.

Vorläufer des GCHQ war die Government Code and Cypher School, der es in ihrer geheimen Niederlassung in Bletchley Park gelungen war, während des Zweiten Weltkriegs praktisch alle von den deutschen Streitkräften verwendeten Verfahren zur Verschlüsselung von Funksprüchen zu brechen, darunter das von der Marine verwendete Verschlüsselungssystem ENIGMA.

Aus deutscher und europäischer Sicht sind die berichteten

GCHQ-Aktivitäten deshalb besonders brisant, weil sie durch einen EU-Mitgliedstaat betrieben werden. Die Europäische Union versteht sich als Binnenmarkt – auch hinsichtlich der Telekommunikation und anderer elektronischer Dienstleistungen. Jede Beschränkung des freien Datenverkehrs zwischen EU-Staaten könnte deshalb als unzulässiges Handelshindernis gesehen werden. Wenn allerdings der Geheimdienst eines EU-Mitgliedstaats massenhaft Daten aus anderen Mitgliedstaaten abgreift und sie an den Geheimdienst eines Drittstaats weiterleitet, der sie abseits des europäischen Rechts verarbeitet und nutzt, handelt er gegen die Grundsätze der Europäischen Union. Dies hat sich in Großbritannien offenbar aber noch nicht herumgesprochen. Die Verantwortlichen in Regierung und Parlament lehnen es bisher strikt ab, auf GCHQ-Aktivitäten gegen andere EU-Mitgliedstaaten zu verzichten, etwa auf dem Wege eines »No-Spy-Abkommens«.[71]

## Auch dabei: Deutsche Nachrichtendienste

Bald nach Beginn der Snowden-Veröffentlichungen wurde in Politik und Medien intensiv darüber diskutiert, inwieweit auch deutsche Behörden an der globalen Überwachung beteiligt sind. Um die Orientierung zu erleichtern, soll im Folgenden ein kurzer Überblick über die deutschen Geheimdienste gegeben werden.[72]

In Deutschland gibt es neunzehn Nachrichtendienste mit unterschiedlichen Zuständigkeiten und Aufgaben: Die für das Inland zuständigen Ämter für Verfassungsschutz (das Bundesamt – BfV – und die sechzehn Landesämter – LfV), den für die Auslandsaufklärung zuständigen Bundesnachrichtendienst (BND) und den für die Sicherheit der Bundeswehr zuständigen Militärischen Abschirmdienst (MAD).

Der größte deutsche Nachrichtendienst ist der BND. Seinen Sitz hatte er seit seiner Gründung im bayerischen Pullach, der Umzug nach Berlin in einen großen, zentral gelegenen Gebäudekomplex hat im Frühjahr 2014 begonnen. Der BND ist direkt dem Bundeskanzleramt unterstellt.

Der Bundesnachrichtendienst (BND) ist der einzige deutsche Auslandsnachrichtendienst. Er bündelt die wirtschaftliche, politische und militärische Auslandsaufklärung. Der Bundesnachrichtendienst arbeitet im Auftrag der Bundesregierung. Dabei bedient sich der Dienst auch geheimdienstlicher Methoden. In der Selbstdarstellung des BND heißt es: »Es gehört zu seiner Arbeit, Informationen zu sammeln, die über die öffentlich verfügbaren Fakten und Meinungen hinausgehen. So ist es möglich, hinter Fassaden zu blicken, Hintergründe zu beleuchten und objektive Stimmungsbilder zu zeichnen, stets im Rahmen der gesetzlichen Vorschriften und für die Sicherheit Deutschlands.« Fast bedauernd stellt der BND fest, er arbeite »dabei oft im Geheimen und Verborgenen, nur selten treten seine Erfolge offen zu Tage«.[73]

Das in Köln ansässige BfV ist eine nachgeordnete Dienststelle des Bundesinnenministeriums. Die Ämter für Verfassungsschutz sind in ihrer Tätigkeit auf das Inland beschränkt. Das Bundesverfassungsschutzgesetz weist dem BfV die Aufgabe zu, »Auskünfte, Nachrichten und sonstige Unterlagen« zu sammeln und auszuwerten über Bestrebungen, die gegen die freiheitliche demokratische Grundordnung, gegen den Bestand und die Sicherheit der Bundesrepublik gerichtet sind oder »durch Anwendung von Gewalt oder darauf gerichtete Vorbereitungshandlungen auswärtige Belange der Bundesrepublik Deutschland gefährden«. Ferner werden auch Bestrebungen gegen den Gedanken der Völkerverständigung beobachtet. Zu den Aufgaben des BfV gehört auch die Bekämpfung geheimdienstlicher Tätigkeiten für eine fremde Macht (Spionageabwehr).

Die Überwachung der Auslandskommunikation gehört nicht zum Aufgabenspektrum der Ämter für Verfassungsschutz. Ihre Befugnisse zur Fernmeldeüberwachung sind einzelfallbezogen: Jede einzelne Maßnahme muss durch einen parlamentarischen Ausschuss, die sogenannte »G10-Kommission«, genehmigt werden. Nach Auskunft der Bundesregierung ist das BfV nicht in die angloamerikanischen Überwachungsaktivitäten eingebunden. Es gilt aber als sicher, dass auch das BfV Informationen mit den britischen und amerikanischen Diensten austauscht. Medien berichteten sogar über eine gemeinsame Datenbank von CIA und Verfassungsschutz, das »Projekt 6«, die allerdings bereits 2010 eingestellt worden sei.[74] Ferner ist regierungsamtlich bestätigt, dass das BfV das von der NSA bereitgestellte Programm X-Keyscore testet, um damit Daten aus der Fernmeldeüberwachung auszuwerten.

Gemäß Art. 1 Abs. 3 Grundgesetz sind alle öffentlichen Stellen in ihrem Handeln an Recht und Gesetz gebunden – auch die Nachrichtendienste. Die Grundrechte binden Gesetzgebung, vollziehende Gewalt und Rechtsprechung als unmittelbar geltendes Recht. Hier einschlägig sind insbesondere das Post- und Fernmeldegeheimnis (Art. 10 GG) und das Grundrecht auf informationelle Selbstbestimmung. Unter besonderem verfassungsrechtlichen Schutz steht der unantastbare Kernbereich privater Lebensgestaltung, der bei jeglicher staatlicher Tätigkeit zu beachten ist. Zudem hat das Bundesverfassungsgericht ein Grundrecht auf »Gewährleistung der Vertraulichkeit und Integrität informationstechnischer Systeme« festgestellt.

Grundrechtseingriffe müssen im Regelfall offen erfolgen und unterliegen der gerichtlichen Überprüfung. Deshalb bedarf die Tätigkeit von Nachrichtendiensten, die im Allgemeinen heimlich agieren, einer besonderen Rechtfertigung. Da den Betroffenen hinsichtlich der durch diese Tätigkeit verursachten Grundrechtseingriffe der Rechtsweg – falls überhaupt – nur sehr eingeschränkt zur Verfügung steht, sind zudem besondere Schutzvorkehrungen erforderlich, sowohl hinsichtlich der Tätigkeit der Nachrichtendienste selbst als auch im Hinblick auf deren Kontrolle.

Bestehen tatsächliche Anhaltspunkte für verfassungsfeindliche Bestrebungen, dürfen deutsche Nachrichtendienste – bezogen auf den jeweiligen Aufgabenbereich – Personen und Strukturen, von denen Gefährdungen ausgehen, überwachen und in diesem Zusammenhang erforderliche Daten erheben und auswerten. Damit können sie – anders als die Polizei – bereits tätig werden, bevor eine konkrete Gefahr von diesen Personen oder Organisationen ausgeht.

Aufgrund des nach dem Zweiten Weltkrieg von den Alliierten vorgegebenen Trennungsgebots haben deutsche Geheimdienste keine exekutiven Befugnisse. Nur die Strafverfolgungsbehörden, also Staatsanwaltschaften und Polizei, haben die Befugnis, auf Basis gerichtlicher Entscheidungen Hausdurchsuchungen oder Festnahmen durchzuführen. Die Befugnisse der Geheimdienste beschränken sich auf das Sammeln von Informationen, allerdings auch unter Einsatz nachrichtendienstlicher – also geheimer – Methoden. Die klare Trennung dieser Behörden muss auch bei deren informationeller Zusammenarbeit beachtet werden. Das hat das Bundesverfassungsgericht in seiner Entscheidung zum Anti-Terror-Datei-Gesetz nachdrücklich betont.[75]

Da die Vertraulichkeit der Telekommunikation durch Art. 10 des Grundgesetzes geschützt ist, dürfen die Nachrichtendienste nur im Rahmen der gesetzlichen Befugnisse des G10-Gesetzes Telefone oder Internetverbindungen überwachen. Anders als bei der Strafverfolgung werden Überwachungsmaßnahmen dabei nicht durch Gerichte, sondern durch die G10-Kommission angeordnet. Das G10-Gesetz unterscheidet zwischen der gezielten und der strategischen Telekommunikationsüberwachung.

Die von der G10-Kommission veröffentlichten Berichte zeigen, dass die nachrichtendienstliche Individualüberwachung nur relativ wenige Fälle umfasst. So genehmigte die G10-Kommission im Jahr 2012 dem BfV, dem BND und dem MAD im ersten Halbjahr 73 und im zweiten Halbjahr 84 Beschränkungsmaßnahmen – auch die Überwachungsanordnungen der Vorjahre bewegen sich in dieser Größenordnung.[76] Wesentlich umfangreicher ist allerdings die strategische Fernmeldekontrolle, zu der allein der BND befugt ist. Er darf sogenannte »internationale Telekommunikationsbeziehungen« automatisiert erfassen, speichern und auswerten. Sie umfasst die Telekommunikation, die über einen bestimmten Netzknoten von Deutschland aus ins Ausland oder von dort aus nach Deutschland erfolgt. Da die strategische Überwachung auch das Internet betrifft, ist die Anzahl der erfassten Daten massiv angewachsen und damit auch die Zahl der (potentiell) betroffenen unbeteiligten Personen.

Nach dem G10-Gesetz darf der BND mit der strategischen Überwachung die inländische Telekommunikation nicht erfassen. Inlandsgespräche und im Inland versandte E-Mails und sonstige Daten sind deshalb rechtlich für den BND tabu. Aufgrund der Digitalisierung der Telekommunikation können inländische Daten allerdings ebenfalls über ausländische Server geleitet werden.[77] So kann ein in Deutschland geführtes Telefonat oder eine inländische E-Mail über den »Umweg« eines Servers in den USA und/oder in anderen Staaten geleitet werden.

### Der überwachungs-industrielle Komplex

Für die Überwachung wird viel Geld ausgegeben – und es wird viel Geld verdient. Jahr für Jahr fließen hohe Milliardenbeträge an externe Auftragnehmer: Für die Beschaffung und den Betrieb von Überwachungstechnik, zunehmend aber auch für diverse sonstige Dienstleistungen. So berichtete die Washington Post[78] darüber, den US-Nachrichtendiensten hätten 2013 aus einem »schwarzen Budget« 52,6 Milliarden US-Dollar zur Verfügung gestanden, davon 10,8 Milliarden Dollar (7,9 Milliarden Euro) für die NSA. Der Etat der US-Geheimdienste beläuft sich auf jährlich schätzungsweise 75 Milliarden US-Dollar.[79] Den britischen Geheimdiensten stehen jährlich insgesamt 1,9 Milliarden Pfund (2,3 Milliarden Euro) zur Verfügung, der »Löwenanteil« davon dem GCHQ.[80] Zum Vergleich: Der Bundesnachrichtendienst verfügte 2013 über 460 Millionen Euro.[81]

Die den Geheimdiensten zugewiesenen Mittel werden nur zum Teil für eigenes Personal ausgegeben. Riesige Beträge wandern an Unternehmen – für Technik, Dienstleistungen und für sonstige Zwecke, etwa als Kompensation an Unternehmen für deren Kooperation bei der Überwachung und Datenherausgabe. Viel Geld wird für Software ausgegeben. Sogar die Administration der geheimdienstlichen Computersysteme wurde externen Dienstleistern übertragen. Zu ihnen gehörte auch Systemspezialist Edward Snowden, der bei dem Beratungsunternehmen Booz Allen Hamilton beschäftigt war. Zuvor hatte er mehrere Jahre im Dienst der CIA und der NSA gestanden. Booz Allen Hamilton, das bedeutendste Technologie-Beratungsunternehmen der US-Regierung, ist seit Jahren eng mit der NSA verflochten. Fast ein Viertel des Umsatzes von jährlich 5,8 Milliarden US-Dollar entfalle auf den Bereich Geheimdienste und Überwachung.[82]

Die enge Zusammenarbeit zwischen US-Geheimdiensten mit der Wirtschaft wird seit vielen Jahren praktiziert. Je mehr Spezialkenntnisse für die Überwachung gebraucht wurden, desto stärker fühlt sich der Geheimdienst auf die Kooperation der Wirtschaft angewiesen. Seit 2001 ging die NSA verstärkt dazu über, nicht nur einzelne Dienstleistungen, sondern ganze Überwachungsaufgaben an private Auftragnehmer zu vergeben. Der NSA-Kenner James Bamford nennt die in räumlicher Nähe zum NSA-Hauptquartier im »National Business Park« angesiedelten Firmen einen »überwachungs-industriellen Komplex«, der wie eine privatwirtschaftliche NSA funktioniere. Ähnlich wie der militärisch-industrielle Komplex[83] in den 1950er Jahren unter dem US-Präsidenten Eisenhower, wuchs der überwachungs-industrielle Komplex unter George W. Bush nach 2001. Dass die NSA umfangreiche Aufträge an Unternehmen vergab, fand sogar Aufmerksamkeit bei den lokalen Wirtschaftsförderern. Lokalpolitiker witterten Chancen für ihre Regionen. In grotesk anmutender Weise warben sie mit der großen Zukunft der Überwachungstechnologien um Investoren für ihre Business-Parks: »Die Überwachungsaktivitäten – die Erfassung der Kommunikation von verdächtigen Terroristen oder Kriminellen – werden jährlich um 20 bis 25 Prozent zunehmen. Hochgeschwindigkeitsnetze werden zusätzliche Nachfrage nach Überwachungssoftware erzeugen ...«[84] Die modernen »Goldsucher« zog es nicht mehr – wie die Goldsucher im 19. Jahrhundert – im die Gefilde des River Klondike, um dort nach Nuggets zu suchen. Viel attraktiver ist heute das Umfeld der NSA-Zentrale in Fort Meade. Statt um Nuggets geht es dabei um Daten. Die Data-Mining- und Überwachungsunternehmen witterten zu Recht ein glänzendes Geschäft.

Intensiv ist auch die personelle Verflechtung zwischen auf Überwachung spezialisierten Unternehmen und den US-Geheimdiensten. Der Wechsel zwischen der Wirtschaft und staatlichen Stellen ist in den Vereinigten Staaten ohnehin intensiver als in fast allen anderen Weltregionen. So wechseln am Ende jeder Amtsperiode eines US-Präsidenten viele Mitarbeiter der Administration in die Wirtschaft, während umgekehrt die frei werdenden Stellen vielfach durch Fachleute und Lobbyisten aus den Unternehmen neu besetzt werden. Die Botschafter und Gesandten an interessanten Standorten – etwa in Berlin – sind nicht unbedingt erfahrene Diplomaten. Vielmehr haben sie sich als Parteigänger oder Spendensammler für den jeweiligen US-Präsidenten hervorgetan.

Unternehmen mit Spezialwissen in der Überwachungstechnik, etwa auf dem Gebiet der Netzwerkanalyse, sind der NSA besonders willkommen, denn ihr Wissen eignet sich nicht nur für die Behebung von Funktionsstörungen in Netzwerken, sondern auch für die Planung und Durchführung von Überwachungsmaßnahmen. Besonders schnell rotiert die Drehtür deshalb zwischen den Führungsetagen der NSA und solchen

Firmen, deren Hauptgeschäftsfeld die Überwachung ist. Bisweilen kehren auch ehemalige NSA-Mitarbeiter nach einem Intermezzo in einem Überwachungsunternehmen in Spitzenjobs beim Geheimdienst zurück. Von der Symbiose zwischen der Industrie und den Geheimdiensten profitieren beide Seiten: »Die Effektivität der US-Geheimdienst- und Sicherheits-Communitiy hängt von ihren intensiven Beziehungen zur Industrie ab«, erklärte etwa Mike McConnell.[85] Seine Biographie belegt beispielhaft, wie eng die Verbindungen zwischen den staatlichen und privatwirtschaftlichen Akteuren im Überwachungsgeschäft sind. Der frühere Militär und NSA-Direktor wechselte 1996 als Senior Vice President zu Booz Allen Hamilton und arbeitete zugleich in der wenig bekannten Organisation Security Affairs Support Association (SASA), die seit ihrer Gründung im Jahr 1980 als Brücke zwischen den US-Geheimdiensten und der Industrie fungierte. Nachdem SASA 2003 zur Intelligence and National Security Alliance (INSA) umfirmierte, wurde McConnell deren Vorstandsvorsitzender, bevor er schließlich von George W. Bush nach dem Ausscheiden bei Booz Allen Hamilton 2007 zum nationalen Geheimdienstkoordinator ernannt wurde. Wie gut die Drehtür funktioniert, belegt auch der Wechsel des auch für den Datenschutz zuständigen Facebook-Sicherheitschefs Max Kelly, der 2010 zur NSA wechselte.[86]

Bemerkenswert ist auch die enge Kooperation zwischen der NSA und dem auf die Netzwerk- und Datenanalyse spezialisierten Unternehmen Narus, ursprünglich ein israelisches Start-up und heute eine hundertprozentige Boeing-Tochter. Um gut im Geschäft zu bleiben, rekrutierte Narus ehemalige NSA-Mitarbeiter, darunter sogar einen früheren NSA-Vizedirektor. Für die NSA ist Narus ein strategischer Partner bei den globalen Überwachungsaktivitäten. Die Selbstdarstellung des Unternehmens im Internet liest sich wie eine Werbebroschüre für Werkzeuge zur Totalüberwachung – vermutlich ist sie es auch. So wirbt das Unternehmen für sein »nSystem« mit denselben Funktionalitäten, die wir inzwischen von X-Keyscore kennen. Das selbstlernende System könne riesige Datenmengen automatisiert durchsuchen und analysieren. Einhundert Prozent der übertragenen Datenpakete könnten erschlossen werden, jede Interaktion werde analysiert, und automatisch würden aussagekräftige Profile jeder Aktivität im Netz gebildet. Bei Auffälligkeiten könnten bestimmte Inhalte herausgefiltert und einer tieferen Analyse unterzogen werden. Die Daten würden nach Themen, Trends, Communities und Standorten ausgewertet. Die Narus-Kunden könnten so erfahren, für welche Themen sich die Menschen interessieren, welche Inhalte sie teilen, welche Rollen sie in Gruppen einnehmen und wo sie sich aufhalten. Schließlich werden die individuellen Gewohnheiten, Identitäten, Profile und die Interaktionen der Nutzer erfasst. Alle Internetnutzer würden sichtbar gemacht und anhand ihrer »digitalen Fingerabdrücke« identifiziert. Der Kontext ihrer Interaktionen werde analysiert, auch anhand der erst im Zeitverlauf sichtbaren Details. Alle Erkenntnisse würden automatisiert ausgewertet, kombiniert und aggregiert. Auf diese Weise werde präzise »Intelligence« gewonnen, so die Narus-Selbstdarstellung.[87]

Dass die Überwachungsspezialisten keine hohen moralischen Ansprüche an ihre Kunden stellen, belegte das Wall Street Journal bereits vor Jahren. So habe sich Libyen bei Narus um die Beschaffung fortgeschrittener Technologien bemüht, mit denen sich verschlüsselte Telefondienste wie Skype abhören und Internetinhalte blockieren lassen. Nur der inzwischen ausgebrochene Bürgerkrieg habe dazu geführt, dass die Gespräche mit dem libyschen Staatschef Muammar al-Gaddafi schließlich abgebrochen wurden.[88]

Auch deutsche Unternehmen verdienen an der Überwachungstechnik, die sie im In- und Ausland verkaufen. Totalitäre Regimes gehören auch bei ihnen zu den besten Kunden. Immer wieder wurde deshalb der Export von Überwachungstechnik kritisiert. So forderte die Organisation »Reporter ohne Grenzen« die Bundesregierung auf, »den Export und Verkauf von Software, die der Überwachung und Ausspähung von Journalisten und Bloggern dient, in die Exportkontrolle aufzunehmen und sich auch auf europäischer Ebene für ein entsprechendes Kontrollregime einzusetzen.«[89] Die Journalistenorganisation kritisierte besonders, dass die Bundesregierung den Export solcher Software sogar mit Hermes-Kreditgarantien unterstützt habe. Seit Jahren ist bekannt, dass prominente deutsche Hersteller Überwachungstechnologie in totalitäre Staaten liefern und damit zur Unterdrückung von Meinungs- und Pressefreiheit im Internet beitragen. Geliefert worden sei Überwachungssoftware unter anderem nach Syrien, Libyen, Bahrain und Ägypten.[90]

Nicht nur Nachrichtendienste, auch andere Sicherheitsbehörden kaufen Technik zur Telekommunikationsüberwachung bei privaten Unternehmen. Zu den Abnehmern zählen auch Strafverfolgungsbehörden, die sich elektronischer Ermittlungswerkzeuge bedienen. Aufsehen erregte die Kooperation des Bundeskriminalamts mit der Firma DigiTask. Das Unternehmen rühmte sich, es sei bei der Technik zur Telekommunikationsüberwachung »Marktführer in Deutschland«.[91] Verschiedene Polizeibehörden, darunter das BKA, bestellten bei DigiTask die Software eines Trojaners zur

»Quellen-Telekommunikationsüberwachung«. Nachdem die Verwendung der Software bekannt geworden war, stellte sich heraus, dass die getroffenen Sicherheitsvorkehrungen unzureichend waren. Der Innenausschuss des Bundestags bat mich – in meiner damaligen Funktion als Bundesdatenschutzbeauftragter – darum, diesen Berichten nachzugehen. Leider war mir und meinen Mitarbeitern eine vollständige Aufklärung nicht möglich, weil sich das Bundeskriminalamt nicht in der Lage sah, eine gründliche Prüfung der eingesetzten Software vorzunehmen. Das BKA verfügte nur über den Binärcode der Software. Die Quellprogramme, die für die genaue Analyse der Funktionalität erforderlich sind, kannte nur die Firma DigiTask. Sie verlangte von meinen Mitarbeitern, dass sie eine Verschwiegenheitserklärung unterschreiben, was mich daran gehindert hätte, etwa den Deutschen Bundestag über das Ergebnis der Prüfung zu unterrichten. Letztlich hat das staatliche Outsourcing also dazu geführt, dass eine gründliche datenschutzrechtliche Prüfung der Überwachungssoftware nicht erfolgen konnte. Als ich dies gegenüber dem Bundesinnenministerium beanstandete, nahmen sich die Behörden zwar vor, entsprechende Software in Eigenregie zu entwickeln.[92] Trotzdem berichteten Medien in der Folgezeit darüber, dass sich die Sicherheitsbehörden weiterhin um den Ankauf von Überwachungssoftware externer Anbieter bemühen. Aufträge seien unter anderem an die Firma CSC gegangen, deren amerikanische Muttergesellschaft zu den größten Auftragnehmern der US-Geheimdienste gehöre.[93]

Auch in den Vereinigten Staaten wird inzwischen das exzessive Outsourcing im Sicherheitsbereich als problematischer angesehen. Zumindest die externe Administration kritischer, für die nationale Sicherheit wichtiger Systeme soll zukünftig drastisch begrenzt werden.[94] Wie weit dieses Umdenken allerdings geht, ist offen. So hatte Geheimdienstkoordinator Clapper noch im Juni 2013 den durch Medienberichte verunsicherten Subunternehmern Mut zugesprochen: »Private Auftragnehmer sind ein wichtiger Teil unseres Personalkörpers und entscheidend für unsere nationale Sicherheit. Sie beweisen jeden Tag, wie sehr Sie sich für die Sicherheit unserer Nation einsetzen, egal welche Farbe Ihr Dienstausweis hat.«[95]

## Hintergründe

Seit ihrer Entstehung haben Geheimdienste einen unstillbaren Datenhunger. In früheren Zeiten wurden Briefe geöffnet und kopiert, später Telefone abgehört und Telegramme mitgelesen. Ob Fernschreiber (Telex) oder Telefax: Jede Kommunikationstechnik war für die Geheimdienste von Interesse. Besondere Aufmerksamkeit widmeten die Nachrichtendienste seit den 1930er Jahren der Funkaufklärung. Sie war bis in die 1980er Jahre hinein das wichtigste Frühwarnsystem gegen Überraschungsangriffe. Insofern ergänzte die Funkaufklärung die aus anderen geheimdienstlichen Quellen gewonnenen Informationen. Von der NSA aufgefangene Funksignale waren etwa bedeutsam für die Entscheidung von US-Präsident Kennedy, 1962 die nahe am amerikanischen Festland gelegene Insel Kuba zu blockieren. Der Dienst hatte herausgefunden, dass dort mit Atomsprengköpfen bestückte sowjetische Mittelstreckenraketen stationiert wurden.[96] Die Bedingungen, unter denen die Nachrichtendienste ihrem Geschäft nachgehen, haben sich in den letzten Jahrzehnten dramatisch verändert, politisch und auch technisch. Darauf soll im Folgenden näher eingegangen werden.

Die immer gewaltigeren Datenberge können nur aufgehäuft werden, weil digitale Technik unser Leben immer stärker durchdringt und beeinflusst. Heute gibt es kaum noch Arbeitsplätze und immer weniger Wohnungen, in denen nicht mindestens ein Computer steht. Die Systeme werden nicht isoliert, »stand alone« betrieben. Sie sind lokal vernetzt und ans Internet angebunden. In vielen Regionen – etwa in Europa und Nordamerika – gibt es heute mehr Mobiltelefone als Einwohner. Smartphones verdeutlichen uns, wie weit Computer- und Kommunikationstechnik schon zusammengewachsen sind. Noch gravierender ist allerdings eine Entwicklung, die sich weitgehend unsichtbar vollzieht: Alltagsgegenstände werden mit Chips ausgestattet, die sich untereinander, per Smartphone oder über das Internet vernetzen. Wenn wir diese Gegenstände verwenden, lösen wir elektronische Transaktionen aus und hinterlassen Datenspuren. Selbst wenn die Gerätschaften vermeintlich inaktiv sind, senden sie Daten über ihren Standort und Betriebszustand, damit sie jederzeit über Netze angesprochen, abgefragt oder aktiviert werden können – gute Voraussetzungen für eine umfassende Überwachung, schlechte Zeiten für die Privatsphäre.

## Überwachbar: Telekommunikation

Wir telefonieren heute digital mittels ISDN oder Handy, laden Fahr- und Speisepläne aus dem Internet, kommunizieren mobil per Smartphone und navigieren elektronisch per

Google Maps. Angesichts dieser Möglichkeiten gerät in Vergessenheit, dass noch bis Ende der 1990er Jahre überwiegend analog kommuniziert wurde. Ob Telefon, Fernschreiber oder Telefax: Die Daten wurden mittels modulierter Wellen übertragen. Die Analogtechnik war ziemlich datenschutzfreundlich – sie hinterließ im Regelfall keine Spuren: Wenn der Telefonhörer aufgelegt war, ließ sich nicht mehr feststellen, von welchem Anschluss die Verbindung aufgebaut worden war. Lediglich durch den aufwändigen und gezielten Einsatz sogenannter »Zählvergleichseinrichtungen« konnten die angerufenen Rufnummern registriert werden. Noch schwieriger gestalteten sich Fangschaltungen, mit denen der Ausgangspunkt eines Anrufs ermittelt werden sollte. Ältere Krimis vermitteln einen Eindruck von dem Aufwand, der getrieben werden musste, um etwa einen Erpresseranruf zurückzuverfolgen. Heute stellt sich die Situation völlig anders dar. Sämtliche Verbindungen aus dem Festnetz, vom Handy und über das Internet werden digital vermittelt und hinterlassen eine breite Datenspur.

Besonders deutlich ist der Wandel beim Mobilfunk. Alle modernen Mobilfunknetze werden digital betrieben und sind zellular aufgebaut. Das vom Netz abgedeckte Gebiet wird dabei räumlich in viele kleine Einheiten unterteilt, die jeweils von einem Sender (Basisstation) versorgt werden. Der Durchmesser der einzelnen Funkzellen variiert nach Netz und örtlichen Gegebenheiten von wenigen 100 Metern bis zu mehreren Kilometern. Dem Netz muss jederzeit bekannt sein, in welcher Funkzelle sich ein Mobilfunkgerät befindet, damit das Handy oder Smartphone überhaupt erreichbar ist. Bei jedem Anruf, bei jeder SMS und bei der mobilen Internetnutzung werden die Standortdaten und die Teilnehmerkennungen in einem Verbindungsdatensatz gespeichert. Selbst wenn eine Verbindung fehlschlägt, entsteht ein Verbindungsdatensatz – einschließlich Standortkennung.

In den digitalen Funknetzen werden die Verbindungen heute im Regelfall verschlüsselt übertragen. An der Basisstation, bei der das Endgerät eingebucht ist, wird das Gespräch jedoch unverschlüsselt in das Festnetz eingespeist. Ob und nach welchem Verfahren verschlüsselt wird, steuert die Basisstation – sie kann die Verschlüsselung sogar völlig abschalten, ohne dass der Nutzer dies erkennt.

Um erreichbar zu sein, senden die mobilen Geräte wie Peilsender Signale aus. Damit werden sie aber auch für Spionage und Überwachung anfällig. Die von Lauschern eingesetzten Geräte, sogenannte IMSI-Catcher, können die internen Teilnehmerkennungen der Handys im näheren Umkreis ermitteln. Der IMSI-Catcher spiegelt dabei allen in seiner Reichweite befindlichen Handys vor, eine Basisstation des Mobilfunknetzes zu sein. Auf diese Weise können sämtliche Kennungen der in der Nähe befindlichen Mobilfunkgeräte erfasst werden, etwa um daraus Bewegungsprofile zu bilden. In einer erweiterten Version eignet sich der IMSI-Catcher auch zum Abhören der per Funk übertragenen Inhalte. Die Überwachung kann dabei alle in der vom IMSI-Catcher erzeugten Funkzelle befindlichen Handys betreffen oder nur bestimmte Geräte. Inländische Polizeibehörden und Nachrichtendienste nutzen zur Handy-Überwachung vornehmlich Schnittstellen im jeweiligen Mobilfunknetz, die die Anbieter ihnen aufgrund gesetzlicher Verpflichtungen zur Verfügung stellen. Sie sind deshalb auf die IMSI-Catcher nur recht selten angewiesen. Insbesondere bei kriminellen Organisationen und bei ausländischen Nachrichtendiensten ohne »offiziellen«

Zugang zu den lokalen Mobilfunknetzen erfreuen sich IMSI-Catcher offenbar einiger Beliebtheit. Ob diese Technik auch bei der Überwachung des Handys der Bundeskanzlerin verwendet wurde, ist nicht bekannt.

Handys und Smartphones lassen sich so manipulieren, dass sie als Werkzeuge für die Überwachung eingesetzt werden können. Durch Aktivierung der »automatischen Anrufannahme« und des »Lautlosbetriebs« können Handys gezielt oder zu einem bestimmten Zeitpunkt eingeschaltet werden, etwa wenn eine vertrauliche Besprechung angesetzt ist.

Ferner ist es möglich, durch Versenden »stiller SMS«, die nicht beim Empfänger angezeigt werden, Handys zur Offenbarung des jeweiligen Standorts zu veranlassen. Beim Eingang einer solchen stillen SMS wird bei dem Anbieter ein Verbindungsdatensatz erzeugt. Wenn stille SMS in kurzer zeitlicher Abfolge an ein Zielgerät gesandt werden, entstehen auf diese Weise bei den Telefonanbietern regelrechte Bewegungsprofile. Strafverfolgungsbehörden oder Nachrichtendienste können im Rahmen ihrer jeweiligen rechtlichen Befugnisse die Herausgabe dieser Daten vom Telefonanbieter verlangen, sei es gezielt, bezogen auf eine bestimmte Mobilfunknummer, oder massenhaft, im Rahmen sogenannter »Funkzellenabfragen«, bei denen die Metadaten sämtlicher Handys angefordert werden, die in einem bestimmten Zeitraum in der Region eingebucht waren.[97]

70

## Internet: Ohne Adresse geht nichts

Im Mittelpunkt der Überwachung steht heute das Internet. Das Netz ist seit Jahren die mit Abstand wichtigste globale Kommunikationsplattform, zugleich Jedermann-Medium und Businesstool. Auch die Telekommunikation – Festnetz wie Mobilfunk – wird zunehmend mittels Internet-Technologie abgewickelt. Wer ein Ferngespräch führt, dessen Gesprächsinhalte wandern immer häufiger als Bits und Bytes über Internetverbindungen, selbst dann, wenn analoge Endgeräte benutzt werden. Wer ein Telefonat aus dem Festnetz oder per Handy führt, kann deshalb nicht sicher sein, dass seine Daten nicht bei der Internetüberwachung registriert und durchgerastert werden.

Die bei der Internetnutzung entstehenden Metadaten sind umfangreicher und aussagekräftiger als bei der klassischen Telekommunikation: Jeder Mausklick, jeder Seitenaufruf, jede E-Mail und jede Internet-Bestellung können einzelnen Geräten zugeordnet werden. Alle Ressourcen im Netz werden eindeutig identifiziert – sonst wäre die Kommunikation nicht möglich. Jeder Rechner ist im Internet mit einer IP-Adresse unterwegs. Jede Information im Web besitzt eine eigene Adresse (Uniform Ressource Locator – URL). Bereits das bloße Surfen im Web hinterlässt deshalb aussagekräftige Spuren. Mehr noch: Diese Angaben können im Prinzip von allen an einem Kommunikationsvorgang beteiligten Systemen gespeichert werden, nicht nur beim eigentlichen Sender und Empfänger.

Die Anbieter von Webservern erfahren stets die IP-Adresse des abrufenden Rechners, und sie wissen, welches Betriebssystem, welcher Browser dort installiert, welche Sprach- und

Grafikeinstellungen jeweils aktiviert sind. Automatisch wird nicht nur die URL der aufgerufenen Seite, sondern auch diejenige der Seite übertragen, von der aus der Nutzer per »Link« weitergeleitet wurde. Die meisten Anbieter speichern all diese Daten mit genauer Uhrzeitangabe. Anhand dieser Angaben können die Aktivitäten der Nutzer detailliert ausgewertet werden. So erfährt der Anbieter etwa, unter welchem Suchbegriff in einer Suchmaschine die entsprechende Webseite gefunden wurde. Ferner werden unter der harmlosen Bezeichnung »Cookies« kleine Dateien auf den Rechnern der Nutzer installiert, um die Nutzer wiederzuerkennen und so Profile zu bilden.

Selbst Internetnutzer, die sich vor der Verfolgung im Netz zu verstecken versuchen, etwa indem sie die auf den Rechnern abgelegten Cookies löschen und Anonymisierungsdienste in Anspruch nehmen, sind vor einer Identifizierung und Nachverfolgung nicht völlig sicher. Mit dem sogenannten »Browser-Fingerprint« können die Computer eindeutig identifiziert werden. Dabei werden durch Kombination vieler unterschiedlicher Parameter spezifische Profile erzeugt, die den Computer kennzeichnen: Hardwareparameter – etwa Prozessortyp und ggf. Seriennummer – Softwareeigenschaften – Betriebssystem, verwendeter Browser, Browser-Plugins, Sprach- und Farbeinstellungen, installierte Schriftarten – und schließlich auch die IP-Adresse. Zwar sind die Nutzer im Regelfall unter wechselnden IP-Adressen unterwegs, gleichwohl verrät die IP-Nummer, über welchen Anbieter das Internet genutzt wird und wo sich die Zugangspunkte befinden. Durch die mittels Kombination dieser Daten erzeugten »Fingerprints« können die allermeisten Systeme eindeutig identifiziert werden.[98]

Das Fingerprinting ist auch für Nachrichtendienste interessant. Die Fingerprints sind für sie nicht nur bei der Identifikation der Nutzer hilfreich: Wer die genaue Systemkonfiguration von Computern erfasst, erfährt auch deren Schwachstellen. Wer weiß, welches Betriebssystem, welche Anwendungsprogramme und welche Sicherheitssoftware verwendet wird, kann diese Kenntnisse dafür nutzen, Späh- und Schadsoftware auf das System zu bringen. Wenn die NSA die Spezifikationen von Millionen Computersystemen registriert, verfügt sie damit auch über eine mächtige Basis für das automatische, massenhafte Verteilen von Trojanern.

Noch umfangreicher ist die Datenernte im mobilen Internet. Wenn der Internetzugriff nicht mehr vom stationären PC erfolgt, sondern per Smartphone, nimmt der Umfang der Daten exponentiell zu, die bei der Nutzung anfallen. Die Identifikations-, Verkehrs- und Standortdaten ergänzen die ohnehin zahlreichen »normalen« Nutzungsdaten des Internets. Die heute standardmäßig in viele mobile Geräte eingebauten GPS-Ortungssysteme und die WLAN-Funktion ermöglichen eine sehr viel genauere Lokalisierung als die Funkzellen der Mobilfunknetze. Bei vielen Smartphones und Tablet-Computern können zudem Listen von Kommunikationspartnern, elektronische Kalender und Kontaktangaben ausgelesen und über das Internet übertragen werden.

All diese Daten sind für die werbetreibende Wirtschaft von großem Interesse – doch nicht nur für sie: Auch die Geheimdienste NSA und GCHQ spähen die Smartphone-Nutzer aus. Wenn ein Nutzer die »Angry Birds«-App verwendet, ist vielfach ein heimlicher Mitspieler dabei. Während der Nutzer auf lustige Tierchen Jagd macht, wird er selbst zum Zielobjekt von Geheimdiensten, wie Papiere des britischen Geheimdienstes belegen, die der Guardian bekannt gemacht hat: »Wenn ein Smartphone-Benutzer das beliebte Spielprogramm Angry Birds öffnet, ... könnten im Hintergrund Spione lauern, um Daten über den Aufenthaltsort des Spielers, sein Alter, sein Geschlecht und andere persönliche Informationen zu schnappen.«[99] Dabei interessieren sich die Nachrichtendienste sicherlich weniger für die spielerischen Fertigkeiten der Smartphone-Nutzer als für die Daten, die durch die App erfasst und übertragen werden. Sie profitieren davon, dass das Spiel und viele andere Apps bewusst so programmiert sind, dass sie möglichst vieles über ihre Nutzer in Erfahrung bringen. Während der Nutzer versucht, im Online-Spiel möglichst viele Punkte zu erzielen, registrieren NSA und GCHQ, wer da wo unter welcher Identität im Netz ist und mit wem er Kontakt hält.

Und noch etwas hat sich seit analogen Zeiten geändert: Die Geschäftsmodelle der Unternehmen und der Umgang der Nutzer mit den neuen Kommunikationsplattformen. In der Frühphase des Web mussten die Kunden für Internetdienste und Software im Regelfall bezahlen. Wer auf qualitativ hochwertige Dienste angewiesen war, musste dafür eine finanzielle Gegenleistung erbringen. Bis dahin ähnelten die Geschäftsmodelle im Internet im Wesentlichen denjenigen in der realen Welt. Lediglich die Open-Source-Szene hielt mit selbst entwickelten Programmen dagegen, die frei von Gebühren genutzt werden durften. Heute haben es Anbieter, die für ihre Dienste Gebühren verlangen, zunehmend schwer. Vielen Nutzern ist nicht bewusst, wie teuer sie mit ihren persönlichen Daten für »kostenlose« Angebote bezahlen. Man könnte es so ausdrücken: Die vielen Kostenlos-Angebote funktionieren nur, weil sie uns umfassend überwachen. Heute möchte kaum

74

noch ein Nutzer auf die Gratis-Dienste und -Apps verzichten. »Geiz ist geil« – dieser Slogan feiert im Internet einen Siegeszug – auch zur Freude der Geheimdienste, die an den privatwirtschaftlich erzeugten Datenmassen partizipieren.

Inzwischen stehen eine Vielzahl qualitativ hochwertiger, nutzerfreundlicher und zuverlässiger »kostenloser« Dienste zur Verfügung, die sich durchgängig durch personalisierte Werbung finanzieren. Je genauer die Werbebotschaft die Interessen der Nutzer trifft, desto wahrscheinlicher ist es, dass das beworbene Produkt gekauft wird. Um die Treffsicherheit der personalisierten Werbung zu erhöhen, erfassen die Anbieter weitaus mehr Nutzerdaten, als für die Erbringung des jeweiligen Dienstes erforderlich sind, führen sie zusammen und bilden Nutzerprofile. Jede Interaktion wird nach Möglichkeit individuell zugeordnet, ausgewertet und kategorisiert. Je mehr Daten abgefragt, heimlich erfasst oder vom Nutzer selbst bereitgestellt werden, desto lukrativer sind diese Geschäftsmodelle.

Wer etwa in das Suchfeld bei Google einen Begriff eintippt, offenbart damit nicht nur sein Interesse, sondern versorgt das Unternehmen mit Angaben über seinen Standort und die eingesetzte Technik. Dem Unternehmen ist es zumeist möglich, verschiedene Interaktionen den Geräten und Nutzern zuzuordnen. In seinen Nutzungsbedingungen behält sich Google vor, die aus den vielfältigen, von dem Unternehmen angebotenen Diensten stammenden Daten plattformübergreifend auszuwerten und zusammenzuführen.[100] Immer wieder ist in der Google-Datenschutzerklärung von »maßgeschneiderten Inhalten« oder »verbesserter Nutzererfahrung« und »auf Sie zugeschnittener Werbung« die Rede. Um letztere sorgt sich das Unternehmen besonders, denn es kennzeichnet das Geschäftsmodell: Maßgeschneiderte Werbung hat weniger Streuverluste und lässt sich deshalb teuer an Werbekunden verkaufen. Letztlich bezahlen die Nutzer aber mit ihren Daten für die vielen »kostenlosen« Dienste.

Das Geschäftsmodell von Facebook folgt derselben Grundidee. Auch bei diesem für die Mitglieder kostenlosen Angebot werden Werbebotschaften teuer verkauft. Facebook-Nutzer offenbaren – gewollt und ungewollt – vielfältige Informationen über sich und andere. Selbst Nutzer, die ihre Profile in sozialen Netzwerken nur spärlich mit persönlichen Einzelheiten versehen und nur hin und wieder eine »Statusmeldung« einstellen, können – indirekt – durch die Wahl ihrer »Freunde« eingeordnet und bewertet werden. So können die Betreiber des Sozialen Netzwerks aus dem Freundesumfeld und den Kommunikationsbeziehungen Schlussfolgerungen auf Interessen, Einkommen, religiöse und politische Anschauungen und sogar auf die sexuelle Orientierung ziehen. Ein Homosexueller, der seine Neigung vor der Öffentlichkeit geheim hält, kann allein anhand seines Freundeskreises mit einiger Sicherheit erkannt werden. Während dies in den verhältnismäßig toleranten westlichen Gesellschaften für die Betroffenen in den meisten Fällen keine dramatischen Folgen haben dürfte, sieht die Situation in anderen Weltgegenden – etwa in Saudi-Arabien oder in Russland – völlig anders aus: Hier ist die Diskriminierung aufgrund der sexuellen Orientierung nach wie vor an der Tagesordnung, bis hin zur Bedrohung der persönlichen Freiheit und der körperlichen Unversehrtheit.

Die aus kommerziellen Motiven gesammelten Informationen über die Nutzer sind für die Nachrichtendienste von großem Interesse. Früher mussten sich Geheimdienste die entsprechenden Informationsschnipsel selbst mühsam erlauschen, erspähen oder über »inoffizielle Mitarbeiter« beschaffen. Zu Recht weist der Leiter der Stasi-Unterlagenbehörde Roland Jahn darauf hin, dass der Staatssicherheitsdienst der DDR Dienste wie Facebook »brutal genutzt« hätte, wenn es sie denn in der damaligen Zeit schon gegeben hätte.[101] Wie etwa die NSA die erlangten Informationen nutzt, ist trotz der Veröffentlichungen der letzten Monate immer noch nicht völlig ausgeleuchtet. Besonderes Interesse genießen sicherlich Standortdaten von Mobilfunkgeräten, die anhand der Funkzelle geortet werden können. Noch genauer ermitteln die im Smartphone aktiven GPS-Empfänger den Aufenthaltsort. Bekannt wurde inzwischen, dass erlauschte Standortdaten für militärische Aktionen verwendet werden, etwa bei der Zielprogrammierung von Drohnen.[102] Insofern gibt es vielleicht doch einen Zusammenhang zwischen dem Abschuss der verrückten Schweinchen in Angry Birds und dem bei einem Drohnenangriff im pakistanisch-afghanischen Grenzgebiet angerichteten Kollateralschaden.[103]

## Datenverarbeitung – überall und dauernd

Waren anfangs vor allem technische Güter mit elektronischen Chips ausgestattet, etwa Computer, Mobiltelefone und Fernseher, haben digitale Komponenten inzwischen diese Begrenzungen weit hinter sich gelassen. Ihre Anwendungsbreite reicht inzwischen vom Kraftfahrzeug, bis hin zum »wearable Computer«, also Kleidungsstücken, die Daten erfassen und sich flexibel an Umweltbedingungen anpassen können. Wenn deren Sensoren Körperfunktionen messen (etwa Körpertemperatur, Blutdruck, Herzfrequenz), eröffnen sich im Guten (medizinische Unterstützung) wie im Bösen (Überwachung, Schädigung) ungeahnte neue Anwendungsfelder.

Jederzeitige Verfügbarkeit, zusätzlicher Komfort, erleichterter Zugang zu »passenden« Diensten und Produkten bieten viele Vorteile. Elektronische Datenverarbeitung wird immer intensiver mit allen möglichen Alltagstätigkeiten verbunden und deshalb als solche vielfach kaum noch wahrgenommen. Die Technologie soll es den Nutzern ermöglichen, ununterbrochen erreichbar zu sein und elektronisch zu kommunizieren, wobei sich die Technik jeweils spontan an die jeweilige Umgebung anpasst. »Nutzen ohne nachzudenken«[104] beschreibt ein Konzept, das nicht nur in der Verkehrswissenschaft an Bedeutung gewinnt. Elektronische Geräte nehmen uns dabei immer mehr Entscheidungen ab, schalten, walten und steuern. Vielfach werden diese Entscheidungen aber nicht lokal, sondern im Netz getroffen oder vorbereitet, indem eine Vielzahl unterschiedlicher Daten zusammengeführt wird.

Für die Spione eröffnet auch das »Internet der Dinge« ganz neue Perspektiven. Die dabei eingesetzte RFID (Radio Frequency Identification)-Technologie basiert auf Funkchips, die an oder in Gegenständen angebracht werden. Die Chips können dabei aktiv (mit einer eingebauten Stromquelle) oder passiv (mit Stromversorgung über Funk) funktionieren. Aktive RFID-Chips können eine Reichweite von einigen Kilometern haben, bei passiven Chips beschränkt sie sich auf den Zentimeter- bis Meterbereich. Vom Busticket bis zur Arzneiverpackung, vom Container über das mit dem Paketdienst versandte Päckchen bis zur CD – auf und in immer mehr Alltagsgegenständen befinden sich RFID-Chips. Ihr Anwendungsbereich umfasst Tiere (vom Kampfhund bis zum EU-Rind) und zunehmend auch Menschen, letzteres allerdings noch vereinzelt. So wird von Bars und Ferienclubs berichtet, deren Stammkundschaft anhand der implantierten Chips erkannt wird. In Krankenhäusern werden individuell zusammengestellte Medikamente mit Funkchips markiert, um Fehlmedikationen zu vermeiden. Mittels elektronischer Armbänder können Patienten identifiziert und Heiminsassen geortet werden, die unter Demenz leiden. Dabei müssen die Chips in eine IT-Umgebung eingebunden sein, denn Namen, Adressen und Angaben über Produkteigenschaften werden in aller Regel nicht im Chip selbst, sondern in externen Datenbanken gespeichert. Verwendet der Käufer bei einem Bezahlvorgang etwa eine Kunden- oder Kreditkarte, kann der Kassencomputer die persönlichen Angaben (Name, Konto- bzw. Kundennummer) mittels der am Produkt oder der Verpackung angebrachten RFID-Chips mit den Informationen verknüpfen, die im Warenwirtschaftssystem gespeichert sind.

Auch bei der Steuerung von Wohnfunktionen (»intelligentes Haus«) feiern informationstechnische Systeme einen stillen Siegeszug. Bereits jetzt kann der Verbrauch von Strom, Heizenergie, Gas und Wasser aus der Ferne in Echtzeit durch Serviceunternehmen abgelesen werden. In wenigen Jahren werden die meisten Haushalte mit digitalen Stromzählern ausgestattet sein, die nicht nur die jährliche Ablesung der Verbrauchswerte übernehmen, sondern darüber hinaus viele weitere Funktionen bereithalten. Messvorgänge können dann kontinuierlich, im Minuten- oder sogar im Sekundentakt erfolgen. Darüber hinaus ermöglichen digitale Stromzähler die Steuerung diverser Funktionen im Haushalt. Wenn etwa unterschiedliche Stromtarife für verschiedene Tageszeiten angeboten werden, könnten »Smart Meter« bestimmte energie-intensive Haushaltsgeräte (etwa Waschmaschinen) einschalten, wenn im Netz ein Überangebot an Strom besteht.

Die Vorteile der allgegenwärtigen Datenverarbeitung werden mit gravierenden Risiken und Nachteilen erkauft. Vielfach erkennt der Nutzer nicht, dass sein Verhalten erfasst und die dabei registrierten Daten über das Internet übertragen werden. Bereits in der Diskussion über die Vorratsdatenspeicherung von Telekommunikationsdaten ist belegt worden, dass sich aus der riesigen Menge der gesammelten Verkehrsdaten aufschlussreiche Erkenntnisse über die Sozialkontakte, Reisewege und Aufenthaltsorte der Mobilfunknutzer gewinnen lassen.[105] Im »intelligenten Haus« entstehen detaillierte Profile über das Verhalten der Bewohner, denn die Verbrauchsdaten lassen direkt oder indirekt tiefe Einblicke in den individuellen Lebenswandel zu. Versicherungen vergleichen die Daten über das Fahrverhalten, die angesteuerten Ziele und andere Gebrauchsmuster des Kraftfahrzeugs mit Risikoprofilen und verlangen im Rahmen von »Pay as You Drive«-Tarifen von den Versicherten Aufschläge.[106]

Im Zuge der Digitalisierung gewinnt auch die Frage, wo sich ein bestimmtes vernetztes Gerät gerade befindet, immer größere Bedeutung. Der Standort – und damit auch der Aufenthaltort des Nutzers – bildet die Basis einer Vielzahl von Diensten. So macht es für den Anbieter wenig Sinn, dem – vermeintlich – hungrigen Smartphone-Nutzer ein China-Restaurant auf einem fremden Kontinent anzubieten. Genauso wenig hilft es dem Autofahrer, dessen Kraftstoffvorrat zu Ende geht, wenn er den Benzinpreis in einer entfernten Stadt mitgeteilt bekommt. Die Lokalisierung ist der Schlüsselfaktor für viele Geschäftsmodelle. Gleichzeitig bietet die

Feststellung von Standorten auch einen wichtigen Anknüpfungspunkt für Überwachungsaktivitäten von Geheimdiensten. So betreibt die NSA unter dem Stichwort »Co-Traveller« ein spezielles Überwachungsprogramm, mit dem festgestellt werden soll, welche Personen sich in der Nähe von Terrorismus-Verdächtigen aufhalten.[107]

Auch das Risiko des Datenmissbrauchs nimmt zu. Hacker könnten unbemerkt auf Daten zugreifen, die in einem Smartphone gespeichert sind. Das »intelligente Haus« könnte Tätern wertvolle Informationen darüber vermitteln, wann sich ein Einbruch lohnt. Nicht auszudenken ist es, welche Folgen es haben würde, wenn Straftäter über das Netz steuerbare Herzschrittmacher oder andere für die Gesundheit relevante Geräte manipulieren. So ließ der frühere US-Vizepräsident Dick Cheney die Fernsteuerungsfunktion seines Herzschrittmachers deaktivieren – aus Angst, Terroristen könnten ihm damit einen tödlichen Schaden zufügen.[108] Doch nicht nur Terroristen könnten Gebrauch von den vielfältigen elektronischen Stellschrauben und Sensoren machen, die in zunehmendem Maße unseren Alltag begleiten, sondern auch Nachrichtendienste. Wir sollten auch ihnen nicht im Tausch für etwas mehr Bequemlichkeit einen Nachschlüssel zu unserem Leben geben.


## Big Data – Big Brother


Weil aus technischen oder wirtschaftlichen Gründen immer mehr Daten erzeugt werden, wächst auch die Phantasie, was man mit ihnen anstellen kann – mit dramatischen Konsequenzen für den Einzelnen und für die Gesellschaft. Schon die schiere Menge der Daten ist unvorstellbar.

Heute übersteigt die elektronisch verfügbare Informations-menge den Umfang der konventionell gespeicherten Infor-mationen um ein Vielfaches. Die Berkeley School of Infor-mation schätzt den Umfang sämtlicher Texte, die in der Geschichte der Menschheit jemals in allen Sprachen geschrie-ben wurden, auf 50 Petabytes (oder 0,05 Exabytes) – eine Da-tenmenge, zu deren Verarbeitung Google 2013 nicht einmal drei Tage benötigte.

Der Informationsgehalt der Worte, die von allen Men-schen, die bisher gelebt haben, jemals gesprochen wurden, wird auf etwa fünf Exabytes (5000 Petabytes) geschätzt – dies entspricht gerade einmal zehn Prozent des monatlichen In-ternet-Traffics.[109] Das über das Internet bewegte Datenvolu-men wächst weiterhin exponentiell. 2015 soll die unvorstell-bare Datenmenge von 60 Exabytes pro Monat über das Netz bewegt werden, wobei ein Exabyte 1000 Petabytes oder einer Milliarde Gigabytes entspricht. Angesichts dieser riesigen Da-tenvolumina kann es nicht verwundern, dass das Internet im-mer stärker die Aufmerksamkeit von Nachrichtendiensten auf sich zieht.

Während bei der klassischen Datenverarbeitung früherer Zeiten – schon wegen der knappen Speicherkapazitäten – stets danach gefragt wurde, welche Daten für die Erfüllung einer Aufgabe erforderlich sind, wird heute unter dem Stichwort »Big Data« umgekehrt argumentiert. Die Kernfrage derarti-ger Ansätze lautet: Welche Erkenntnisse lassen sich aus den riesigen Datenbeständen gewinnen? Wie lässt sich das Daten-volumen möglichst effektiv durchforsten? Ergeben sich aus statistischen Zusammenhängen Hinweise auf Wirkungszu-sammenhänge? Welche Prognosen lassen sich aus der massen-haften Erhebung und Speicherung von Daten über alltägliche Vorgänge ableiten? Ist es möglich, das Verhalten einzelner Menschen vorherzusagen?

Big Data ersetzt die mühsame und langwierige Aufbereitung von Daten durch schnelle Analysen, die möglichst sogar in Echtzeit angestellt werden. So war es möglich, anhand der bei Google eingegebenen Suchbegriffe die Ausbreitung einer Grippe-Epidemie nachzuvollziehen und gegebenenfalls einigermaßen verlässlich neue Epidemien vorherzusagen.[110] Derartige Modelle sind nur möglich, wenn einerseits eine Vielzahl von Daten digital verfügbar ist und andererseits die technischen Möglichkeiten bereitstehen, sie auszuwerten. Abnehmende Speicherkosten, steigende Prozessorleistung und neue Datenverarbeitungs- und Prognosemodelle sind der Schlüssel zur Bewältigung der Datenberge.

Ein beliebtes Beispiel für die Möglichkeiten, mittels Big Data individuelles Verhalten zu interpretieren und vorherzusagen, kommt aus der Geschäftswelt: Supermärkte verfolgen die Warenströme und das Kundenverhalten immer umfassender. Durch Analyse des individuellen Kaufverhaltens wurde erkannt, dass es eine recht enge Korrelation zwischen irrational anmutenden Änderungen des Kaufverhaltens von Frauen im gebärfähigen Alter und dem Bestehen einer Schwangerschaft gibt. So ist es mit einiger Wahrscheinlichkeit möglich, allein aus den Daten über die gekauften Gegenstände auf eine bestehende Schwangerschaft zu schließen – sogar dann, wenn diese der Betroffenen noch gar nicht bekannt ist. Die zunächst »harmlosen« Informationen über Einkäufe im Supermarkt werden also zur Quelle höchst sensibler Schlussfolgerungen.

Es ist nicht verwunderlich, dass auch Sicherheitsbehörden versuchen, vergleichbare Modelle anzuwenden oder an den Erkenntnissen zu partizipieren, die private Datensammler erlangen. Ihnen geht es dabei nicht um die Feststellung von Schwangerschaften, sondern um das möglichst frühe Erkennen auffälligen Verhaltens, um so potentielle Terroristen, Spione oder Kriminelle zu erkennen. Das Stichwort heißt »Predictive Policing«: Die Polizei soll nicht erst dann ausrücken, wenn eine Straftat passiert ist. Sie soll schon vor Ort sein, ehe sich etwas ereignet. Dies setzt allerdings eine umfassende Beobachtung und Registrierung des alltäglichen Verhaltens voraus. Die Datenmodelle funktionieren umso besser – so die Hoffnung – je umfassender der Alltag überwacht wird und je umfangreicher die Datenmengen sind, die einbezogen werden können. Nicht mehr das verdächtige Verhalten steht dabei im Mittelpunkt, sondern die umfassende Beobachtung des Alltags. Nur so lassen sich Anomalien erkennen. Mithilfe der Statistik soll herausgefunden werden, wann und wo eine Straftat stattfinden wird. Entsprechende Versuche laufen schon seit einigen Jahren. So hat etwa das Los Angeles Police Department 2010 einen entsprechenden Modellversuch gestartet. Auch in anderen amerikanischen Städten setzt man auf ähnliche Modelle, die angeblich einige Straftaten verhindern konnten.[111]

Da man Terroranschläge auf jeden Fall verhindern will, ist es verständlich, dass in diesem Bereich die Detektoren zur Erkennung ungewöhnlichen oder gefährlichen Verhaltens besonders empfindlich geschaltet werden – mit der Konsequenz, dass ganz überwiegend unschuldige Personen ins Visier der Geheimdienste geraten. Die Maxime »im Zweifel für die Sicherheit« mündet auf diese Weise in einen Generalverdacht.

Die neuen Big-Data-Ansätze erinnern an die »Rasterfahndungen«, die erstmalig in den 1970er Jahren bei der deutschen Terrorfahndung gegen die »Rote Armee Fraktion«

84

durchgeführt wurden. Bei der Rasterfahndung werden Datenbestände aus unterschiedlichen Bereichen zusammengeführt, um aufgrund festgelegter Kriterien Verdächtige zu identifizieren.

Auch nach den Anschlägen am 11. September 2001 führten die Polizeibehörden eine bundesweit koordinierte Rasterfahndung durch. Mehrere Täter, darunter der Anführer der für die Attentate verantwortlichen Al-Qaida-Zelle, hatten sich vor den Anschlägen längere Zeit unerkannt in Deutschland aufgehalten, die meisten davon in Hamburg. Die Hamburger Zelle rekrutierte sich überwiegend aus jüngeren Männern, die aus dem Nahen Osten – speziell aus Saudi-Arabien – stammten, islamistischen Überzeugungen anhingen und an Universitäten vorwiegend technische Fächer studierten. Auf Basis dieser Erkenntnisse wollten die Polizeibehörden herausfinden, ob es weitere »Schläfer« gibt, die zu terroristischen Handlungen bereit sind, sich jedoch lange Zeit hindurch möglichst unauffällig verhalten. Die Polizeibehörden ließen sich im Herbst 2001 Daten von Universitäten, Einwohnermeldeämtern und dem Ausländerzentralregister übermitteln und rasterten sie nach den Kriterien männlich, Alter 18 bis 40 Jahre, Student oder ehemaliger Student, islamische Religionszugehörigkeit, Geburtsland oder Nationalität bestimmter, im Einzelnen benannter Länder mit überwiegend islamischer Bevölkerung. Die knapp 32 000 Treffer wurden vom Bundeskriminalamt in einer bundesweiten Datei »Schläfer« gespeichert und mit weiteren Datenbeständen abgeglichen, etwa Dateien über Inhaber von Fluglizenzen oder Personen, die gemäß Atomgesetz einer Zuverlässigkeitsprüfung bedürfen. In keinem Fall wurden jedoch »Schläfer« entdeckt oder gar angeklagt – etwa wegen Mitgliedschaft in einer terroristischen Vereinigung oder wegen deren Unterstützung.[112]

Da sich aus der Zusammenführung und Kombination der verschiedenen Datenbestände und ihrem wechselseitigen Abgleich vielfältige neue Informationen gewinnen lassen, stellt die Rasterfahndung einen tiefen Eingriff in das Grundrecht auf informationelle Selbstbestimmung dar. Die präventive – auf die Abwehr von Gefahren gerichtete – Rasterfahndung ist deshalb nur zulässig, wenn höchstrangige Rechtsgüter wie Leib, Leben oder Freiheit einer Person konkret gefährdet sind. Das Bundesverfassungsgericht erklärte 2006 die Rasterfahndung für unzulässig, weil diese Voraussetzungen 2001 nicht gegeben waren. Bestehe lediglich eine auf Vermutungen beruhende »Möglichkeit solcher Anschläge«, dann handele es sich bei der dennoch durchgeführten Rasterfahndung um eine unzulässige Maßnahme im Vorfeld der Gefahrenabwehr, nicht aber um die Abwehr einer konkreten Gefahr.[113]

Heute ist die Datensammlung ohne jeden Anlass und ohne jeden Hinweis auf konkrete Gefahren speziell durch amerikanische und britische Geheimdienste reine Routine. Bei den bekannt gewordenen Praktiken handelt es sich um eine permanente, in Echtzeit durchgeführte Rasterfahndung ungeheuren Umfangs, die den vom Bundesverfassungsgericht formulierten Anforderungen in eklatanter Weise widerspricht, denn sie erfolgt anlassunabhängig und beschränkt sich nicht auf klar definierte Personengruppen. Die Kriterien, nach denen die Daten ausgewertet werden, bleiben geheim. Und ob die Daten jemals gelöscht werden, ist höchst ungewiss.

## Digitale Stratosphäre – Cloud Computing

Cloud Computing hat sich innerhalb weniger Jahre zu einer allgegenwärtigen und global verfügbaren Dienstleistung entwickelt. Dabei werden die Daten nicht mehr auf dem Computer des Nutzers gespeichert, sondern auf entfernten, über das Internet verbundenen Systemen. Der Nutzer hat dabei im Regelfall keinen Einfluss darauf, wo und auf welchem Computersystem die Daten gespeichert und verarbeitet werden. Der Cloud-Anbieter steuert die technischen Prozesse und garantiert dem Nutzer bestimmte Dienstleistungen, etwa den jederzeitigen Zugriff auf die Daten oder die Verarbeitung der Daten mittels bestimmter Software. Der Nutzer behält zwar die rechtliche Verantwortung für die Datenverarbeitung, gibt die tatsächliche Kontrolle darüber aber an den Anbieter ab.

Die Cloud-Angebote sind dabei höchst unterschiedlich: Vielfach nutzen Privatpersonen die Cloud, um die von ihnen mittels Smartphone oder PC angelegten Dokumente, Kontaktlisten oder Fotos zu verwalten oder um Kalendereinträge zwischen verschiedenen Geräten zu synchronisieren. Dabei werden die Daten auf Cloud-Server hochgeladen – alles andere läuft mehr oder minder automatisch ab. Auch kleinere und größere Unternehmen nutzen zunehmend die Cloud. Die dabei zum Einsatz kommenden Verfahren sind im Regelfall wesentlich komplexer als bei der Cloud-Nutzung durch Privatpersonen. So kann ein Unternehmen seine Buchhaltung in der Cloud erledigen. Es »mietet« dabei die auf den Cloud-Servern laufende Software und den für die Datenhaltung benötigten Speicherplatz. Die Verarbeitungsprozesse erfolgen im Netz unter Regie des Anbieters; die Ergebnisse werden an den Cloud-Kunden zurückübertragen. Bisweilen fungiert ein Cloud-Service auch als virtueller Computer; der Nutzer kann auswählen, welches Betriebssystem er nutzt und welche Programme laufen.

Viele Cloud-Anbieter betreiben Rechenzentren auf verschiedenen Kontinenten, die in einer Art Verbund arbeiten. Den Nutzern ist nicht bekannt, wo und auf welchem Server – oder auch nur in welchem Land – ihre Daten verarbeitet werden. Weltweite Verfügbarkeit, 24 Stunden am Tag, 365 Tage im Jahr, garantieren ihnen die Anbieter. Dem Nutzer wird versprochen, dass seine Daten mindestens so gut geschützt seien wie auf dem eigenen Computer, ja sogar besser: Durch redundante Datenhaltung in der Datenwolke muss er sich nicht mehr um Backups kümmern. Gegen Angriffe aus dem Netz würden zudem die Datenströme zwischen dem Computer des Nutzers und dem Service durchgehend verschlüsselt, so das Versprechen – aber nur die halbe Wahrheit.

Die Vorteile der Cloud gehen mit dem Kontrollverlust der Nutzer über ihre Daten einher. Die Nutzer der Cloud-Services können nicht nachvollziehen – geschweige denn steuern –, was mit ihren Daten wirklich geschieht, wo sie gespeichert und an wen sie übermittelt werden. Besonders kritisch ist die Zugriffsmöglichkeit staatlicher Stellen auf die in der Cloud gespeicherten Daten. So räumen US-Gesetze den Sicherheitsbehörden weit gehende Zugriffsbefugnisse auf Daten amerikanischer Cloud-Services ein. Die Unternehmen sind verpflichtet, die Daten auf Anforderung herauszugeben. Selbst europäische Cloud-Anbieter, die Subunternehmen von US-Firmen sind, können davon betroffen sein.[114] Offenbar reichen den Geheimdiensten diese sehr weit gehenden Zugriffsmöglichkeiten aber nicht aus. Inzwischen ist durch die von Snowden mitgenommenen Dokumente belegt, dass die NSA unter Assistenz des GCHQ auch ohne Inanspruchnahme der gesetzlichen Befugnisse, die dem Dienst durch den Patriot Act und FISA eingeräumt wurden, in interne Netzwerke von Cloud-Anbietern eingedrungen sind, um dort gespeicherte Daten auszulesen oder abzufangen.

Dabei blieben auch hunderte Millionen Kontaktlisten im Schleppnetz hängen, die die Nutzer für ihre E-Mail-Konten und Instant-Messaging-Dienste wie WhatsApp angelegt haben und die auf Cloud-Servern gespeichert werden. Bei der Nutzung der Dienste und bei der Synchronisierung der Datenbestände mit lokalen Geräten – PCs, Notebooks, Smartphones – werden Kopien der Informationen übertragen – und von den Schnüfflern abgeschöpft. Aus einer internen Präsentation der NSA ergibt sich, dass der Dienst an einem einzigen Tag im Jahr 2012 auf diese Weise 444 743 E-Mail-Adressbücher von Yahoo, 105 068 von Hotmail, 82 857 von Facebook, 33 697 von Gmail und 22 881 von anderen Anbietern kopiert hat. Zudem wurden täglich 500 000 Buddy-Listen von Live-Chat-Diensten und Web-Mail-Diensten ausgespäht. Die abgeschöpften Namen, Telefonnummern, E-Mail-Adressen und sonstigen Kontaktinformationen ergänzen die Daten, die der Geheimdienst aus der laufenden Überwachung von E-Mails und Telefonaten erlangt hat. Sie ermöglichen es der NSA, versteckte Verbindungen zwischen den Nutzern zu erkennen und Gruppen zu identifizieren, die nachrichtendienstlich von Interesse sein könnten. Dies geschehe ausschließlich, um Informationen zu gewinnen über »ausländische nachrichtendienstliche Ziele wie Terroristen, Menschenhändler und Drogenschmuggler«, zitiert die Washington Post Shawn Turner, den Sprecher des nationalen US-Geheimdienstkoordinators.[115]

Besonders kritisch ist es, wenn Unternehmen ihnen anvertraute sensible Daten in die Cloud auslagern und ggf. dem Zugriff der Nachrichtendienste aussetzen. Datenschutzrechtlich bleiben sie verantwortlich. Sie müssen sich vergewissern, dass die personenbezogenen Daten angemessen gesichert sind, ehe sie sie einer Cloud anvertrauen. Davon kann spätestens jetzt keine Rede mehr sein, nachdem der Umfang und die Arbeitsweise der anglo-amerikanischen Geheimdienste bekannt sind. Ein technischer Ausweg könnte darin bestehen, dass der Cloud-Nutzer die unter seiner Verantwortung verarbeiteten personenbezogenen Daten bereits vor dem Hochladen in die Cloud sicher verschlüsselt. Allerdings sind komplexere Cloud-Dienste, bei denen auch die Software in der Cloud läuft, durch die Datenverschlüsselung bisher nicht wirklich zu sichern, da die Daten nur unverschlüsselt verarbeitet werden können. Deshalb müssten die verschlüsselten Daten jeweils entschlüsselt werden, ehe die Verarbeitung erfolgt.

## Der Krieg gegen den Terror

Bei rückblickender Betrachtung erweisen sich die Terroranschläge vom 11. September 2001 als weltweite Zäsur. Die letzte Dekade des 20. Jahrhunderts, geprägt von der Auflösung der Ost-West-Konfrontation und Hoffnungen auf ein friedlicheres Zusammenleben der Völker, wurde brutal abgelöst von der Angst vor einem neuen »Clash of Civilizations«, einem Kampf der Kulturen, in dem die islamisch geprägten Völker gegen den christlich orientierten Westen stehen.[116]

Die USA waren nach einhelliger Wahrnehmung der westlichen Welt Opfer einer heimtückischen Attacke – allenfalls vergleichbar mit dem japanischen Überraschungsangriff auf Pearl Harbour, der 60 Jahre zuvor den Eintritt der USA in den Zweiten Weltkrieg bewirkt hatte. In beiden Fällen – vor dem 7. Dezember 1941 und dem 11. September 2001 – waren die zahlreichen Hinweise auf die bevorstehende Gefahr von den Behörden nicht richtig gedeutet worden.

Die NSA verdankte ihre Gründung letztlich jenem japanischen Angriff, aus dem die US-Politik unter anderem die Konsequenz gezogen hatte, die Funkaufklärung zu verbessern, das Datenaufkommen zu steigern und die verschiedenen Zweige der Nachrichtengewinnung zu bündeln. Der Informationsaustausch sollte verbessert werden, um derartige Überraschungsangriffe zukünftig zu verhindern.[117] Noch gravierendere Konsequenzen wurden – bezogen auf den Umgang mit Informationen – nach den Attacken auf das World Trade Center und das Pentagon am 11. September 2001 gezogen. Erneut war nicht zu leugnen, dass die Zusammenarbeit der vielen US-Behörden, die jeweils für Teilbereiche der Sicherheit zuständig sind, nicht funktioniert hatte. So kann man in dem Bericht des Untersuchungsausschusses zur Aufklärung der Terroranschläge nachlesen, dass es vor dem 11. September 2001 eine Vielzahl von Hinweisen auf terroristische Aktivitäten gab, die jedoch von den jeweiligen Behörden nicht für relevant befunden, nicht verknüpft und falsch bewertet oder verspätet weitergegeben worden waren.[118]

Knapp zwei Wochen nach den Anschlägen erklärte US-Präsident George W. Bush öffentlich den »Krieg gegen den Terror«. In einer viel beachteten Rede kündigte er an: »Wir werden jede uns zur Verfügung stehende Ressource nutzen – jedes Werkzeug der Geheimdienste, jedes Instrument der Strafverfolgung, jeden finanziellen Einfluss und jede erforderliche

Kriegswaffe, um das globale Terror-Netzwerk zu sprengen und zu besiegen.«[119]

Recht bald wurde klar, dass damit nicht nur ein militärisches Vorgehen in Afghanistan und gegen die »Achse des Bösen«[120] gemeint war, sondern auch ein erbarmungsloser Kampf gegen Gegner, die man bereits im eigenen Land vermutete, ein Kampf, der tiefe Einschnitte in Bürgerrechte in Kauf nahm, gesetzliche Grenzen aufs äußerste strapazierte und überschritt. Die Einschätzung, man befinde sich im »Krieg« gegen den Terror, wurde auch außerhalb der Vereinigten Staaten geteilt. So rief der NATO-Rat am 12. September 2001 als Reaktion auf die Anschläge zum ersten und bisher einzigen Mal den Bündnisfall aus, allerdings mit der Einschränkung, »sofern die Terrorangriffe von außen gegen die USA gerichtet waren«.[121] Der Bündnisfall bedeutete, dass alle NATO-Mitgliedstaaten die Anschläge gegen das World Trade Center in New York und auf das Pentagon in Washington als einen Angriff gegen sich ansahen. Es handelte sich nach dieser Sichtweise nicht um ein – wenn auch außergewöhnlich schweres – Verbrechen, sondern um einen militärischen Angriff, gegen den nicht allein mit polizeilichen, sondern auch mit militärischen Mitteln vorgegangen werden durfte. Die rechtsstaatlichen Sicherungen waren insofern nicht mehr maßgeblich, soweit man sich – wie die USA – auf das Kriegsrecht berief.

Allerdings hat der Bundestag nicht den Verteidigungsfall ausgerufen, so dass in Deutschland die Grundrechte und einfachen Gesetze, etwa die Strafprozessordnung, in vollem Umfang in Kraft blieben, wie der damalige Bundeskanzler Gerhard Schröder in seiner Regierungserklärung vor dem Deutschen Bundestag betonte: »Alle Bündnispartner haben ihre moralische und politische Solidarität ausgesprochen. Das ist selbstverständlich. Wir wissen heute noch nicht, ob und welche Unterstützung die Vereinigten Staaten von den NATO-Partnern erwarten und einfordern. ... Um welche Form der Unterstützung wir auch immer gebeten werden: Es ist eine absolute Selbstverständlichkeit, dass wir bei den Entscheidungen das Grundgesetz und die Rechtsprechung des Bundesverfassungsgerichts – dabei insbesondere die Rechte dieses Hohen Hauses – strikt beachten werden.«[122] Wenn US-Behörden auf deutschem Boden in der Folgezeit außerhalb der gesetzlichen Befugnisse tätig wurden – etwa als die CIA mutmaßliche Terroristen entführte –, verstießen sie gegen deutsches Recht. Sofern deutsche Behörden daran mitwirkten, war auch dies rechtswidrig. Auch für Überwachungsmaßnahmen der NSA in Deutschland gab es keine gesetzliche Grundlage.

Der Umgang der US-Sicherheitsbehörden mit persönlichen Daten änderte sich nach 9/11 schlagartig: Sie folgten jetzt dem Credo, immer mehr Daten aus unterschiedlichsten Quellen zu verknüpfen und auszuwerten. »Need to Know« – jede Behörde erhält nur die Informationen, die sie zur Aufgabenerfüllung benötigt – war gestern. In diesem »Krieg« – so die Devise – müssten alle verfügbaren Informationen aus den unterschiedlichsten Quellen zusammengeführt werden. Die neue Maxime hieß »Need to Share«: Was eine Behörde wusste, sollten alle wissen. Dies galt auch und vor allem für die »Intelligence« – diejenigen Informationen, die den Sicherheitsbehörden zu neuen Erkenntnissen von nationalem Interesse verhelfen könnten. Die bis dahin praktizierte gegenseitige Abschottung von Nachrichtendiensten, Grenzschutzbehörden und Polizei wurde als eine der Hauptursachen dafür ausgemacht, dass die Anzeichen für die bevorstehenden terroristischen Anschläge nicht erkannt worden waren. Dementsprechend wurden viele neue Übermittlungsbefugnisse eingeführt. Mit diesem Paradigmenwechsel entfernten sich die Vereinigten Staaten von Europa. Denn »Need to Know« war lediglich eine andere Beschreibung des im europäischen Datenschutzrecht verankerten Grundsatzes der Erforderlichkeit: Eine Behörde erhält nicht mehr und nicht weniger Informationen, als sie zur jeweiligen Aufgabenerfüllung braucht. »Need to Share« bedeutet das genaue Gegenteil: Ohne konkrete Anfrage und Notwendigkeit werden Informationen vorsorglich mit vielen anderen Stellen geteilt, die vielleicht etwas damit anfangen können.

Die Geheimhaltungsregeln wurden massiv gelockert. Der Austausch von Informationen sollte nicht mehr dadurch behindert werden, dass viele Papiere als »Top Secret« eingestuft waren. Der Geheimhaltungsgrad einer Vielzahl von Unterlagen wurde herabgestuft, damit sie fortan ohne weiteres übermittelt oder in gemeinsam genutzte Datenbanken eingestellt werden durften. Zudem erhielten mehr Personen die Befugnis, klassifizierte Informationen zu verwenden. Auch die technischen Zugriffsmöglichkeiten wurden ausgeweitet, damit immer mehr Personen Kenntnis von den Daten erlangen konnten. Durch das massenhafte Sammeln und Verknüpfen von Daten – so die Hoffnung – lassen sich Verhaltensmuster potentieller Terroristen erkennen und Terroranschläge verhindern. Eine von Präsident Obama im Jahr 2013 eingesetzte Expertenkommission, die angesichts der Snowden-Affäre den Umgang mit Informationen untersuchen sollte, spricht davon, seit 2001 sei das »Need to Share«-Prinzip wie ein Mantra verfolgt und zugleich dessen negative Konsequenzen ausgeblendet worden.[123] Denn technische Entwicklung begünstigt nicht nur die von den Regierungen gewollte Datennutzung. Immer umfangreichere Datenbestände mit immer mehr Zugriffsberechtigten erhöhen das Risiko, dass Daten unautorisiert abfließen. Zudem ermöglichten es kleinere Speichermedien mit immer höherer Speicherkapazität jedem Mitarbeiter, der Zugang zu den häufig unzureichend gesicherten Dateien hatte, riesige Datenbestände auf CD, DVD oder einen USB-Stick zu kopieren und mitzunehmen, um sie meistbietend zu verkaufen oder – siehe WikiLeaks – im Internet zu veröffentlichen. Auf diese Weise führten die Datensammelwut und die freizügige Informationsweitergabe nicht nur zu unvertretbaren Einschränkungen der Privatsphäre; sie waren auch mit vielfältigen anderen Missbrauchsrisiken verbunden.

So nutzte der Gefreite Bradley Manning an seinem militärischen Außenposten im Irak seine Zugangsberechtigung zu nahezu sämtlichen Depeschen der diplomatischen US-Vertretungen. Angeblich hatten 100 000 Personen weltweit vergleichbare Zugriffsrechte. Aus Langeweile und wegen moralischer Zweifel am Handeln der US-Truppen – so seine Aussage – habe er diese Dokumente kopiert und weitergegeben. Am 28. November 2010 veröffentlichte die Whistleblower-Plattform WikiLeaks einen Teil dieser Dokumente. Es handelte sich dabei aus Sicht der amerikanischen Öffentlichkeit um eine Panne, die als »Cablegate« (in Anspielung auf die Watergate-Affäre, die in den 1970er Jahren zum Sturz des US-Präsidenten Richard Nixon geführt hatte) in die Geschichte einging. Zwar hatte Cablegate durchaus positive Seiten. Die Veröffentlichung der Depeschen und weiterer Materialien intensivierte die Diskussion über das Verhalten der amerikanischen Besatzer im Irak. Andererseits zeigte sich schlaglichtartig, dass bei Praktizierung des »Need to Share«-Grundsatzes selbst der Schutz sensibelster Daten nicht mehr gewährleistet ist. Auch die Tatsache, dass mit Edward Snowden ein einfacher Mitarbeiter eines Unternehmens, das Hilfsdienste für die NSA leistete, unbemerkt eine riesige Anzahl streng geheimer Dokumente kopieren konnte, stärkt nicht gerade das Vertrauen in die Fähigkeit der Sicherheitsbehörden, im eigenen Haus für die Sicherheit der massenhaft angehäuften Daten zu sorgen.

Regierungen aus aller Welt folgen dem US-Beispiel, die Befugnisse der Sicherheitsbehörden drastisch auszuweiten und rechtliche Beschränkungen abzubauen. Überall wurden immer mehr personenbezogene Daten angehäuft, vielfach ohne jeden Verdacht und Anlass. Und jedes Jahr gibt es seither neue Vorschläge für zusätzliche Datensammlungen, die den Kampf gegen den Terror weiter erleichtern sollen – allerdings unter Inkaufnahme weiterer Einschränkungen der Bürgerrechte. Ob sich dadurch im Ergebnis wirklich Terroranschläge verhindern ließen, wird heute nicht nur von Menschenrechtsaktivisten und Datenschützern bezweifelt. Nicht zu übersehen ist auch, dass im Kampf gegen den Terrorismus die Balance zwischen Freiheit und Sicherheit stark in Mitleidenschaft gezogen wurde.

Unmittelbar nach dem 11. September 2001 begannen im Kongress und im US-Justizministerium die Arbeiten an Gesetzesänderungen, die den Behörden sehr viel weitergehende Befugnisse einräumen sollten – unter Abschwächung und Abschaffung bisheriger Kontrollmechanismen. Bereits einen Monat nach den Anschlägen, am 12. Oktober 2001, verabschiedete das Repräsentantenhaus das umfangreiche Gesetzespaket. Abschließend beschloss der Senat den Patriot Act am 23. Oktober fast einstimmig. Lediglich ein Senator, der Demokrat Russ Feingold, stimmte gegen das Gesetz. Angesichts der großen Tragweite der hier vorgenommenen Änderungen des Rechtssystems der Vereinigten Staaten war es fatal, dass – anders als bei weitaus weniger bedeutsamen Gesetzen – keine ernsthafte und detaillierte Beratung im US-Kongress stattgefunden hatte.

Die Befugnisse des FBI und der Geheimdienste wurden durch den Patriot Act drastisch ausgeweitet. Das Gesetz gab den Sicherheitsbehörden neue Vollmachten zum Abhören von Telefonen, zum Mitlesen von E-Mails und zum geheimen Zugriff auf alle möglichen Datenbestände, bis hin zu Dateien über das Leseverhalten der Nutzer öffentlicher Bibliotheken. Die Dämme zwischen geheimdienstlichen Überwachungsmaßnahmen und gezielten Eingriffen der Strafverfolgungsbehörden wurden weitgehend geschleift. Beim FBI wurde ein »Terrorist Screening Center« eingerichtet, wo alle – auch noch so vagen – Informationen über terroristische Aktivitäten zusammenlaufen. Fortan konnten bereits bei für möglich gehaltenen Risiken Daten gesammelt werden – handfester Beweise für konkrete Gefahren oder Straftaten bedurfte es nicht mehr.

Die massenweise Datensammlung nach 9/11 war keine einmalige Aktion. Es handelte sich vielmehr – wie die New York Times 2005 schon berichtete[124] – um ein systematisches Überwachungsprogramm (»Terrorist Surveillance Program«), das wiederum Teil eines umfassenden »President's Surveillance Program (PSP)« war. Der wirkliche Umfang der Datensammlungen und die Funktionsweise der Überwachungsprogramme wurde vor der Öffentlichkeit lange Zeit geheim gehalten, die immer wieder an die Medien durchgesickerten

Informationen vehement bestritten.[125] Der Zweck des Dementis, die amerikanische Öffentlichkeit zu beruhigen, wurde jedoch verfehlt, denn immer wieder kamen neue Einzelheiten der umfangreichen Überwachungsprogramme ans Licht.

Die durch den Patriot Act scharf gemachten rechtlichen Instrumente hatte es zwar überwiegend bereits vor den Anschlägen gegeben. Der Rechtsrahmen, in dem die US-Sicherheitsbehörden heute so freizügig agieren, war ursprünglich aber eine Antwort auf massiven Machtmissbrauch und überbordende Überwachung und sollte diese einschränken. Der US-Kongress wollte in den 1970er Jahren FBI, CIA und NSA strikte Grenzen setzen und die Dienste einer effektiven gerichtlichen und parlamentarischen Kontrolle unterwerfen. Ausgangspunkt der vor fast vier Jahrzehnten geführten Debatte war auch damals ein »Leak«: Ein Insider hatte im Juli 1975 darüber berichtet, dass die NSA seit den 1960er Jahren routinemäßig den Nachrichtenverkehr von und nach den Vereinigten Staaten überwacht habe.[126] Gezielt bespitzelt wurden – so die erschreckenden Erkenntnisse – Bürgerrechtler, die gegen die Rassendiskriminierung kämpften, Vietnamkriegsgegner und alle möglichen anderen Oppositionellen, die dem ehemaligen FBI-Chef John Edgar Hoover und seinen Nachfolgern suspekt erschienen. Liest man heute die alten Berichte, drängen sich Parallelen zur Gegenwart auf: Auch damals versuchte die US-Administration zunächst, das Bekanntwerden von Informationen über die Praxis der Sicherheitsbehörden zu unterdrücken.

Bemerkenswert ist, dass die Protagonisten der Vertuschungsaktion in den 1970ern bei den nach dem 11. September 2001 neu aufgelegten Überwachungsprogrammen wieder eine prominente Rolle spielten: Die unter Präsident Gerald

Ford als Stabschefs im Weißen Haus angestellten Donald Rumsfeld – 2001 Verteidigungsminister – und Dick Cheney – 2001 Vizepräsident von George W. Bush –, behinderten die Aufklärung der gegen die Bürgerrechtsbewegung gerichteten Überwachungsaktivitäten nach Kräften. Für sie muss es eine späte Genugtuung gewesen sein, dass sie 25 Jahre später den Geheimdiensten die Fesseln wieder abnehmen konnten, die ihnen in den 1970ern angelegt worden waren. Viele der alten Argumente kommen uns heute bekannt vor: Wenn die Öffentlichkeit Details der Aktivitäten der NSA und anderer Geheimdienste erfahre, schade dies der nationalen Sicherheit und gefährde Ermittlungsverfahren. Rumsfeld und Cheney hintertrieben – erfolglos – die Vernehmung von Managern der an der Überwachung beteiligten Unternehmen. Deren Zeugenaussagen offenbarten schließlich das riesige Ausmaß der damaligen Überwachungsaktionen: Die Sicherheitsbehörden hatten über mehr als 300 000 Personen Dossiers angelegt, die sie »subversiver« Aktivitäten verdächtigten. Die unter dem Vorsitz des demokratischen Senators Frank Church mit der Aufklärung dieser Überwachungspraktiken beauftragte parlamentarische Untersuchungskommission stellte 1976 fest: »Die Regierung hat Bürger vielfach nur wegen ihrer politischen Überzeugungen heimlich überwacht, auch wenn aufgrund dieser Überzeugungen weder Gewalt noch illegale Handlungen zu befürchten waren. ... Ermittlungen gegen Gruppen, die als potentiell gefährlich eingestuft wurden, und von Gruppen, die mit potenziell gefährlichen Organisationen zusammengearbeitet hatten, wurden über Jahrzehnte fortgesetzt, obwohl diese Gruppen nicht in rechtswidrige Aktivitäten verwickelt waren.«[127] Es liege in der Natur staatlicher Überwachungsprogramme, dass sie in die Privatsphäre, die Versammlungsfreiheit und das Recht auf freie Meinungsäußerung eingreifen. Zudem bestünde eine natürliche Tendenz, dass »nachrichtendienstliche Aktivitäten den ursprünglichen Rahmen überschreiten und immer weiter gehende Forderungen nach neuen Daten erzeugen.« Als Konsequenz der Feststellungen des Church-Ausschusses sah sich Präsident Gerald Ford 1976 genötigt, der CIA den Einsatz elektronischer Mittel gegen inneramerikanische Aktivitäten zu untersagen. Zugleich verbot er der NSA, die inneramerikanische Kommunikation und aus den USA geführte Ferngespräche zu überwachen. Der 1978 vom Kongress beschlossene Foreign Intelligence Surveillance Act (FISA) sollte verhindern, dass die Geheimdienste jemals wieder Programme zur Überwachung von Amerikanern auflegen.

Angesichts der heutigen globalen Überwachung ist es an der Zeit, sich an diese Warnungen zu erinnern. Einige Anzeichen sprechen dafür, dass dies auch geschieht. Die Mahner können sich dabei auf die 1787 in Kraft getretene US-Verfassung berufen, die den Einzelnen vor staatlicher Willkür schützt. Dies kommt besonders im 4. Verfassungszusatz zum Ausdruck, der in der aktuellen Diskussion eine besondere Rolle spielt: »Das Recht des Volkes auf Sicherheit der Person und der Wohnung, der Urkunden und des Eigentums vor willkürlicher Durchsuchung, Festnahme und Beschlagnahme darf nicht verletzt werden, und Haussuchungs- und Haftbefehle dürfen nur bei Vorliegen eines eidlich oder eidesstattlich erhärteten Rechtsgrundes ausgestellt werden und müssen die zu durchsuchende Örtlichkeit und die in Gewahrsam zu nehmenden Personen oder Gegenstände genau bezeichnen.« Mit zunehmender Intensität wird darüber diskutiert, ob die massenweise Registrierung und Überwachung mit dieser Verfassungsgarantie zu vereinbaren ist. Bürgerrechtsorganisationen wie die American Civil Liberties Union (ACLU) klagten 2013 vor verschiedenen Gerichten verschiedener Bundesstaaten gegen die massenhafte Erhebung von Daten – mit wechselndem Erfolg. So erklärte ein Washingtoner Bundesrichter Mitte Dezember 2013 die massenweise Sammlung für nicht vereinbar mit dem 4. Verfassungszusatz. Den Geheimdiensten und der US-Regierung gelang es nicht einmal, ihn davon zu überzeugen, durch die Überwachung seien Terroranschläge verhindert worden. In keinem einzigen Fall sei dies wirklich bewiesen worden. Man könne sich »keine rücksichtsloseren und willkürlicheren Eingriffe als diese Speicherung persönlicher Daten von praktisch jedem einzelnen Bürger ... ohne vorherige richterliche Erlaubnis vorstellen«. Zwei Wochen später kam ein New Yorker Bundesrichter zu dem gegensätzlichen Schluss: Das massenhafte Sammeln von Telefon-Metadaten von US-Bürgern sei rechtmäßig. Nur so ließe sich der Terrorismus wirksam bekämpfen.[128]

Angesichts dieser uneinheitlichen Rechtsprechung sahen die US-Regierung und die Sicherheitsbehörden keinen Grund, die massenhafte Datensammlung zu stoppen. Um zu verhindern, dass die Washingtoner Entscheidung Rechtskraft bekommt, haben sie den Richterspruch angefochten. Das letzte Wort wird nun wohl doch der Supreme Court sprechen müssen.


## Das Recht, Freunde zu überwachen – FISA

Der 1978 vom US-Kongress beschlossene Foreign Intelligence Surveillance Act (FISA) war die wichtigste rechtliche Reaktion auf die systematische illegale Überwachung in den

1960er und 1970er Jahren. Das Gesetz sollte die Bürger vor verfassungswidriger Ausspähung schützen, indem es die staatliche Überwachung einer gerichtlichen und parlamentarischen Kontrolle unterstellte. Der Foreign Intelligence Surveillance Act (FISA) nahm die wesentlichen Forderungen des Church-Ausschusses auf: Die Befugnisse der Geheimdienste zur Überwachung wurden beschränkt, und jede Maßnahme zur Inlandsüberwachung bedurfte nunmehr der gerichtlichen Genehmigung. Die Überwachungsmaßnahmen durften nur erfolgen, wenn ein Gericht, der FISA-Court (FISC), sie genehmigt hatte – eine Anweisung des Präsidenten reichte nicht mehr aus. Da der FISC auf vertrauliche Informationen angewiesen war, wurde vorgesehen, dass das Gericht unter strikter Geheimhaltung tagt und entscheidet.

Schon damals waren wesentliche Schwachpunkte in dem System enthalten, die, wie wir heute wissen, fatale Konsequenzen haben:

– FISA verbietet zwar grundsätzlich die Überwachung von US-Personen ohne Gerichtsbeschluss. Zu den US-Personen zählen neben US-Bürgern auch Ausländer mit dauerhafter Aufenthaltsgenehmigung in den Vereinigten Staaten. FISA gab andererseits den US-Sicherheitsbehörden weitreichende Befugnisse zur Überwachung ausländischer Personen oder Unternehmen, deren Informationen innerhalb der Vereinigten Staaten gespeichert und verarbeitet werden.

– Das Gesetz gilt zwar nur für die Vereinigten Staaten. Die durch FISA autorisierte Überwachung kann aber auch im Ausland gespeicherte Daten betreffen – etwa wenn amerikanische Unternehmen Server außerhalb der USA betreiben. Heute wissen wir, dass die Kontrollmechanismen völlig leer laufen, soweit die NSA die Überwachungsaktivitäten nicht selbst durchführt, sondern sich »befreundeter« Nachrichtendienste bedient. Die gesetzlichen Beschränkungen durch FISA gelten nicht für Daten, die bei der Auslandsüberwachung in Kooperation mit fremden Geheimdiensten erlangt wurden.

– Die für von der Überwachung betroffene US-Personen vorgesehenen Schutzvorkehrungen (»minimisation requirements«) und der gerichtliche Genehmigungsvorbehalt gelten nicht für die Daten von Personen, die sich nicht dauerhaft legal in den USA aufhalten.

– Da die Verfahren vor dem FISC unter striktester Geheimhaltung stattfinden, können Argumente, die gegen die Überwachung sprechen, nicht von einer wie auch immer gearteten »Gegenseite« vorgebracht und gerichtlich geprüft werden. Damit liegt die Definitionsmacht für die Notwendigkeit von Überwachungsmaßnahmen allein bei den Sicherheitsbehörden. Zudem fehlt jede öffentliche Kontrolle.

Die ursprünglich strikten FISA-Regeln wurden in der Folgezeit aufgeweicht. Schon unter den Präsidenten Ronald Reagan und Bill Clinton erhielten die Geheimdienste neue Befugnisse zur Erhebung von Daten. 1995 wurde der Anwendungsbereich von FISA auf Durchsuchungsmaßnahmen erweitert, 1998 wurde den Geheimdiensten die Möglichkeit zum Zugriff auf Metadaten eingeräumt. Im selben Jahr wurde es den Diensten erlaubt, im Rahmen von FISA auf Geschäftsunterlagen von Unternehmen zuzugreifen. Gleichwohl hat FISA bis 2001 im Wesentlichen seinen Zweck erfüllt, die Überwachungsmaßnahmen zu begrenzen und einer effektiven gerichtlichen Kontrolle zu unterwerfen.[129] Der Patriot Act und der FISA Amendments Act von 2008 (FISAAA) sind die entscheidenden Wegmarken bei der Aushöhlung der FISA-Regeln.

Nach dem Patriot Act war die Telekommunikationsüberwachung nicht mehr auf die Bekämpfung des internationalen Terrorismus, schwerer Kriminalität und Spionage beschränkt. Zulässig ist sie seither auch gegen Organisationen, die Einfluss auf die auswärtigen Interessen der Vereinigten Staaten haben können. Überwachungsmaßnahmen, die der Wahrung politischer oder wirtschaftlicher US-Interessen dienen, können seither gestützt auf FISA angeordnet werden.

Die mit dem Patriot Act unmittelbar nach den Anschlägen beschlossenen Befugniserweiterungen reichten dem Weißen Haus aber offenbar nicht aus. Im Oktober 2001 wies Präsident George W. Bush die NSA an, auch solche Daten zu erfassen, die für Terrorermittlungen auch nur entfernt hilfreich sein könnten. Die streng geheime Anordnung begründete er mit der Notwendigkeit, weitere terroristische Attacken auf die USA zu verhindern. Präsident Bush autorisierte die NSA ferner, verstärkt den Inhalt internationaler Kommunikationsverbindungen zu überwachen. Das entsprechende Programm wurde später als »Terrorist Surveillance Program« (TSP) bezeichnet. Ferner ordnete der Präsident an, massenhaft (»in bulk«) Metadaten über die Telefon- und Internetkommunikation zu erfassen. Bush berief sich dabei auf die Ausnahmesituation nach den Anschlägen vom 11. September.[130] Für eine zunächst begrenzte Frist wurde so – ohne gerichtliche Genehmigung – eine umfassende elektronische Überwachung innerhalb der USA eingeführt und damit die wesentlichen gesetzlichen Schutzvorkehrungen gegen exzessive Überwachungsmaßnahmen außer Kraft gesetzt.

Um auch ohne Beschluss des FISC an die Metadaten zu gelangen, bedienten sich die NSA und das FBI nach 2001 zunächst überwiegend des durch den Patriot Act »entbüro-

kratisierten« Instruments des National Security Letters (NSL).
Behörden können damit von Telekommunikationsunternehmen, Bibliotheken, Banken und anderen Finanzunternehmen die Herausgabe von Daten verlangen, die aus ihrer Sicht erforderlich für nachrichtendienstliche Ermittlungen oder zur Bekämpfung des internationalen Terrorismus sind.

Nicht nur die für Abrechnungszwecke bei den Unternehmen gespeicherten Verbindungsdaten müssen herausgegeben werden, sondern auch Metadaten, die bei einer »Fangschaltung« gewonnen wurden. Die zunächst auf Telefondaten beschränkten Befugnisse wurden durch den Patriot Act auf Angaben über Sender und Empfänger von E-Mails und sonstige Formen der elektronischen Kommunikation ausgeweitet, letztlich also auf alle Nutzungsformen des Internets.[131]

Die Datenanforderung mittels NSL muss sich auf Metadaten beschränken; die Herausgabe von Inhalten darf nicht verlangt werden. NSL unterliegen keinem Richtervorbehalt, sie dürfen also ohne gerichtliche Genehmigung ausgestellt werden. Der Empfänger ist verpflichtet, entsprechend der Anforderung der Behörde die ihm vorliegenden Daten über Kunden, Geschäftspartner oder sonstige Personen herauszugeben. Er kann die Herausgabeanordnung aber grundsätzlich vor Gericht anfechten.

Bis 2001 durften nur wenige hochrangige Mitarbeiter der FBI-Zentrale NSL erlassen. Durch den Patriot Act wurde diese Schwelle drastisch abgesenkt: Seither kann jeder Field Agent, der für eines der 56 regionalen FBI-Büros tätig ist, NSL ausstellen. Zudem dürfen seither NSL auch außerhalb individueller Verdachtsfälle ausgestellt werden. Seit 2001 reicht schon die Erklärung aus, die Daten seinen »relevant für eine Ermittlung« – Belege dafür muss die Behörde nicht beibringen. Schließlich wurde die Geheimhaltung von NSL verschärft. Unter Strafandrohung wurde es den betroffenen Unternehmen und öffentlichen Einrichtungen nicht nur untersagt, die Inhalte der NSL publik zu machen. Auch die bloße Tatsache, dass eine Anordnung zur Datenherausgabe erlassen wurde, und der Umfang der davon betroffenen Daten sind geheim zu halten, sofern das FBI entsprechende Geheimhaltungsanordnungen (»gag orders«) erlässt, was nahezu immer – in 97 Prozent der Fälle – geschah.[132]

Wie viele NSL seit 2001 erlassen wurden, ist wegen der weiterhin strikten Geheimhaltungsregeln nicht bekannt. Allerdings berichtete der Generalinspekteur des US-Justizministeriums, dass deren Zahl von 8500 im Jahr 2000 zwischen 2003 und 2005 auf 143 000 angestiegen sei. Eine Stichprobe hatte ergeben, dass 60 Prozent davon nicht den (ohnehin nicht allzu strengen) gesetzlichen Vorgaben entsprochen hätten. Weitere 22 Prozent beruhten auf möglichen Rechtsverletzungen, insbesondere im Hinblick auf unautorisierte Datensammlungen.[133] Die von Präsident Obama eingesetzte Expertengruppe berichtet von 21000 im Jahr 2012 ausgestellten NSL.[134] Wenn man bedenkt, dass jede dieser Anfragen Milliarden Datensätze umfassen kann, ist es nicht unrealistisch, dass Unternehmen und sonstige Stellen auf diese Weise ohne richterliche Genehmigung Billionen Datensätze an die Sicherheitsbehörden weiterzuleiten hatten.

Der zahlenmäßige Rückgang der NSL zwischen 2005 und 2012 darf aber nicht zu dem Fehlschluss verleiten, dass seither weniger Daten herausgegeben werden mussten. Vielmehr wurde für die massenhafte Datenherausgabe seit 2007 verstärkt auf gerichtliche Anordnungen nach dem Foreign Intelligence Surveillance Act (FISA) gesetzt.

Das FBI und die NSA stützten ihre Datenanforderungen wohl vor allem deshalb auf NSL, da sie befürchteten, die FISC-Richter würden die allzu freizügige, flächendeckende Erfassung der Telefon- und Internetdaten nicht durchgehen lassen. Diese Befürchtung erwies sich indes – wie wir heute wissen – als unbegründet. Seit 2005 lockerten die FISC-Richter von sich aus ihre zunächst strengeren Anforderungen an die Begründung von Anordnungen gegenüber Telefongesellschaften zur Herausgabe der Metadaten. Nahezu zeitgleich zu den ersten, für die NSA und die US-Regierung unangenehmen Berichten über die massenweise, allein auf Befugnisse des US-Präsidenten gestützte Datensammlungen interpretierte der FISC den Begriff »relevante Informationen« sehr viel weiter als zuvor.

In den Telefongesellschaften mehrten sich ab 2005 trotzdem Bedenken, dass sich die an der Überwachung beteiligten Mitarbeiter strafbar gemacht haben könnten. Die Mitwirkung an illegalen Überwachungsmaßnahmen kann nämlich mit Geldstrafen von bis zu 10 000 US-Dollar oder mit bis zu fünf Jahren Haft oder beidem bestraft werden. Bürgerrechtsgruppen hatten nach ersten Hinweisen auf die massenweise Datenweitergabe 40 Verfahren gegen AT&T und andere Telefongesellschaften angestrengt.[135]

Um der gerichtlichen Verfolgung den Boden zu entziehen, initiierte die Bush-Administration 2007 eine Gesetzesänderung, die nicht nur die Anforderungen an die Genehmigung von Überwachungsmaßnahmen durch den FISC lockerten. Barack Obama kritisierte noch Anfang 2008 – damals noch Senator des US-Bundesstaats Illinois – die von Präsident Bush betriebenen Befugniserweiterungen. Besonders hart war seine Kritik an der nachträglichen Legalisierung ungesetzlicher

Überwachungsaktivitäten: »Ich wende mich strikt gegen die … vorgesehene rückwirkende Immunität. … Niemand soll einen Freifahrtschein zur Verletzung der fundamentalen Bürgerrechte des amerikanischen Volkes bekommen – weder der US-Präsident noch die Telekommunikationsunternehmen, die sich auf das Programm zur Überwachung ohne gerichtliche Anordnung eingelassen haben. Wir müssen unseren Bürgern zeigen – und ein Beispiel für die Welt geben –, dass Gesetze auch dann nicht ignoriert werden dürfen, wenn sie unbequem sind. … Wenn ich Präsident bin, wird das amerikanische Volk endlich wieder darauf vertrauen können, dass die Regierung für Rechtsstaatlichkeit steht und die Freiheitsrechte verteidigt …«[136]

Dieses Versprechen hatte allerdings eine sehr kurze Verfallszeit. Unmittelbar nach seinem Amtsantritt als US-Präsident bestätigte Barack Obama die von George W. Bush durchgesetzten FISA-Änderungen – einschließlich der darin enthaltenen Immunitätsregeln für die Mitarbeiter der Telefonunternehmen. Die zusätzlichen Überwachungsbefugnisse des FISAAA wurden zunächst auf fünf Jahre befristet. Ende 2012 verlängerte der Kongress sie bis zum Jahr 2017. Die Gesetzesänderung erleichterte den Sicherheitsbehörden und den Telekommunikationsunternehmen das Leben deutlich:

• Die an illegalen Überwachungsaktionen Beteiligten wurden rückwirkend (und für die Zukunft) von der Strafverfolgung freigestellt, soweit sie mit Strafverfolgungsbehörden oder Geheimdiensten zusammenarbeiten, um terroristische Planungen aufzudecken und dabei gegen Gesetze verstoßen.

• Für den Erlass einer allgemeinen Herausgabeverpflichtung reicht es seither aus, dass die Sicherheitsbehörden erklären, die Daten für Ermittlungen gegen Terroristen zu benötigen, selbst wenn keine konkreten Hinweise auf Gefährdungen oder Straftaten vorliegen.

• Überwachungsmaßnahmen dürfen auch gegen US-Personen angeordnet werden, wenn sich diese außerhalb der USA aufhalten. Die Überwachung ist allerdings zu beenden, wenn die betreffende Person in die Vereinigten Staaten einreist.

• Aufgrund einer gemeinsamen Anordnung des Geheimdienstkoordinators und des Generalstaatsanwalts dürfen Ausländer, die sich außerhalb der USA aufhalten, bis zu einem Jahr ohne Gerichtsbeschluss überwacht werden.

Da die Verhandlungen des FISC geheim erfolgen und seine Entscheidungen ebenfalls geheim gehalten werden, ist eine Überprüfung durch den Supreme Court nicht möglich. Von Überwachungsmaßnahmen Betroffene haben regelmäßig keine Kenntnis von den Entscheidungen des FISC und können sie deshalb nicht vor dem höchsten Gericht anfechten. Zu Recht kritisiert deshalb die New York Times, dass der FISC sich damit faktisch zu einer Art parallelem Obersten Gerichtshof aufschwang. Erschwerend kommt hinzu, dass die Entscheidungen allein auf Informationen und Einschätzungen der Behörden beruhten. Anders als in normalen Gerichtsverfahren wurde bei den Geheimverhandlungen ja die andere Seite nicht gehört.[137] Dies ist auch deshalb äußerst problematisch, weil das Geheimgericht vom Supreme Court aufgestellte juristische Grenzen zunehmend freizügig interpretierte und so die Überwachungsbefugnisse faktisch immer weiter ausdehnte. So sah der FISC ab 2007 in der Verpflichtung der Telefongesellschaften, sämtliche Metadaten an die NSA herauszugeben, einen bloß geringfügigen Eingriff. Ohnehin nehme jeder, der das Telefon benutze, in Kauf, dass Dritte – die Mitarbeiter der Telefonunternehmen – davon Kenntnis erlangen. Insofern sei der durch die Metadatensammlung bewirkte Grundrechtseingriff – soweit man überhaupt davon sprechen könne – vergleichbar mit der Sicherheitskontrolle an Flughäfen.

Die Erleichterung bei der NSA über den Sinneswandel des FISC dürfte groß gewesen sein. Die Sicherheitsbehörden konnten das umfassende Metadatenprogramm praktisch unverändert fortführen. Der Unterschied war rein formal: Die Unternehmen wurden nun per FISC-Beschluss für jeweils 90 Tage zur Herausgabe sämtlicher Metadaten verpflichtet. Kurz vor Fristablauf wurde (und wird) die Anordnung jeweils um 90 Tage verlängert. Die Daten landen in einer gewaltigen Datenbank und bleiben dort fünf Jahre gespeichert. NSA und FBI können so für diesen Zeitraum alle telefonischen Kontakte nachträglich auswerten und die gespeicherten Metadaten mit anderen ihnen zugänglichen Informationen verknüpfen.

Von 2007 bis 2013 hatte der FISC nicht weniger als 35 derartige allgemeine Anordnungen erlassen, welche die Telekommunikationsunternehmen verpflichteten, Daten herauszugeben, und zwar »fortlaufend auf täglicher Basis«, jeweils für 90 Tage, »alle Detaildaten über Telefongespräche (Telefon-Metadaten), die durch <Name des Telekommunikationsunternehmens> erzeugt wurden bei der Kommunikation (i) zwischen den Vereinigten Staaten und dem Ausland; oder (ii) innerhalb der Vereinigten Staaten, einschließlich Ortsgesprächen«. Die herauszugebenden Metadaten beinhalten »umfassende Informationen über das Routing, … nicht begrenzt auf Daten über die einzelne Verbindung, (d. h. Telefonnummern des anrufenden und des angerufenen Teilnehmers, Mobilidentifikations-Nummern (IMSI), Gerätenummern (IMEI) etc.), IDs der verwendeten Leitungen, Telefonkartennummern, Zeit und Dauer der Gespräche.« Die Herausgabe der Daten wurde einer strikten Geheimhaltung unterworfen.[138]

Die gesetzlichen Regeln, die ursprünglich dazu gedacht waren, die Überwachungsaktivitäten zu bändigen, waren damit nach 9/11 weitgehend wirkungslos geworden. Mehr noch: Sie haben sich zu einem Freibrief entwickelt, um innerhalb der USA massenweise Daten zu sammeln und darüber hinaus umfangreichste Überwachungsaktivitäten gegen ausländische Ziele durchzuführen.

## Fluggast oder potentieller Terrorist?

Die Attentate des 11. September 2001 wurden mit Flugzeugen durchgeführt, und die Attentäter reisten per Flugzeug in die USA. Deshalb war es durchaus nachvollziehbar, dass beim »Krieg gegen den Terror« der Überwachung des Luftverkehrs besondere Bedeutung zugemessen wurde. Flugzeuge ziehen nicht bloß Kondensstreifen am Himmel hinter sich her. Immer umfangreicher werden auch die Datenspuren, die Flugpassagiere hinterlassen: In Buchungssystemen, bei der Ein- und Ausreise, bei der Verwendung von Kreditkarten. Kein Wunder, dass diese Daten vielfältigen Begehrlichkeiten ausgesetzt sind. Ultimativ verlangte die US-Grenzschutzbehörde 2003 von den Fluggesellschaften die Vorab-Übermittlung umfangreicher Datensätze von Flugpassagieren. Die Fluggesellschaften sollten der Behörde den elektronischen Zugriff auf die in ihren Buchungssystemen gespeicherten Fluggastdaten ermöglichen. Im Falle der Nichtbefolgung drohte man den Airlines mit dem Entzug der Landerechte. Die Airlines übermitteln seither die Passenger Name Records (PNR), die in ihren Buchungssystemen gespeichert sind, darunter Telefonnummern, Zieladressen in den USA, Kontaktpersonen und Zahlungsdetails. Der PNR-Datensatz enthält auch sensible Daten, etwa besondere Essenswünsche (z. B. koscheres Essen) und Hinweise auf Behinderungen. Übermittelt werden nicht nur Daten von Flügen mit Ziel USA, sondern auch PNR-Datensätze von Flugzeugen, die die USA bloß überfliegen, ohne auf einem US-Flughafen zu landen. All diese Angaben erscheinen den US-Behörden unverzichtbar, um mögliche terroristische oder kriminelle Aktivitäten frühzeitig zu erkennen oder terroristische Straftaten aufzuklären.

Die Fluggesellschaften, die sich im Jahr 2003 dem Ultimatum der US-Behörden beugten, verstießen mit der Übermittlung der Passagierdaten gegen europäisches Datenschutzrecht, denn für die US-Datenanforderung fehlten jegliche Rechtsgrundlagen. Einige Fluggesellschaften baten die Passagiere um die Einwilligung in die Datenübermittlung an die US-Behörden. Eine solche Einwilligung war aber alles andere als freiwillig und deshalb unwirksam. Deshalb stieg der Druck auf die EU-Institutionen, eine rechtlich einwandfreie Lösung zu finden.

In der Folgezeit verhandelte deshalb die Europäische Kommission mit der US-Regierung über einen Vertrag, der die Datenübermittlung auf eine tragfähige Rechtsgrundlage stellen sollte. Das 2004 geschlossene Abkommen stieß beim Europäischen Parlament (EP) und bei Datenschützern auf heftige Kritik. Die Zwecke, zu denen die amerikanischen Behörden PNR-Daten nutzen durften, erschienen zu vage, der Datenumfang mit bis zu 34 Datenfeldern je Fluggast zu groß. Trotz der Kritik trat das Abkommen in Kraft – seinerzeit reichte dafür ein Beschluss des Ministerrats aus. Das PNR-

Abkommen endete aber abrupt, als der Europäische Gerichtshof es im Sommer 2006 annullierte, weil es auf einer falschen Rechtsgrundlage beruhte. Wegen dieses formalen Rechtsfehlers hat das Gericht nicht bewerten müssen, ob die Datenübermittlung unverhältnismäßig in die Rechte der EU-Bürgerinnen und Bürger eingreift.

Wer geglaubt hatte, der Datenschutz für Flugpassagiere würde nun gestärkt, wurde enttäuscht. Das im Jahr 2006 neu ausgehandelte, auf sechs Jahre begrenzte Abkommen senkte das ohnehin unzureichende Datenschutzniveau der Vorgängerregelung sogar ab. Problematisch war insbesondere, dass die amerikanische Grenzschutzbehörde die Daten nun noch freizügiger an andere Behörden weitergeben durfte. Kritisch war auch, dass den US-Behörden weiterhin die Möglichkeit eingeräumt wurde, »übergangsweise« direkt auf die in den Buchungssystemen gespeicherten Daten zuzugreifen (»Pull-Verfahren«). Damit behielten sie faktisch die Möglichkeit, auch über den vertraglich vereinbarten Umfang hinaus PNR-Daten abzurufen. Die Datenschutzbeauftragen forderten deshalb, das Übermittlungsverfahren unverzüglich auf eine aktive Datenübermittlung umzustellen. In diesem Fall würden die Fluggesellschaften kontrollieren, welche Daten in die USA übermittelt werden (»Push-Verfahren«). Bereits im ersten PNR-Abkommen war vorgesehen, das Übermittlungsverfahren von Pull zu Push umzustellen, sobald dafür die technischen Möglichkeiten gegeben sein würden. Die Fluggesellschaften hatten die notwendigen Vorbereitungen zur Umstellung bereits 2006 im Wesentlichen abgeschlossen. Die Umstellung scheiterte letztlich an der Weigerung der US-Seite. Deshalb war es von der EU mehr als großzügig, dass das im Jahr 2006 vereinbarte Abkommen die Umstellung von

Pull auf Push spätestens zum 1. Januar 2008 vorsah. Trotzdem verzögerten die US-Behörden die Umstellung. Bis 2010 – mehr als zwei Jahre nach Auslaufen dieser Frist – war das Verfahren erst bei 13 Fluggesellschaften umgestellt worden. Bis heute harrt diese Anforderung ihrer vollständigen Umsetzung.

Da das PNR-Abkommen von 2006 auf sechs Jahre befristet war, begannen 2011 Verhandlungen über eine Nachfolgevereinbarung. Inzwischen hatten sich die rechtlichen Rahmenbedingungen in der EU geändert. Nach dem Vertrag von Lissabon bedurfte ein derartiges Abkommen der Zustimmung des Europäischen Parlaments. Den zwischen der EU und den USA im Jahr 2012 ausgehandelten Text verkauften die Verantwortlichen im EU-Rat und in der Kommission als großen datenschutzrechtlichen Fortschritt. Nach dem nur geringfügig geänderten Abkommenstext dürfen die US-Behörden die PNR-Daten weiterhin 15 Jahre speichern. Zwar ist es durchaus positiv, wenn nunmehr auf die Daten im Regelfall nach einiger Zeit nur noch »maskiert« (ohne Nennung des Namens des jeweiligen Passagiers) zugegriffen werden soll. Dies ändert aber nichts daran, dass sämtliche Daten für den gesamten Zeitraum vollständig gespeichert bleiben. »Anonymisiert« können die Informationen sogar unbegrenzt aufbewahrt werden, wobei allerdings unklar ist, was im Sinne des Abkommens unter »Anonymisierung« zu verstehen ist. Die Berichterstatterin des Rechts- und Innenausschusses des Europäischen Parlaments, die Liberale Sophie In't Veld, kritisierte, dass damit die Speicherdauer der Daten, zu denen auch Kreditkarten- und Telefonnummern, IP-Adressen oder besondere Speisewünsche zählen, faktisch auf »unendlich« hochgeschraubt worden sei. Die US-Behörden dürften zudem die Daten automatisiert abgleichen, bei Rasterfahndungen verwenden und personenbezogene Profile erstellen. Der grüne Europaabgeordnete Jan-Phillipp Albrecht warnte vor einem »offenen Rechtsbruch«. Der vom Vertrag erlaubte automatisierte Datenabgleich mit Gefahrenprofilen und die vorgesehene Vorratsdatenspeicherung von bis zu 15 Jahren seien nicht verhältnismäßig.[139]

Der Europäische Datenschutzbeauftragte Peter Hustinx und die Datenschutzbeauftragten der EU-Mitgliedstaaten bemängelten, dass auch das neue Abkommen deutlich hinter dem durch die EU-Grundrechtecharta festgelegten Datenschutzstandard zurückbliebe. Bedenken bestehen vor allem gegen den Umfang der zu übermittelnden Daten und die Speicherungsdauer. Weitere datenschutzrechtliche Bedenken betreffen die unzureichende Zweckbindung der Daten, die von der US-Grenzschutzbehörde an andere US-Stellen oder an Drittstaaten weitergeleitet werden. Unzureichend seien auch die vorgesehenen Kontrollmechanismen und der Rechtsschutz. Wer keinen Wohnsitz in den USA hat, kann sich weiterhin nicht vor US-Gerichten gegen den Umgang mit seinen Daten zur Wehr setzen. Verbesserungen hat es allerdings insofern gegeben, als nach einer Entscheidung des US-Heimatschutzministeriums auch EU-Bürger ihre Datenschutzrechte etwa auf Auskunft und Berichtigung der PNR-Daten, gegenüber den US-Behörden in Anspruch nehmen können.

Schließlich werden die Daten weiterhin bei vielen Fluggesellschaften abgesaugt – die Umstellung auf ein sicheres aktives Übermittlungsverfahren verzögert sich weiter. So ist in einem gemeinsamen Evaluierungsbericht der Europäischen Union und des US-Heimatschutzministeriums nachzulesen, dass Mitte 2013 die Daten bei immer noch einem Drittel der

Fluggesellschaften nach dem Pull-Verfahren von den US-Behörden abgerufen und nicht aktiv übermittelt werden.[140] Immerhin müssen die US-Behörden sensible Daten – also Angaben etwa zur Religionszugehörigkeit, zur Gesundheit oder Essenswünsche – nach deren Erhalt aus den Datensätzen herausfiltern. Trotz der anfänglichen Kritik billigte das Europäische Parlament im April 2012 schließlich das Abkommen mit den USA nahezu mit einer Zweidrittelmehrheit: 409 Abgeordnete stimmten dafür und 226 dagegen.

Damit nicht genug. Die Europäische Kommission will ein ähnliches System zur Sammlung von Flugpassagierdaten auch in der EU einführen. Bereits 2007 legte sie einen entsprechenden Entwurf[141] vor, der bei Datenschützern, im EP und in der Öffentlichkeit auf breite Kritik[142] stieß und deshalb zunächst auf Eis gelegt wurde. Anfang 2011 versuchte die Kommission einen neuen Anlauf und legte einen modifizierten Entwurf für ein EU-PNR-System vor.[143] Wie bei dem amerikanischen PNR-System geht es der Kommission auch bei dem EU-weiten System nicht um eine gezielte Datensammlung über Terrorverdächtige, sondern um die ohne konkreten Anlass und Verdacht gesammelten Daten sämtlicher Flugpassagiere. Zentraler Gegenstand des Entwurfs ist die systematische Erfassung der Daten aller Fluggäste, die EU-Außengrenzen überqueren. Diese Daten aus den Buchungssystemen der Fluggesellschaften sollen an nationale Zentralstellen der Sicherheitsbehörden übermittelt werden und dort regelmäßig für fünf Jahre gespeichert bleiben. Damit will man Personen ausfindig machen, die in Terrorismus oder schwere Kriminalität verwickelt sein könnten. Auch die Reaktion auf den neuen Entwurf war alles andere als begeistert. So sprachen die deutschen Datenschutzbeauftragten von der »Vorratsspeicherung und Rasterung von

Flugpassagierdaten«.[144] Das Zusammenspiel von Vorratsspeicherung und Rasterung von Passagierdaten sei »weder mit der EU-Grundrechtecharta noch mit dem grundgesetzlich garantierten Recht auf informationelle Selbstbestimmung vereinbar.« Dies gelte insbesondere in Hinblick auf die Rechtsprechung des Bundesverfassungsgerichts, das gemahnt hatte: »Zur verfassungsrechtlichen Identität der Bundesrepublik Deutschland gehört es, dass die Freiheitswahrnehmung der Bürgerinnen und Bürger nicht total erfasst und registriert werden darf. Hierfür hat sich die Bundesrepublik auch auf europäischer und internationaler Ebene einzusetzen.«[145]

Vertretern von Sicherheitsbehörden und manchen Regierungen ging der Kommissionsvorschlag indes nicht weit genug. So forderten verschiedene EU-Mitgliedstaaten, allen voran die britische Regierung, auch die Flüge innerhalb der Europäischen Union in die Speicherung einzubeziehen. Erfasst werden sollen nicht nur Fernflüge, sondern auch Flüge zwischen Berlin und Kopenhagen oder Köln und Athen. In der Logik dieses Vorschlags läge es, Bahn-, Schiffs- und Busreisende gleich mit zu erfassen – auch das wurde tatsächlich schon vorgeschlagen. So breitet sich die »Kultur der Überwachung« – gleich einem Ölfleck auf dem Wasser – immer weiter aus. Es ist zu hoffen, dass die verfassungsrechtlichen »Ölsperren« dieser Entwicklung Einhalt gebieten.

Es stimmt immerhin optimistisch, dass der Rechtsausschuss des Europäischen Parlaments sich im Frühjahr 2013 mit großer Mehrheit gegen den Kommissionsvorschlag aussprach. Das Parlamentsplenum konnte sich im Juni 2013 zwar nicht zu einem klaren Nein durchringen und verwies den Entwurf zurück an den Rechtsausschuss, wo er seither schmort. Ob und wann das Thema nach den Berichten über die ausufernden angloamerikanischen Überwachungsaktivitäten erneut auf den Tisch kommt, ist aber völlig offen.

Bedenklich ist auch, dass immer mehr Staaten entsprechende Systeme einführen wollen und die Übermittlung von PNR-Daten verlangen. So forderte die russische Regierung von der Europäischen Union den Abschluss eines PNR-Abkommens nach dem Muster des Abkommens mit den USA. Nach Medienberichten sollen dabei auch Reisen mit Schiffen, Zügen oder Bussen erfasst werden. Auch in anderer Hinsicht orientiert sich Russland an dem US-Vorbild: Werden die Informationen nicht wie vorgeschrieben übermittelt, droht den Fluglinien ein Entzug der Landeerlaubnis oder auch von Überflugrechten.[146] Noch widersteht die Europäische Kommission unter Hinweis auf rechtliche Bedenken diesem Anliegen. Ob sie diese Linie allerdings durchhalten kann, wenn auch die EU von Drittstaaten die Übermittlung von PNR-Daten verlangt, ist höchst zweifelhaft.

## Follow the Money – SWIFT

Die von den Attacken am 11. September 2001 verursachten materiellen Schäden waren sehr groß. Allein die direkten Schäden an Gebäuden und Infrastrukturen beliefen sich auf mehr als 22,7 Milliarden US-Dollar. Rechnet man die indirekten Schäden hinzu, etwa Kosten der in Folge geführten Kriege in Afghanistan und im Irak, die allein für die USA auf 3,7-4,4 Billionen Dollar geschätzt werden, erreicht der Gesamtschaden gigantische Größenordnungen, die nur mit dem Zweiten Weltkrieg oder dem Vietnamkrieg vergleichbar sind.[147]

Andererseits bedürfen auch terroristische Aktivitäten der Finanzierung. Allerdings handelt es sich dabei meist um relativ geringe Beträge. So wird geschätzt, dass die Vorbereitung und Durchführung der Terroranschläge am 11. September 2001 weniger als eine Million US-Dollar gekostet hat.

Gleichwohl halten die US-Behörden die Verfolgung finanzieller Transaktionen bis heute für ein entscheidendes Instrument der Terrorbekämpfung. Anders als bei Ermittlungen gegen den internationalen Drogenhandel oder zur Aufdeckung heimlicher Atomprogramme geht es bei den Finanztransaktionen zur Vorbereitung von Terroranschlägen aber um sehr geringe Summen, die schon deshalb nicht besonders auffallen oder Meldepflichten nach den Geldwäscherichtlinien auslösen würden.

Schon seit langem sind die in den USA ansässigen Kreditinstitute grundsätzlich verpflichtet, dem US-Finanzministerium auf Anforderung Auskünfte über ihre Kunden zu geben. Im Falle strafrechtlicher Ermittlungen leitete das Finanzministerium diese Daten an die Sicherheitsbehörden weiter. Da sich der Zugriff zunächst auf US-Banken beschränkte, bekamen Polizei und Geheimdienste allerdings nur Kenntnis von Finanztransaktionen, die durch diese Kreditinstitute abgewickelt wurden. Zudem beschränkte sich die Datenanforderung auf Fälle, in denen konkrete Verdachtsmomente vorlagen. Nach dem 11. September 2001 änderte sich auch hier die Blickrichtung. Zum einen ging es jetzt nicht mehr in erster Linie um die gezielte Abfrage der Finanzdaten von Verdächtigen, sondern um die massenhafte Erfassung von Finanztransaktionen. Zum anderen rückte das internationale Zahlungsverkehrsnetzwerk SWIFT verstärkt ins Blickfeld der Terrorbekämpfer, denn SWIFT übermittelt Informationen über Finanztransaktionen zwischen Banken in aller Welt. Dabei werden die Kontonummern, auch die Namen von Sendern und Empfängern und der Betreff der Überweisungen erfasst und übermittelt. Die Society for Worldwide Interbank Financial Telecommunication ist eine internationale Genossenschaft der Geldinstitute, die ein eigenes Telekommunikationsnetz für den weltweiten Nachrichtenaustausch zwischen den Finanzinstituten betreibt. Die SWIFT-Zentrale befindet sich im belgischen La Hulpe. SWIFT unterliegt als in Belgien gelegene Genossenschaft dem belgischen Datenschutzgesetz. Die Finanzinstitute, die sich der Dienstleistungen von SWIFT bedienen, haben sich an die jeweiligen nationalen Datenschutzvorschriften zu halten.

Die Daten verarbeitete SWIFT in Rechenzentren im holländischen Zoeterwoude und in Culpeper in Virginia/USA. An beiden Standorten wurden dabei stets alle Transaktionsdaten gespeichert (»gespiegelt«), insbesondere um Unterbrechungen und Datenverluste bei technischen Störungen zu vermeiden. Diesen Umstand nutzten die US-Behörden und verlangten nach den Attentaten von 2001 Zugriff auf die Daten des in den USA betriebenen Rechenzentrums. Das US-Finanzministerium berief sich darauf, dass SWIFT den amerikanischen Rechtsvorschriften unterliege. SWIFT hatte diese Daten sogar ohne richterliche Anordnung herauszugeben, wenn das Finanzministerium dies anordnete. Die Herausgabe der Daten hatte SWIFT geheimzuhalten. Dem Unternehmen wurden bei Nichtbefolgung empfindliche Sanktionen angedroht. SWIFT gab daraufhin die angeforderten Daten heraus, konnte aber mit den US-Behörden einige Einschränkungen und Sicherheitsmaßnahmen aushandeln. Die europäischen Datenschutzbehörden erfuhren von diesen Vorgängen nichts. Auch die Bankkunden rechneten nicht damit, dass ihre Überweisungsdaten in den Speichern der US-Behörden landeten. Es war außerhalb des Vorstellungsvermögens, dass etwa die bei einer Überweisung von Deutschland nach Österreich übermittelten Daten automatisch an die US-Behörden weitergeleitet werden könnten.

Erst 2006 erfuhr die Öffentlichkeit durch Presseberichte von der breit angelegten Datenübermittlung. In der folgenden Diskussion räumten die Europäische Zentralbank (EZB) und einige nationale Zentralbanken (darunter auch die Deutsche Bundesbank) ein, dass sie von der Übermittlung der Bankdaten an US-Behörden wussten. Sie hätten an der Rechtmäßigkeit der Zugriffe nicht gezweifelt und deshalb keinen Grund gesehen, sich an die Datenschutzbehörden zu wenden oder gar die Öffentlichkeit zu informieren. Außerdem hätten sie angenommen, wegen der strikten US-Geheimhaltungsregeln die europäischen Datenschutzbehörden nicht informieren zu dürfen. Vor dem Europäischen Parlament beharrte der damalige EZB-Präsident Jean-Claude Trichet sogar darauf, dass die Informationen, welche die EZB im Rahmen der SWIFT-Aufsicht erhält, wegen ihres vertraulichen Charakters nicht an die EU-Kommission, Regierungen oder Datenschutzbeauftragte der EU-Mitgliedstaaten weitergegeben werden durften. Ich hatte in meiner damaligen Funktion als Vorsitzender der Arbeitsgruppe der europäischen Datenschutzbehörden, der sogenannten Artikel-29-Gruppe, die Gelegenheit, das Europäische Parlament über den Standpunkt der Datenschützer zu informieren: SWIFT habe die ihm von den Banken anvertrauten Daten ohne jede Rechtsgrundlage und damit unter Verstoß gegen das EU-Recht an die US-Behörden übermittelt. Zumindest die Verarbeitung von Daten

121

über Zahlungsüberweisungen, in denen ausschließlich europäische Bankkunden involviert waren, richte sich ausschließlich nach europäischem Datenschutzrecht. Die Datenübermittlung verstieß nach einhelliger Auffassung der Datenschutzbehörden gegen den Verhältnismäßigkeitsgrundsatz. SWIFT hätte nach europäischem Datenschutzrecht vor der Datenweitergabe die Genehmigung der zuständigen Datenschutzbehörden einholen müssen. Dies sei aber unterlassen und damit gegen europäisches Recht verstoßen worden.[148]

Aufgrund der öffentlichen Kritik, vor allem aber wegen des befürchteten Vertrauensverlusts der Kunden, begann SWIFT – ohne viel Aufhebens davon zu machen – mit Planungen zum zügigen Umbau seiner Infrastruktur. Insbesondere sollte die Datenverarbeitung 2010 in eine europäische und eine amerikanische Zone aufgeteilt werden. Die europäischen Daten sollten in einem neu in der Schweiz errichteten Rechenzentrum verarbeitet und nicht mehr in den USA »gespiegelt« werden. Den Staaten außerhalb Nordamerikas wurde freigestellt, für eine der beiden Zonen zu optieren. Nicht ganz überraschend war es, dass nahezu sämtliche Staaten sich für die europäische Zone entschieden.

Der US-Regierung blieben diese Planungen indes nicht verborgen. Sie war nicht damit einverstanden, dass SWIFT mit der Änderung seiner IT-Infrastruktur auf die umfassenden Zugriffe von US-Behörden auf die Finanzdaten reagierte und so das seit 2001 praktizierte Verfahren gefährdete. Um zu verhindern, dass die ergiebige Datenquelle versiegt, teilte die US-Regierung mit, SWIFT bleibe – völlig unabhängig vom Standort der Datenverarbeitung – zur Herausgabe der Daten nach US-Recht verpflichtet, solange es irgendwelche Aktivitäten in den USA ausübe. Gleichzeitig forderte die US-

Regierung von der Europäischen Union die Legalisierung der Datenübermittlung in die USA.

Nach anfänglichem Widerstand gaben die EU-Kommission und die Regierungen der Mitgliedstaaten – wie schon bei der Übermittlung der PNR-Daten – schließlich nach. Ende Juli 2009 beschlossen die EU-Außenminister, den Zugriff der US-Behörden auf europäische Kontodaten nachträglich zu legalisieren. Sie beauftragten die Europäische Kommission mit der Aushandlung eines Abkommens. Am 30. November 2009 billigte der Ministerrat einstimmig das völkerrechtliche Abkommen mit den USA. Offenbar hatte der Rat seinen Beschluss bewusst auf den Tag vor Inkrafttreten des Vertrags von Lissabon gelegt, um nicht die ab dem 1. Dezember 2009 notwendige Zustimmung des Europäischen Parlaments einholen zu müssen. Diese bewusste Missachtung der Mitwirkungsrechte des Parlaments provozierte wütende Gegenreaktionen.

Das SWIFT (bzw. TFTP[149])-Abkommen wies erhebliche datenschutzrechtliche Defizite auf. Der Zugriff der amerikanischen Behörden sollte nicht auf Daten über verdächtige Überweisungen beschränkt werden, sondern auch Transaktionsdaten umfassen, bei denen keinerlei Hinweis auf kriminelle oder terroristische Aktivitäten vorliegt. In den weit überwiegenden Fällen würden Daten von völlig unverdächtigen Bankkunden übermittelt. Eine unabhängige Datenschutzkontrolle war genauso wenig vorgesehen wie Schadensersatzansprüche bei unzulässiger Verwendung der Daten. Schließlich wurde den Betroffenen sogar die Möglichkeit verweigert, die Rechtmäßigkeit der Übermittlung und Verwendung der Daten durch US-Behörden gerichtlich überprüfen zu lassen.

Auch wenn der EU-Ministerrat schließlich darauf verzichtete, das Abkommen ohne Parlamentszustimmung in Kraft zu setzen, konnte das die Kritik der Abgeordneten zunächst nicht besänftigen. Obwohl Vertreter der EU-Kommission und Vertreter der US-Administration alle ihnen zur Verfügung stehenden Kanäle nutzten, um die Europa-Parlamentarier doch noch zur Zustimmung zu bewegen, stimmten diese am 11. Februar 2010 mit großer Mehrheit gegen das Abkommen. Nach dieser Entscheidung stoppte SWIFT die Datenübermittlung an US-Behörden – allerdings nur vorübergehend.

Denn schon am Tag des EP-Beschlusses zeichnete sich ab, dass dieses ablehnende Votum nicht das letzte Wort war. Die US-Regierung, unterstützt durch die EU-Kommission und durch die europäischen Regierungen, ließ nicht locker. Immer wieder wurde gebetsmühlenartig der große Wert der SWIFT-Daten für die Terrorismusbekämpfung betont. Belege für diese Behauptung blieben die Befürworter – unter Berufung auf die Geheimhaltung – jedoch schuldig. Parallel dazu verhandelten Vertreter der Europäischen Kommission über Vertragsänderungen, die den Europaparlamentariern ihre Zustimmung erleichtern könnten. Tatsächlich enthielt der neue Vertrag[150] einige Verbesserungen. Insbesondere erweckt der Text den Eindruck, dass nunmehr nur noch Daten von Terrorverdächtigen übermittelt würden. Bei näherem Hinsehen erweist sich dies aber als eine gewollte Fehlinterpretation des Textes. Die Datenanforderungen müssten »so eng wie möglich gefasst sein, um die Menge der angeforderten Daten auf ein Minimum zu beschränken, wobei den Analysen früherer und gegenwärtiger Terrorrisiken anhand der Art der Daten und geografischer Kriterien sowie den Erkenntnissen über terroristische Bedrohungen und Schwachstellen, geografischen

Analysen sowie Bedrohungs- und Gefährdungsanalysen gebührend Rechnung zu tragen ist.«[151] Der englische Text spricht sogar von »tailored as narrowly as possible in order to minimise the amount of data.« Dies bedeutet aber keineswegs Beschränkung der Datenübermittlung auf Terrorverdächtige – die Formulierung beschränkt die Übermittlung nicht einmal auf Einzelfälle. Wie später bekannt wurde, ruft das US-Finanzministerium weiterhin in großem Stil Daten über Finanztransaktionen ab und beschränkt sich nicht auf konkrete Verdachtsfälle.

Immerhin wurden den Betroffenen im neuen Abkommen Rechte auf Auskunft beziehungsweise Berichtigung, Löschung oder Sperrung ihrer Daten eingeräumt. Das Abkommen weist der europäischen Polizei Europol eine Art Wächterrolle zu. Nur wenn Europol zustimmt, dürfen die Daten übermittelt werden. Zweifel an dieser Konstruktion hatte ich von Anfang an: Europol hat selbst ein starkes Interesse an den von den US-Sicherheitsbehörden ausgewerteten Daten. Kritiker sprachen davon, man mache so den Bock zum Gärtner. Diese und andere eher geringfügige Änderungen am Vertragstext hatten den gewünschten Effekt: Das Europäische Parlament stimmte dem überarbeiteten Abkommen schließlich zu, so dass es am 1. August 2010 in Kraft treten konnte.

Das Abkommen räumt der Europäischen Union die Möglichkeit ein, die Umsetzung der Vorgaben sowohl bei den europäischen Stellen als auch in den USA zu überprüfen. Inzwischen haben mehrere Prüfungen stattgefunden, die die Kritik daran bestätigen, dass nicht nur gezielt einzelne Datensätze angefordert und von SWIFT übermittelt werden. Wie weit die Übermittlung der Daten wirklich geht, durften die Prüfer nicht mitteilen, weil sämtliche Informationen über die

Durchführung der Datenübermittlung von der US-Seite als
»geheim« eingestuft sind. Auch der für die Datenschutzkontrolle bei Europol zuständigen Gemeinsamen Kontrollinstanz
(GKI) blieb deshalb nichts anderes übrig, als die vollständigen Berichte über die Kontrollen als »geheim« zu klassifizie-
ren, und sie durfte die konkreten Fakten und Zahlen zur
Anwendung des Abkommens nicht veröffentlichen. Die Ein-
stufung als »geheim« führt dazu, dass die europäischen Parlamentarier keine Kenntnis von der praktischen Umsetzung des
Abkommens erlangen können, obwohl sie die politische Verantwortung tragen und darüber zu entscheiden haben, in welchem Umfang die Finanzdaten aus Europa in die USA
übermittelt werden. Derartige Blindflüge darf es in der Demokratie nicht geben.

Immerhin hat die GKI in zwei öffentlichen Berichten die
Probleme angesprochen. Im ersten Kontrollbericht von 2011
beklagte sie, es könne mangels vollständiger Dokumentation
nicht wirklich überprüft werden, ob die Vorgaben des Abkommens eingehalten wurden, die Übermittlung der Daten
auf das notwendige Minimum zu begrenzen. Im zweiten,
2012 veröffentlichten Bericht äußerte die GKI, es bleibe ein
großes Fragezeichen, ob die Forderung des Europäischen Parlaments erfüllt sei, den Umfang der übermittelten Daten auf
das notwendige Minimum zu begrenzen.

Erneut geriet SWIFT im Zusammenhang mit den Snowden-Papieren im Sommer 2013 ins Blickfeld der Öffentlichkeit. Sie enthalten Hinweise darauf, dass die NSA gezielt die
IT-Infrastrukturen von SWIFT ausspioniert hat, um auch
neben den im SWIFT-Abkommen geregelten Mechanismen
an Daten über weitere Finanztransaktionen zu gelangen.[152]
Das Europäische Parlament hat daraufhin am 23. Oktober

126

2013 mit 280 gegen 254 Stimmen die Aussetzung des Abkommens gefordert. Diese Entscheidung ist allerdings für den Ministerrat nicht bindend. Weder die EU-Kommission noch der Rat folgten diesem Votum. Sie versprachen immerhin, sich um eine Aufklärung der Vorwürfe zu bemühen.

## Anti-Terror-Listen

Die Praxis, dass Staaten unliebsame Personen auf schwarze Listen setzen, gibt es bereits seit Jahrhunderten. Wer etwa vor fünfzig Jahren aus Deutschland nach Italien reiste, musste sich damit abfinden, dass an den Grenzen sein Name mit dicken Fahndungsbüchern abgeglichen wurde. Wer darin stand, durfte nicht einreisen oder wurde festgenommen. An die Stelle dieser Druckwerke sind schon seit langem automatisierte Dateien getreten, mit denen sich online prüfen lässt, ob eine Person zur Fahndung ausgeschrieben ist oder ob etwas anderes gegen sie vorliegt. In Europa besorgt etwa das »Schengener Informations-System« (SIS) diese Aufgabe. Das SIS ist ein gemeinsamer Datenbestand aller Teilnehmerstaaten des Schengener Übereinkommens. Am SIS nehmen alle EU-Mitgliedstaaten teil, nicht jedoch Großbritannien, Irland und Zypern. Ferner sind Island, Norwegen, die Schweiz und Liechtenstein angeschlossen. In dem System werden unter anderem Daten zu Personen erfasst, die von der Polizei gesucht oder überwacht werden oder denen die Einreise in das Schengener Hoheitsgebiet zu verweigern ist.

Neben diesen regulären Systemen, die vorwiegend bei der Grenzkontrolle zum Einsatz kommen, sind – insbesondere seit 2001 – im Kampf gegen den Terrorismus zusätzliche

Dateien eingeführt worden. Zu den wichtigsten und zugleich umstrittensten Datensammlungen gehören die sogenannten »Anti-Terror-Listen«, die der Sanktionsausschuss der Vereinten Nationen über terrorverdächtige Personen und Organisationen führt. Diese Anti-Terror-Listen gelten weltweit, und sie sind geltendes europäisches Recht.[153] Die EU-Verordnungen untersagen jegliche geschäftliche Transaktion mit den Personen und Organisationen, die auf einer derartigen Liste stehen. Wer auf diesen Listen erscheint, wird auf diese Weise von sämtlichen Wirtschafts- und Finanztransaktionen ausgeschlossen. Seine Versicherungsverträge werden gekündigt, und sein Konto wird eingefroren; er darf kein Arbeitsentgelt erhalten, und sogar Sozialleistungen werden gestrichen. Der Eintrag hat also gravierende existentielle Folgen. Die Einhaltung der Vorgaben wird durch nationale Behörden überwacht. In Deutschland sind dies insbesondere die Deutsche Bundesbank – für die Kreditwirtschaft – und die Zollverwaltung – für Außenhandelsunternehmen. Zollbehörden machen die Bewilligung des zollrechtlichen Status eines »Zugelassenen Wirtschaftsbeteiligten« (Authorised Economic Operator – AEO) von einem systematischen und flächendeckenden Abgleich aller Beschäftigtendaten mit den Anti-Terror-Listen abhängig, obwohl es hierfür keine Rechtsgrundlage gibt. Zu den hiervon betroffenen Unternehmen gehören Speditionen und Postdienste. Da die USA und andere Staaten darauf bestehen, dass die am transatlantischen Handel beteiligten Unternehmen AEO-zertifiziert werden, sind sehr viele Unternehmen von dem Datenabgleich betroffen. In diesen Unternehmen ist der Kreis der einbezogenen Mitarbeiter zudem sehr weit gefasst – damit entspricht der Abgleich mit den Anti-Terror-Listen einem datenschutz-

rechtlich bedenklichen, flächendeckenden Mitarbeiterscree-
ning.[154]

Die Listen sind aber auch aus anderen Gründen äußerst
problematisch. So ist es für den Betroffenen nicht nachprüfbar, aufgrund welcher Informationen sein Name auf eine dieser Listen gelangt ist und wer dafür den Anstoß gegeben hat.
Die zu listenden Personen werden von den Regierungen an
den UN-Sanktionsausschuss gemeldet. Woher die Informationen stammen, die zu einer Aufnahme in die Anti-Terror-
Liste führen, ist zumeist nicht nachzuvollziehen oder wird geheim gehalten. Nach welchen Voraussetzungen die Meldungen
in den einzelnen Ländern erfolgen, wird ebenfalls als Geheimsache behandelt. Als sicher gilt, dass die Nachrichtendienste
hier massiv mitwirken. Da zudem keine gerichtliche oder
sonstige unabhängige Überprüfung stattfindet, verfehlt das
Verfahren die rechtsstaatlichen Mindestanforderungen bei
weitem.

Die auf der Liste stehenden Namen sind häufig nicht vollständig und vielfach alles andere als eindeutig. Bisweilen werden nur Namen oder Namensbestandteile genannt. So finden sich etwa auf der Anti-Terror-Liste zu Afghanistan die
folgenden Einträge: »Ali, Abbas Abdi, Mogadischu, Somalia«
oder »Azizirahman, (Dritter Sekretär, Botschaft der Taliban,
Abu Dhabi)«.[155] Angesichts dessen verwundert es eigentlich
nicht, dass es immer wieder zu Verwechslungen kommt. So
hatte z. B. das Job-Center Berlin-Neukölln aufgrund einer
Verwechslung die Zahlung an einen Empfänger von Arbeits-
losengeld II, der im Verdacht stand, mit einer auf der »Ter-
rorliste« aufgeführten Person identisch zu sein, für zwei Monate eingestellt.[156]

Völlig inakzeptabel ist es auch, dass die Betroffenen keinen

129

Rechtsschutz gegen die Aufnahme in die Listen haben. Zwar kann der UN-Sanktionsausschuss unter Einschaltung der nationalen Regierung einen Listeneintrag prüfen. Unmittelbarer Rechtsschutz gegen Maßnahmen des UN-Sanktionsausschusses steht dem Betroffenen aber nicht zur Verfügung. Forderungen, diesen unhaltbaren Zustand abzustellen, blieben bisher ohne durchschlagenden Erfolg.

Fraglich ist schließlich, ob diese Listen überhaupt geeignet sind, Geldströme, mit denen terroristische Aktivitäten finanziert werden sollen, aufzudecken oder zu stoppen. Entsprechende unabhängige Untersuchungen zur Praxis und Wirksamkeit der Listen sind nicht bekannt – vermutlich gibt es keine.

Neben den weltweiten Anti-Terror-Listen gibt es in verschiedenen Staaten nationale Listen und Dateien mit Personen, die terroristischer Aktivitäten verdächtigt werden.

Die USA führen gleich mehrere Listen, in die Personen eingetragen werden, von denen die Sicherheitsbehörden einen Zusammenhang mit dem Terrorismus vermuten. Den Ausgangspunkt bildeten die Namen von 16 Personen, die die amerikanischen Behörden am 11. September 2001, am Tag der Terroranschläge, zusammengestellt hatten. Von diesen Personen ginge ein besonderes Risiko für die Sicherheit des Luftverkehrs aus, so die Begründung. Die US-Luftsicherheitsbehörde hat darauf zu achten, dass niemand, der auf dieser Liste steht, in ein Flugzeug steigt. Dies war die Geburtsstunde der »No Fly List«, die schnell anschwoll: Im November 2001 waren schon 400 Personen gelistet, im Dezember waren es 594 und ein Jahr später 1000 Namen, die auf der Liste standen. Danach kam es zu einer regelrechten Explosion der Zahlen: Im November 2005 enthielt sie 30 000 Namen und schwoll bis Oktober 2006 auf 44 000 Datensätze an.[157] Angeblich ist in der Folgezeit zumindest die No Fly List etwas verkleinert worden. So berichtete der Chef des nach den Anschlägen am 11. September 2001 eingerichteten Homeland-Ministeriums, Michael Chertoff, im Oktober 2008, die No Fly List enthielte nur 2500 Namen, zu denen noch 16 000 Personen kämen, die besonders untersucht werden, weil sie ein allgemeines Sicherheitsrisiko darstellten. Letzteren werde gegebenenfalls abhängig vom Ergebnis der zusätzlichen Befragungen gestattet, zu fliegen. Dagegen berichtete die Bundesregierung in der Antwort auf eine Kleine Anfrage – unter Berufung auf eine nicht mehr existierende FBI-Webseite – darüber, im September 2011 seien 16 000 Personen auf der No Fly List registriert gewesen. [158]

Ende 2001 wurde in den USA eine weitere Liste von suspekten Personen generiert, die »Terrorist Watch List«, die vom Terrorist Screening Center geführt wird, einer dem FBI angegliederten Organisation, die kurz nach 9/11 gebildet wurde. Die Liste enthält die Namen von Personen, die am Flughafen gründlicher untersucht und ausführlich befragt werden (»secondary inspection«). Auch diese Liste wuchs rasant an, von ursprünglich 365 Namen auf 700 000 Namen im April 2007. Ein Jahr später soll diese Liste nach Auskunft der US-Bürgerrechtsorganisation ACLU die Schallmauer von einer Million Einträgen durchbrochen haben. Nach Angaben der Bundesregierung standen im September 2011 420 000 Personen auf der Terrorist Watch List.[159] Schon bis zum November 2005 hatten sich etwa 30 000 Menschen darüber beschwert, dass sie zu Unrecht auf diese Liste gekommen sind.

Wie schnell man auf eine dieser Listen gelangen kann, musste etwa der Bruder des 1963 ermordeten US-Präsidenten John F. Kennedy erfahren. Der inzwischen verstorbene Senator Edward (»Ted«) Kennedy wurde 2004 auf die Watchlist gesetzt und hatte fortan größte Schwierigkeiten, überhaupt noch ein Flugzeug zu besteigen. Nur mit Mühe und unter Einsatz seiner politischen Beziehungen gelang es ihm, nach mehreren Wochen von der Liste genommen zu werden. Offensichtlich lag eine Namensverwechslung vor, denn gelistet war ein »T. Kennedy« – ein Namensmuster, das allein in den Vereinigten Staaten auf schätzungsweise 7000 Personen zutrifft. Etliche weitere prominente und viele weniger prominente Personen landeten ebenfalls auf einer der Listen. Sogar die Namen von Kindern, einige davon nicht einmal fünf Jahre alt, waren aus unerfindlichen Gründen dort aufgeführt. Für die meisten Betroffenen ist es allerdings weitaus schwieriger als für den bekannten US-Senator, die Behörden davon zu überzeugen, dass sie zu Unrecht gelistet worden waren.

## Otto-Kataloge

Nicht nur in den USA war nach dem 11. September 2001 vom »Krieg gegen den Terror« die Rede. Auch der damalige Bundeskanzler Gerhard Schröder sprach von einer »Kriegserklärung gegen die gesamte zivilisierte Welt«. Peter Struck, damals Vorsitzender der SPD-Bundestagsfraktion, versprach: »Gemeinsam mit dem amerikanischen Volk werden wir alles tun, um den teuflischen Kräften das Handwerk zu legen.« [160]
Unmittelbar nach den Anschlägen begannen im Bundesministerium des Innern die Arbeiten zur Antiterrorgesetzgebung. Die seinerzeit regierende rot-grüne Koalition stand vor einer Zerreißprobe. Während die Sozialdemokraten dem vom

britischen Premier Tony Blair 1997 ausgegebenen Motto »crime is a Labour issue« folgten und mehrheitlich wenig Probleme mit Gesetzesverschärfungen hatten, taten sich die Grünen angesichts ihrer bürgerrechtlichen Wurzeln schwer, den Sicherheitsbehörden zusätzliche Befugnisse einzuräumen. So klangen die Worte der damaligen Fraktionsvorsitzenden von Bündnis 90/Die Grünen, Kerstin Müller, deutlich differenzierter als die Äußerungen anderer Spitzenpolitiker: »Es ist weder ein Mangel an Solidarität noch ein Mangel an Entschlossenheit, wenn wir angesichts dieser Bedrohung fragen: Was ist das richtige und angemessene Mittel gegen diese Bedrohung? Gerade dieser Gegner erfordert zuerst Besonnenheit und kluge Abwägung und dann zielgerichtetes und entschlossenes Handeln.«[161]

Nur einen Monat nach den Anschlägen in den USA legte der damalige sozialdemokratische Bundesinnenminister Otto Schily nach zähen Verhandlungen mit dem bündnisgrünen Koalitionspartner einen ersten Entwurf eines Sicherheitspakets vor, in dem eine Vielzahl von Maßnahmen enthalten war, die den Kampf gegen den Terror erleichtern sollten. Journalisten nannten dieses Maßnahmenpaket – nach dem Vornamen des Bundesinnenministers – scherzhaft den »Otto-Katalog«. Im Grunde handelte es sich um einen ähnlichen Ansatz wie beim US-Patriot Act, der von George W. Bush vorgelegt und in kürzester Zeit durch den Kongress gebracht worden war. Allerdings ging der Entwurf des deutschen Gesetzespakets im Vergleich zu dem US-Pendant deutlich pfleglicher mit den Grundrechten um. Trotzdem ist dem damaligen Bundesdatenschutzbeauftragten Joachim Jacob zuzustimmen, dem der Entwurf den Eindruck vermittelte, »als ob hier alle nur denkbaren und gesetzestechnisch machbaren Möglichkeiten aufgelistet worden seien, teilweise ohne realen Bezug zur Terrorismusbekämpfung. Insbesondere berücksichtigte der Entwurf die in weiten Teilen im Volkszählungsurteil des Bundesverfassungsgerichts vom 15. Dezember 1983 formulierten datenschutzrechtlichen Vorgaben an Gesetze nicht. Er enthielt vielmehr sehr pauschale, nicht zielgenau auf konkrete Gefährdungssituationen im terroristischen Bereich ausgerichtete neue Eingriffsbefugnisse.«[162] Solchen datenschutzrechtlichen Vorbehalten begegnete der damalige Innenminister Otto Schily mit der teilweise wütend vorgebrachten Forderung, »überzogenen Datenschutz« zurückzufahren. Wo sich Datenschutz als Terroristenschutz auswirke, so ein Ministeriumssprecher, müsse eben Abhilfe geschaffen werden. Der Rechtsprofessor und ehemalige Hessische Datenschutzbeauftragte Spiros Simitis konterte: Die Behauptung, Datenschutz sei Terroristenschutz, »ist falsch und Unsinn.« Er kenne keinen einzigen Fall, in dem der Datenschutz die Suche nach Verbrechern behindert habe. »Ich kenne nur Fälle, in denen der angeblich bei uns so übertriebene Datenschutz als Vorwand herhalten musste: Entweder weil die Ämter keine Lust hatten, rechtzeitig nach bestimmten Daten zu suchen. Oder weil sie unfähig, unorganisiert oder unzureichend ausgestattet waren, um auf Daten zugreifen zu können. … Wenn ich mir die Klagen über die unzureichende Terrorbekämpfung anhöre, kann ich nur sagen: Der Datenschutz ist nicht schuld daran, dass wir die mutmaßlichen Attentäter nicht frühzeitig genug aufgespürt haben.« Zudem sei der Staat beweispflichtig, wenn er Gesetze ändern wolle. Diese Beweise habe er aber bislang nicht vorgelegt.[163]

Das von den Fraktionen SPD und Bündnis 90/Die Grünen am 8. November 2001 eingebrachte »Terrorismusbekämpfungsgesetz« (TBG)[164] enthält Änderungen von nicht weniger als 14 Gesetzen, darunter das Bundesverfassungs-schutzgesetz, das BND-Gesetz, das Bundeskriminalamtge-setz, das Ausländergesetz, das Passgesetz und das Sozialgesetz-buch. Bei all diesen Änderungen ging es darum, die Sicherheitsbehörden im Kampf gegen den Terrorismus zu er-tüchtigen. Ihnen sollten zusätzliche Kompetenzen gegeben und und der Datenaustausch zwischen den Behörden erleich-tert werden. Ferner sollten die Grundlagen für die Einfüh-rung biometrischer Merkmale in Pässe und Personalausweise geschaffen und die Verwendung von Sozialdaten bei der Ras-terfahndung ermöglicht werden.

In einem Artikel für eine Fachzeitschrift[165] kritisierte ich, damals noch stellvertretender Hamburgischer Datenschutz-beauftragter, den gesetzgeberischen Aktionismus: »Wenn man sich ins Bewusstsein ruft, wie lange unter normalen Umstän-den auch noch so kleine Rechtsänderungen brauchen, bis sie schließlich die Mühle der regierungsinternen und parlamen-tarischen Beratungen durchlaufen haben, reibt man sich schon die Augen, zu welchen gesetzgeberischen Leistungen innerhalb kürzester Zeit unser politisch-administratives Sys-tem unter Stress in der Lage zu sein scheint. Dabei sollen z. T. konsequenzenreiche Rechtsänderungen innerhalb weniger Wochen durchgesetzt werden ...« Es sei nicht nur zu befürch-ten, dass sich bei einem derartig verkürzten Gesetzgebungs-verfahren schwerwiegende handwerkliche Fehler einschli-chen.»Viel schlimmer ist jedoch, dass hier Grundrechtseingriffe vorbereitet werden, die – allein aus Zeitgründen – nicht auf den Prüfstein der öffentlichen Debatte gestellt werden kön-nen. Bei einem derartigen gesetzgeberischen Aktionismus drängt sich die Frage auf, ob es sich dabei überhaupt um ge-eignete Reaktionen auf terroristische Herausforderungen handelt. Die Verantwortlichen wären gut beraten, jeden Eindruck zu vermeiden, sie wollten mit symbolischen Aktivitäten bloß von Mängeln und Fehlern der bisherigen Praxis ablenken.«

In den kurzen Beratungen der parlamentarischen Gremien des Bundestags und des Bundesrats wurden einige kleinere Änderungen an dem Gesetzentwurf vorgenommen. Die nur geringfügig gegenüber dem eingebrachten Entwurf geänderten Gesetzesverschärfungen fanden bei der Schlussabstimmung über das TBG am 14. Dezember 2001 die Unterstützung durch die Regierungsparteien und die CDU/CSU-Fraktion. FDP und PDS stimmten dagegen.

Die deutschen Nachrichtendienste durften nunmehr Unternehmen befragen und Auskünfte über Verkehrsdaten der Telekommunikation und des Internets einholen, über Postdaten und über Daten der Bankkunden und deren Geldbewegungen. Bei Luftfahrtunternehmen und Reisebüros können Reisebewegungen erhoben werden. Polizeibehörden wurde die Befugnis eingeräumt, Reisende auch ohne Anhaltspunkte für strafbares Handeln und ohne Vorliegen einer konkreten Gefahr nicht nur im grenznahen Raum, sondern darüber hinaus – etwa auf Fernbahnlinien und Bahnhöfen – zu kontrollieren (sogenannte »Schleierfahndung«). Dem Verfassungsschutz wurde der Zugriff auf Ausländer- und Visadaten eingeräumt. Personen mit Zugang zu Flugplätzen werden einer generellen Sicherheitsüberprüfung unterzogen. Vor Einbürgerungen erfolgt eine Regelanfrage beim Verfassungsschutz.

Auch der mit leichter zeitlicher Verzögerung europaweit verordnete Einsatz biometrischer Daten in Pässen – und später in den elektronischen Personalausweisen – ist von nachhaltiger Bedeutung für die Bürgerrechte. Heute sind EU-weit sämtliche neuen Pässe mit Chips ausgestattet, auf denen digitale Passfotos und Fingerabdrücke gespeichert werden. Beim neuen elektronischen Personalausweis wird das Passfoto digital gespeichert. Anders als beim Reisepass ist allerdings der Fingerabdruck nicht obligatorisch. Er wird nur gespeichert, wenn der Halter damit ausdrücklich einverstanden ist. Die 2001/2002 eingeführten Befugnisse wurden zunächst 2006 und erneut 2011 verlängert und teilweise sogar ausgebaut. Den Nachrichtendiensten wurden insbesondere 2006 durch die Große Koalition zusätzliche Befugnisse zugestanden.

Schließlich wurden die Informationsbestände von Strafverfolgungsbehörden und Geheimdiensten durch die ebenfalls Ende 2006 beschlossene »Anti-Terror-Datei« miteinander vernetzt. Die Anti-Terror-Datei ist ein im Online-Verbund der Sicherheitsbehörden nutzbarer Datenbestand, in dem die Erkenntnisse von Polizeien und Nachrichtendiensten im Bereich der Terrorismusbekämpfung zusammengeführt werden. Erfasst werden bei den Polizeien und Nachrichtendiensten vorhandene – auch vage – Informationen zu Ziel- und Randpersonen (mutmaßlichen Unterstützern, Kontaktpersonen etc.) aus dem Bereich des internationalen Terrorismus und des ihn unterstützenden Extremismus. Die Kritiker dieser neuen Verbunddatei, zu denen ich mich zählte, monierten vor allem, dass die Anti-Terror-Datei den verfassungsrechtlichen Anforderungen, insbesondere hinsichtlich der Verhältnismäßigkeit und des Trennungsgebots von Polizei und Nachrichtendiensten widerspreche. Die Speicherung in der Anti-Terror-Datei hat für die Betroffenen nicht nur eine stigmatisierende Wirkung, sondern auch andere weitreichende Folgen. Mit der Speicherung standen die Daten rund sechzig Sicherheitsbehörden des Bundes und der Länder

137

zur Verfügung. Die Konsequenzen sind für die Betroffen
in keiner Weise vorhersehbar, insbesondere wenn ungesicherte nachrichtendienstliche Erkenntnisse auch Polizeibehörden zur Verfügung stehen, die diese nicht hätten erheben
dürfen.

Am 24. April 2013 gab das Bundesverfassungsgericht einer
Klage gegen die Anti-Terror-Datei weitgehend Recht.[166] Die
Datei sei zwar in ihren Grundstrukturen mit dem Grundgesetz vereinbar, nicht jedoch in ihrer Ausgestaltung. Das Bundesverfassungsgericht bestätigte meine Rechtsauffassung, die
ich in meiner damaligen Funktion als Bundesdatenschutzbeauftragter in Karlsruhe vorgetragen hatte, dass aus dem
Grundrecht auf informationelle Selbstbestimmung ein verfas-
sungsrechtliches Trennungsgebot zwischen Nachrichtendiensten und Polizei resultiert. Ein Informationsaustausch
zwischen diesen Behörden ist nur ausnahmsweise zulässig und
bedarf einer besonderen Rechtfertigung. Die uneinge-
schränkte Einbeziehung von Daten in die Anti-Terror-Datei,
die durch Eingriffe in das Brief- und Fernmeldegeheimnis
und das Recht auf Unverletzlichkeit der Wohnung erhoben
wurden, erklärte das Bundesverfassungsgericht ebenfalls für
verfassungswidrig. An dem Urteil war auch bemerkenswert,
dass das Gericht der datenschutzrechtlichen Kritik an der
mangelhaften Kontrollierbarkeit der Verbunddatei Rechnung
trug. Den Datenschutzbeauftragten war von den Behörden –
unter Hinweis auf die unterschiedlichen Zuständigkeiten von
Bund und Ländern – eine umfassende Prüfung der Daten verweigert worden. Die Landesbeauftragten und der Bundesbeauftragte für den Datenschutz konnten zwar isoliert die jeweiligen Datenbestände kontrollieren, ein Gesamtbild über die
gespeicherten Daten und ihre Nutzung konnten sie sich aber

nicht verschaffen. Anders als die Sicherheitsbehörden, denen automatisierte Hilfsmittel zur Auswertung der gespeicherten Daten zur Verfügung standen, war den Datenschutzbeauftragten eine automatisierte Auswertung der Protokolldateien nicht möglich. Während Polizei und Geheimdienste also mit »Ferraris« ausgestattet waren, mussten die Datenschutzbeauftragten per Postkutsche hinterherfahren, hatte ich bei der mündlichen Verhandlung in Karlsruhe kritisiert, zu der ich als Sachverständiger geladen war. Einen solchen Zustand wollte auch das Bundesverfassungsgericht nicht länger tolerieren. Es stellte in diesem Urteil erstmals in aller Deutlichkeit klar, dass eine lückenlose, unabhängige und effektive Kontrolle der Datensammlungen durch die Datenschutzbeauftragten verfassungsrechtlich geboten ist.

## Vorratsdatenspeicherung

Bereits vor den verheerenden Terroranschlägen in den USA, in London und Madrid wurde zwar schon darüber gestritten, ob und in welchem Ausmaß die Telekommunikationsdaten für einen möglichen späteren Zugriff der Strafverfolgungsbehörden gespeichert werden sollten. Allerdings wurden derartige Vorgaben überwiegend abgelehnt, auch durch die Bundesregierung unter Helmut Kohl, die Forderungen aus dem Bundesrat nach Einführung von »Mindestspeicherungsfristen« für Telekommunikationsdaten zurückwies.

Diese europäische Diskussion erfolgte unabhängig von der durch US-Präsident George W. Bush durch einen geheimen Erlass 2001 angeordneten massenweisen Speicherung der Metadaten. Vielmehr ging man in Europa lange Zeit – irrtümlich – davon aus, dass in den USA Telekommunikationsdaten auch nach 2001 ausschließlich gezielt, auf Basis gerichtlicher Anordnungen »eingefroren« und den Ermittlungsbehörden zur Verfügung gestellt und nicht etwa auf Vorrat gespeichert wurden. Heute wissen wir es besser.

2006 beschlossen die Gremien der Europäischen Union nach kontroverser Debatte eine Richtlinie,[167] die die Mitgliedstaaten zur Speicherung der Verkehrsdaten der Telekommunikation auf Vorrat verpflichtet. Die Bundesregierung – inzwischen regierte die erste Große Koalition unter Bundeskanzlerin Angela Merkel – hatte sich auf EU-Ebene für die Vorratsdatenspeicherung eingesetzt, obwohl der Deutsche Bundestag sich noch 2005 mit großer Mehrheit gegen eine obligatorische Vorratsdatenspeicherung ausgesprochen hatte.[168] Das Europäische Parlament billigte schließlich nach einigem Hin und Her die Richtlinie mit den Stimmen der Fraktionen der Sozialdemokraten und der konservativen Europäischen Volkspartei, der auch die CDU/CSU angehört. Den Mitgliedstaaten räumte die Richtlinie bei der Festlegung der Speicherfrist einen Spielraum ein. Sie müssen in ihrem Recht eine Mindestspeicherungsfrist von sechs Monaten bis zu zwei Jahren vorsehen. Neben der Telefonie müssen auch Daten zur Internetnutzung erfasst werden, insbesondere die genutzten IP-Adressen und der E-Mail-Verkehr. Vorangegangen waren zähe Verhandlungen in den europäischen Gremien.

Der Bundestag verabschiedete im November 2007 ein Gesetz, mit dem die EU-Richtlinie umgesetzt wurde. Die deutschen Anbieter von Telekommunikations- und Internetdiensten wurden dazu verpflichtet, sämtliche Verkehrsdaten sechs Monate auf Vorrat zu speichern und diese im Bedarfsfall Strafverfolgungsbehörden, mit Aufgaben der Gefahrenabwehr betrauten Behörden – auch Nachrichtendiensten – zur Verfügung zu stellen.

Ich hatte als damaliger Bundesbeauftragter für den Datenschutz die Vorratsdatenspeicherung von Anfang an als einen unverhältnismäßigen und damit verfassungswidrigen Eingriff in das Fernmeldegeheimnis sowie das Recht auf informationelle Selbstbestimmung kritisiert. Durch die anlasslose, längerfristige Speicherung aller Telefon-, E-Mail- und Internet-Verkehrsdaten werde das gesamte Telekommunikationsverhalten aller Bundesbürger erfasst. Dabei seien die von der Speicherung Betroffenen ganz überwiegend völlig unverdächtige Personen, von denen keine konkreten Gefahren ausgingen. Mit diesen Daten ließen sich weitreichende Sozial- und Bewegungsprofile bilden.

Gegen dieses Gesetz, das am 1. Januar 2008 in Kraft getreten war, richteten sich zahlreiche Verfassungsbeschwerden, darunter auch eine Massenklage von fast 35000 Bürgern.[169] Zu den Klägerinnen gehörte auch Sabine Leutheusser-Schnarrenberger, die sich in der FDP seit vielen Jahren mit großem Engagement für die Bürgerrechte einsetzte. Pikanterweise übte sie zum Zeitpunkt der mündlichen Verhandlung vor dem Bundesverfassungsgericht erneut das Amt als Bundesjustizministerin aus. 1996 war sie schon einmal – unter der Kanzlerschaft Helmut Kohls – aus Protest gegen die Einführung des »Großen Lauschangriffs« von diesem Amt zurückgetreten. Seit Herbst 2009 war sie erneut Justizministerin in einem schwarz-gelben Kabinett. Als für die Gesetzgebung zur Vorratsdatenspeicherung zuständiges Kabinettsmitglied war sie also Vertreterin der Bundesregierung, gegen die sie im Rahmen der Verfassungsbeschwerde klagte. Um diesem Dilemma zu entgehen, ließ sie sich bei der mündlichen Verhandlung im Dezember 2009 durch eine hohe Beamtin vertreten.

Das Bundesverfassungsgericht erklärte in seinem Urteil vom 2. März 2010[170] die gesetzlichen Vorschriften zur Vorratsdatenspeicherung für verfassungswidrig und dementsprechend nichtig. Das Gericht ließ den Befürwortern der Vorratsspeicherung aber ein Schlupfloch. Eine anlasslose Speicherung von personenbezogenen Daten über einen Zeitraum von sechs Monaten auf Vorrat sei nicht unter allen Umständen verfassungswidrig. Sie ist nur dann strikt verboten, wenn sie zu unbestimmten Zwecken erfolgt. Eine verfassungsgemäße Umsetzung der europäischen Richtlinie zur Vorratsdatenspeicherung wäre somit zwar prinzipiell möglich, aber nur unter sehr strengen Anforderungen. Das Gericht lieferte dazu gleich eine »Gebrauchsanleitung«: Darüber hinaus verlangte das Gericht, dass die Verwendung der Vorratsdaten strikt begrenzt wird. Insbesondere dürfen die Vorratsdaten nur zum Schutz überragend wichtiger Rechtsgüter verwendet werden, etwa zur Verfolgung schwerer Straftaten, die in einem abschließenden Katalog festzulegen sind. Zur polizeilichen Gefahrenabwehr und durch Nachrichtendienste ist eine Nutzung nur bei »tatsächlichen Anhaltspunkten einer konkreten Gefahr für ein überragend wichtiges Rechtsgut« – etwa Leib und Leben einer Person – verfassungsrechtlich zulässig. Auch wenn die massenhafte, anlasslose Speicherung von Telekommunikationsdaten unter Beachtung der vom Gericht formulierten Vorgaben verfassungsrechtlich vertretbar wäre, bedeutet dies im Umkehrschluss nicht etwa, dass der Bundestag einen derartig weitreichenden Eingriff in die Grundrechte vornehmen müsste. In diesem Zusammenhang ist der Hinweis des Gerichts zu beachten, dass das Verbot einer Totalüberwachung zur »verfassungsrechtlichen Identität der Bundesrepublik Deutschland« gehört.

142

Das (vorläufige) Aus für die Vorratsdatenspeicherung brachte ein am 8. April 2014 verkündetes Urteil des Europäischen Gerichtshofs (EuGH).[171] Das Gericht erklärte die Richtlinie zur Vorratsdatenspeicherung für nicht vereinbar mit der EU-Grundrechtecharta. Bereits im Dezember 2013 hatte der Generalanwalt beim EuGH, Pedro Cruz Villalón, in seinem Plädoyer[172] darauf hingewiesen, dass die vor dem Inkrafttreten des Vertrags von Lissabon formulierte Richtlinie gegen die europäischen Grundrechte verstoße, da sie in besonderer Weise in das Recht auf Achtung des Privatlebens eingreife und deshalb geändert werden müsse. Zur Überraschung vieler Beobachter gingen die Richter sogar deutlich über das Votum des Generalanwalts hinaus. Die Regelungen verstießen so eklatant gegen die Grundrechtecharta, dass die Richtlinie ungültig sei. Das Urteil war aus zwei Gründen bemerkenswert. In der Substanz bestätigt der EuGH die Kritiker der Vorratsdatenspeicherung: Die generelle, anlasslose Speicherung von Telekommunikationsdaten ist weder mit dem Grundrecht auf Achtung des Privatlebens noch mit dem Grundrecht auf Datenschutz vereinbar. Die Meta-Botschaft lautete: Der EuGH versteht sich als Hüter der in der Europäischen Grundrechtecharta garantierten Bürgerrechte und korrigiert den europäischen Gesetzgeber, wenn er die durch die Charta gezogenen Grenzen überschreitet.

Zwar stellte der Gerichtshof nicht infrage, dass es im Interesse des Gemeinwohls liegt, schwere Kriminalität, insbesondere die organisierte Kriminalität und den Terrorismus zu bekämpfen. »Eine solche dem Gemeinwohl dienende Zielsetzung kann jedoch, so grundlegend sie auch sein mag, für sich genommen die Erforderlichkeit einer Speicherungsmaßnahme

– wie sie die Richtlinie 2006/24 vorsieht – für die Kriminalitätsbekämpfung nicht rechtfertigen.« Jedenfalls verlange der Schutz des Grundrechts auf Achtung des Privatlebens, »dass sich die Ausnahmen vom Schutz personenbezogener Daten und dessen Einschränkungen auf das absolut notwendige beschränken müssen.«

Bis dahin könnte man meinen, der EuGH halte – ähnlich dem Bundesverfassungsgericht – die umfassende Vorratsdatenspeicherung nicht grundsätzlich für verfassungswidrig. Der EuGH ging jedoch darüber hinaus, indem er feststellte, dass die Vorratsdatenspeicherung »alle Personen umfasst, die elektronische Kommunikationsdienste nutzen, ohne dass sich jedoch die Personen, deren Daten auf Vorrat gespeichert werden, auch nur mittelbar in einer Lage befinden, die Anlass zur Strafverfolgung geben könnte.« Sie gelte also auch für Personen, bei denen »keinerlei Anhaltspunkt dafür besteht, dass ihr Verhalten in einem auch nur mittelbar oder entfernten Zusammenhang mit schweren Straftaten stehen könnte.« Zum anderen verlange die Richtlinie »keinen Zusammenhang zwischen den Daten, deren Vorratsspeicherung vorgesehen ist, und einer Bedrohung der öffentlichen Sicherheit«. Insbesondere beschränke sie die Speicherung weder auf einen bestimmten Zeitraum, ein bestimmtes geographisches Gebiet oder einen bestimmten Personenkreis, der in irgendeiner Weise in eine schwere Straftat verwickelt sein könnte.

Damit erteilte der EuGH einer anlasslosen, umfassenden Speicherung von Daten auf Vorrat eine klare Absage. Nicht ausgeschlossen wurde hingegen eine gezielte, begrenzte Speicherung von Daten. Dies entspricht eher dem »Quick Freeze«-Modell, wonach auf gerichtliche Anordnung bei Vorliegen bestimmter Verdachtsmomente für eine schwere Straftat relevante Daten für begrenzte Zeit gespeichert bleiben dürfen. Zudem wies der EuGH auf eine Reihe weiterer erheblicher Mängel der Richtlinie hin, die auch schon das Bundesverfassungsgericht moniert hatte: unzureichende Definition »schwerer Straftaten«, unklare Regelungen zur Datennutzung, fehlende Vorgaben über technische und organisatorische Maßnahmen für die Sicherung der Daten. Zudem fehlten Vorkehrungen zum Schutz der Kommunikation von Personen, deren Kommunikationsvorgänge einem Berufsgeheimnis unterliegen.

Diese EuGH-Entscheidung führt zu einer dramatischen Änderung der rechtlichen Bewertung: Auf einmal ist Deutschland das einzige Land, dessen nationales Recht den europarechtlichen Vorgaben genügt, weil es bei uns keine Vorratsdatenspeicherung gibt. Vieles spricht dafür, dass die auf der Richtlinie beruhenden Gesetze der anderen EU-Mitgliedstaaten zur Vorratsdatenspeicherung europarechtswidrig sind. Auch wenn diese Gesetze mit dem EuGH-Urteil nicht automatisch außer Kraft treten, besteht hier erheblicher Änderungsbedarf, denn das EU-Recht bindet auch die Mitgliedstaaten, soweit sie Gesetze zur Speicherung und Verwendung von Kommunikationsdaten erlassen.[173]

Was aus der Vorratsdatenspeicherung wird, ist offen. Dies gilt sowohl für Deutschland als auch für die europäische Ebene. In Deutschland hatte sich die im Herbst 2013 gebildete Große Koalition aus CDU/CSU und SPD darauf verständigt, die Vorratsdatenspeicherung wieder einzuführen, um die Verhängung von Zwangsgeldern durch den EuGH zu vermeiden.[174] Zugleich wollte man sich in Brüssel für eine Absenkung der Mindestspeicherfrist auf drei Monate einsetzen, was allerdings eine Änderung der Richtlinie vorausgesetzt hätte. Unmittelbar im Anschluss an das EuGH-Urteil entbrannte eine heftige Diskussion zwischen den Koalitionspartnern. So erklärte der zuständige Bundesjustizminister Heiko Maas (SPD) am Tag der Urteilsverkündung: »Damit ist eine neue Situation eingetreten. Die Grundlage für die Vereinbarung im Koalitionsvertrag ist entfallen. Deutschland ist nicht mehr zu einer Umsetzung der Richtlinie verpflichtet. Auch Zwangsgelder drohen nicht mehr. Es besteht jetzt kein Grund mehr, schnell einen Gesetzentwurf vorzulegen.«[175] Dagegen beharrte Bundesinnenminister de Maizière zunächst auf einer neuen Initiative zur Vorratsdatenspeicherung: »Da wir dieses Instrument dringend zur Aufklärung schwerer Straftaten sowie zur Abwehr akuter Gefahren für Leib und Leben benötigen, dränge ich rasch auf eine kluge, verfassungsgemäße und mehrheitsfähige Neuregelung.«[176] Gut eine Woche später einigten sich beide Minister darauf, zunächst auf gesetzgeberische Schnellschüsse zu verzichten und die Entwicklung auf europäischer Ebene abzuwarten.[177] Dies wiederum trifft auf Unmut sowohl bei einigen von der SPD gestellten Landesinnenministern als auch bei CDU/CSU-Politikern, die einen deutschen Alleingang fordern.[178]

Ob es zu einem neuen EU-weiten Anlauf zur Festlegung von Mindestspeicherungsfristen für Telekommunikationsdaten kommen wird, ist indes völlig offen. Angesichts der kontroversen Positionen im Ministerrat, im Europäischen Parlament und in den EU-Mitgliedstaaten ist jedenfalls nicht mit einem schnellen Ergebnis zu rechnen.

## Signale aus der Vergangenheit

Viele Fakten, die jetzt – nach den Berichten über die Snow-den-Papiere – aufgeregt diskutiert werden, erscheinen auf den ersten Blick neu und unvorstellbar. Manches davon erinnert allerdings an Überwachungspraktiken und -programme, die bereits seit langer Zeit bekannt sind. Ein Blick in die Vergangenheit kann deshalb dabei helfen, den aktuellen »Skandal« zu bewerten und einzuordnen.

Seit dem Ersten Weltkrieg überwachte eine dem US-Verteidigungsministerium assoziierte Behörde, die »Black Chamber« genannt wurde, den Brief- und Telegraphenverkehr der Botschaften in der US-Hauptstadt. Dieses schwarze Kabinett war der Vorläufer der heutigen NSA. So lange zurück reichen auch deren enge Beziehungen mit den Telekommunikationsunternehmen. Die Depeschen der diplomatischen Vertretungen wurden ohne gesetzliche Grundlage über die Schreibtische der Spionageorganisation umgeleitet, dort kopiert und, soweit die Nachrichten verschlüsselt waren, nach Möglichkeit dekodiert.[179]

Auch der Beginn des Computerzeitalters ist auf das Engste mit Geheimdiensten verbunden. Sogar das Konzept des modernen Universalcomputers, auf dem praktisch alle heutigen IT-Systeme basieren, verdanken wir den Codebreakers im britischen Bletchley Park, vor allem dem hier tätigen Mathematiker Alan Turing. Ihnen gelang während des zweiten Weltkriegs die Entschlüsselung des vom deutschen Militär eingesetzten Chiffriersystems ENIGMA.

Die nach 1960 entwickelte Satellitentechnik wurde zunächst im Wesentlichen zur Sprachtelefonie und für die Übermittlung von Bild- und (analogen) Fernsehsignalen zwischen den Kontinenten verwendet. Ab den frühen 1970er Jahren wurden zunehmend Satellitenverbindungen für die Datenübermittlung genutzt. Das Abhören von Satellitenkanälen war zwar verhältnismäßig aufwändig, jedoch für Nachrichtendienste, denen nahezu unbegrenzte finanzielle und technische Mittel zur Verfügung standen, prinzipiell kein Problem. Eines der mysteriösesten Vorgängersysteme der heutigen Mega-Überwachung verbirgt sich hinter dem Codewort ECHELON. Wie bei vielen anderen geheimen Operationen ist nicht geklärt, woher der für das Programm verwendete Name stammt und ob ihm inhaltliche Bedeutung zukommt. Bei ECHELON handelte es sich um ein weltumspannendes Netzwerk von Abhörstationen, mit denen westliche Nachrichtendienste arbeitsteilig die weltweite Satellitenkommunikation überwachten.

Die Wurzeln des Systems reichen bis in die Zeit unmittelbar nach dem Zweiten Weltkrieg zurück. Damals schlossen die britische und die US-Regierung ein Abkommen zur nachrichtendienstlichen Kooperation bei der Auswertung von Funksignalen, das Communications Intelligence Agreement (»UKUSA«-Abkommen) von 1948. Mit seinen Horchposten in England und Zypern sollte das GCHQ den Großteil Westeuropas und den Nahen Osten überwachen, während sich die NSA auf den europäischen Ostblock und das kommunistische China konzentrierte. Dieses Abkommen bildete den Ausgangspunkt für den exklusiven Five Eyes Club, dem später auch die Nachrichtendienste Kanadas, Australiens und Neuseelands beitraten. Allerdings war die Zusammenarbeit der britischen und amerikanischen Dienste nicht konfliktfrei, wie der NSA-Kenner James Bamford zu berichten weiß. Insbesondere im Nahen Osten waren die britischen und amerikanischen Interessen teilweise sehr unterschiedlich, was die NSA bereits Ende der 1950er Jahre veranlasste, auch die ursprünglich den Briten zugewiesenen Gebiete stärker unter eigene Beobachtung zu nehmen.[180]

Schon bei dieser Auswertung von Funksignalen ging es in erster Linie nicht um das Ausspionieren einzelner Personen, sondern vorwiegend um die strategische Überwachung. Im Mittelpunkt standen Erkenntnisse über militärische Aktivitäten der Gegenseite, deren Planungen und das jeweilige Umfeld. Ökonomische Daten waren deshalb ebenso von Interesse wie politische Stimmungen und Einschätzungen.

Das geteilte Deutschland war ein zentrales Feld der Informationsbeschaffung. Hier standen sich die Truppen der NATO und des Warschauer Paktes direkt gegenüber, und auch ganz praktisch waren die Überwachungsmöglichkeiten phänomenal. Auf dem West-Berliner Teufelsberg betrieben die Amerikaner und die Briten seit den 1950er Jahren einen Horchposten, mit dem sich die Funkkommmunikation bis weit in den sowjetisch dominierten Osten überwachen ließ. Die amerikanischen Lauscher waren sogar so erfolgreich, dass sie zweimal mit der angesehenen Travis Trophy der NSA für den weltweit besten Horchposten ausgezeichnet wurden.[181] Auch an anderen deutschen Standorten gab es Abhörstationen, insbesondere in Nähe der DDR-Grenze, die damals den wichtigsten Abschnitt des »Eisernen Vorhangs« zwischen West- und Ost-Europa bildete. Umgekehrt bemühten sich die Russen erfolgreich um das Abschöpfen der Richtfunkstrecken zwischen West-Berlin und Westdeutschland.

Öffentlich bekannt wurde ECHELON 1988 durch einen Artikel des Journalisten Duncan Campbell[182], der in der linksorientierten Zeitschrift New Statesman über die Errichtung weltweit verteilter Stationen zur Satellitenüberwachung berichtete. Er sah darin weitsichtig einen anglo-amerikanischen Plan zur globalen Kommunikationsüberwachung im 21. Jahrhundert. Zudem berichtete er über die Arbeitsteilung zwischen der NSA und dem GCHQ, mit der das in den USA Ende der 1970er Jahre eingeführte Verbot der geheimdienstlichen Inlandsüberwachung umgangen werden sollte. Die Pläne flogen auf, als der konservative republikanische Senator Strom Thurmond, ein strammer Parteigänger von US-Präsident Ronald Reagan, Opfer einer solchen Abhöraktion wurde. Erst 1996 enthüllte der neuseeländische Journalist Nicky Hager umfassende Details von ECHELON, auf die er bei seinen Recherchen über den Anschlag auf das 1985 von französischen Geheimdienstagenten im Hafen Auckland versenkte Greenpeace-Schiff Rainbow Warrior gestoßen war.[183] Ihm verdanken wir genaue Kenntnisse über die Funktionsweise des Systems, das automatisch mit – aus damaliger Sicht fortgeschrittener – Computertechnik Millionen abgehörte Meldungen aller Art nach bestimmten Begriffen, Telefonnummern und E-Mail-Adressen durchsuchte. Zwar hatte es computergesteuerte Suchalgorithmen bereits in den 1970er Jahren gegeben. Die bahnbrechend neue Qualität von ECHELON bestand nun darin, dass die weltweit verteilten Überwachungssysteme vernetzt wurden.[184] Die geheimdienstliche Kooperation wurde damit auf eine neue Basis gestellt, denn jetzt ging es nicht mehr um den fallweisen Austausch von Erkenntnissen, sondern um die koordinierte und technisch vernetzte Auswertung der bei der Überwachung gewonnenen Rohdaten.

Im Jahr 2001 wusste der damalige Bundesbeauftragte für den Datenschutz Joachim Jacob über diese Aktivitäten zu berichten: »Nach Expertenmeinung scannt die NSA seit Anfang der 80er Jahre weltweit Telefonate, Faxe, Telexe und E-Mails, die über Telekommunikationssatelliten, regionale Satelliten und Richtfunkverbindungen gesendet werden, ein. Computerprogramme sortieren nach Schlüsselbegriffen aus der Fülle der zwischengespeicherten Daten Begriffe, Namen oder Nummern aus, die für die NSA, aber auch für andere staatliche Stellen wie Polizeibehörden von Bedeutung sein können. … Über 100 satellitengestützte Stationen in aller Welt, eine davon im bayerischen Bad Aibling, sollen ECHELON rund um die Uhr unterstützen. Damit wäre nicht auszuschließen, dass auch Bundesbürger, inländische Unternehmen oder öffentliche Stellen überwacht werden.«[185]

Nach dem Ende des Ost-West-Konflikts hätte man eigentlich annehmen müssen, dass die Geschäftsgrundlage für die umfassende Fernmeldeaufklärung der Five Eyes entfallen wäre. Dem war aber mitnichten so. Vielmehr scheinen sich die Aktivitäten stärker auf andere Felder verlagert zu haben, etwa in den Bereich der Wirtschaftsspionage. Denn bei der massenweisen Überwachung landeten auch viele wirtschaftlich interessante Fakten im anglo-amerikanischen Datenstaubsauger. Vor allem in der Europäischen Union mehrten sich die Stimmen, die vor elektronischer Wirtschaftsspionage warnten.

Der Verdacht erhärtete sich allmählich, dass die Überwachung außer Satelliten auch andere Übertragungswege umfasste, insbesondere die mittels Kabel betriebenen Telekommunikationsnetze. Auch Kommunikation via E-Mail, Telefon und Fax werde von der NSA routinemäßig überwacht, bestätigte ein vom Europäischen Parlament erarbeiteter Bericht. Danach stand die Existenz von ECHELON nicht mehr in Zweifel.[186] In meiner Funktion als Bundesbeauftragter kritisierte ich 2004, »dass ECHELON keinerlei rechtsstaatlichen

Vorbehalten, wie sie z. B. in Deutschland das Artikel 10-Gesetz enthält, unterliegt. Eine Kontrolle findet ebenfalls nicht statt.«[187] Vor dem Hintergrund, dass jedes Abhören von Kommunikation einen tiefgreifenden Eingriff in die Privatsphäre des Einzelnen darstellt, sprach ich mich bereits damals für ein gemeinsames europaweites Schutzniveau gegenüber nachrichtendienstlicher Tätigkeit in allen EU-Mitgliedstaaten aus. Ferner plädierte ich – in Anlehnung an eine Entschließung des Europäischen Parlaments[188] – für die Schaffung eines gemeinsamen EU-Kontrollorgans in diesem Bereich – Forderungen, die bis heute nicht erfüllt wurden, obwohl sie dringlicher sind als damals.

Seit dem Aufbau von ECHELON vor mehr als dreißig Jahren hat sich die Welt der Telekommunikation drastisch verändert. Die Bedeutung der Satellitentechnik im Fernmeldeverkehr hat stark abgenommen. Der bei weitem bedeutendste Teil der globalen Kommunikation wird heute über Glasfaserkabel abgewickelt. Zudem wurde die Telekommunikation digitalisiert mit der Folge, dass jeder Kommunikationsvorgang Datenspuren hinterlässt, die für Lauscher und Schnüffler in aller Welt von großem Interesse sind. Praktisch die gesamte elektronische Kommunikation – auch der Telefonverkehr – wird heute über die durch das Internet bereitgestellte Infrastruktur abgewickelt. Insofern verwundert es nicht, dass die Energien der Überwacher sich seit zwanzig Jahren verstärkt dem Internet zugewandt haben.

Indes bestehen die Strukturen, die ECHELON zu Grunde lagen, bis heute – auch wenn die Codewörter der diversen Überwachungsprogramme nun andere sind. Immer noch bilden die Five Eyes einen exklusiven Geheimdienstclub, der arbeitsteilig die globale Kommunikation überwacht und sys-

tematisch die durch nationales Recht vorgegebenen Begrenzungen umschifft. Nur wenn es gelingt, die Grund- und Menschenrechte durch globale Rechtsnormen zu schützen, können
die demokratischen Gesellschaften den Bedrohungen erfolgreich entgegentreten, die sich aus den weltweiten, gut organi-
sierten Schnüffel- und Lauschaktivitäten ergeben.

## Deutschland unter Besatzungsrecht?

Nach dem zweiten Weltkrieg war Deutschland ein besetztes
Land. Die vier Siegermächte USA, Großbritannien, Frankreich und Sowjetunion stellten Deutschland unter Kuratel.
Zu denen von ihnen getroffenen Maßnahmen gehörte auch
die völlige Auflösung der unter nationalsozialistischer Herrschaft bestehenden Geheimdienste, allen voran der geheimen
Staatspolizei (Gestapo). Die Siegermächte behielten sich alle
nachrichtendienstlichen Aktivitäten selbst vor. Sie richteten
sich vornehmlich gegen vermutete nationalsozialistische
Aktivitäten und dienten dem Aufspüren von führenden
Nazi-Funktionären. Dies hinderte allerdings weder die westlichen noch die sowjetischen Nachrichtendienste daran, Spezialisten mit nationalsozialistischem Hintergrund zu rekrutie-
ren, deren Kenntnisse ihnen verwertbar erschienen. Das beste
Beispiel dafür ist Reinhard Gehlen, der bis 1945 die Abtei-
lung »Fremde Heere Ost« des Wehrmachtsgeneralstabs geleitet hatte und später im Auftrag der USA die »Organisation
Gehlen« gründete, die sich der nachrichtendienstlichen Aufklärung gegen den Kommunismus widmete. Aus dieser Organisation ging 1956 der Bundesnachrichtendienst (BND)
hervor.

Im Ost-West-Konflikt, der in den 1950er Jahren voll ent-brannt war, stand die Aufklärung der jeweils anderen Seite im Mittelpunkt der nachrichtendienstlichen Aktivitäten. Neben der gezielten Spionage (und Spionageabwehr) gewannen da-bei Maßnahmen der »strategischen Post- und Telefonkont-rolle« an Gewicht. Durch massenhafte Überwachung von Briefen und Telefonen erhoffte man sich tiefere Einblicke in die tatsächliche Situation jenseits des Eisernen Vorhangs. Wie jüngere Forschungen[189] ergeben haben, war die Kontrolle der grenzüberschreitenden Kommunikation auf westlicher Seite nahezu flächendeckend. Über Jahre wurde fast jede Postsen-dung von West- nach Ostdeutschland und in umgekehrter Richtung kontrolliert. Insofern glichen die westlichen Prak-tiken denjenigen in der sowjetischen Besatzungszone. Dieses Erbe des Zweiten Weltkriegs spielt auch in der aktuellen Dis-kussion über die Überwachungspraktiken der NSA und des britischen GCHQ eine wichtige Rolle.

Ob alliierte Geheimdienste auch heute noch befugt sind, auf deutschem Boden Überwachungsmaßnahmen durchzu-führen, ist heftig umstritten. So vertritt der Historiker Josef Foschepoth die Auffassung, das NATO-Truppenstatut und die auf seiner Basis abgeschlossenen Zusatzprotokolle und Ge-heimverträge böten auch heute noch eine Rechtsgrundlage für derartige Tätigkeiten. Die Bundesrepublik Deutschland sei kein souveräner Staat, auf dessen Territorium das Grund-gesetz uneingeschränkt gelte. Alliierte Vorbehaltsrechte wür-den verhindern, dass die gegen Deutschland gerichteten Über-wachungsmaßnahmen alliierter Geheimdienste effektiv juristisch kontrolliert werden könnten.[190]

In seinem 2012 erschienenen Werk »Überwachtes Deutsch-land«[191] hatte Foschepoth aufgezeigt, in welchem Maße nicht

154

nur im Osten, in der sowjetischen Besatzungszone, der späteren DDR, Briefe kontrolliert und Telefone abgehört wurden, sondern auch im Westen, in der späteren Bundesrepublik. Solange sich die Überwachungsmaßnahmen gegen Kriegsverbrecher oder untergetauchte Nazis richteten, wurden sie direkt durch die Nachrichtendienste der USA, Großbritanniens und Frankreichs durchgeführt. Nach dem Bruch zwischen den Westmächten und der Sowjetunion bedienten sich die ehemaligen Alliierten verstärkt auch deutscher Behörden, die verpflichtet wurden, entsprechende Kontrollmaßnahmen auszuführen. Dabei ging es zunehmend um strategische Informationen. Für die westlichen Dienste war von besonderem Interesse, ob sich aus Telefonaten oder aus dem Briefverkehr Anhaltspunkte für einen bevorstehenden militärischen Angriff des Ostens ergaben. Zugleich suchte man nach Hinweisen auf mögliche kommunistische Aufstandsplanungen. Dagegen war es deutschen Behörden grundsätzlich nicht gestattet, ohne Anordnung der Alliierten (oder zumindest deren Duldung) eigene strategische Überwachungsmaßnahmen durchzuführen. Auch das gezielte Abhören war ihnen nur im Rahmen der Alliierten Vorbehaltsrechte gestattet.

Mit der Gründung der Bundesrepublik Deutschland im Jahr 1949 wuchs bei den Westalliierten das Interesse, sich der aufwändigen zivilen Überwachung zumindest teilweise zu entledigen. Diese Aufgabe sollte verstärkt in deutsche Hände gelegt werden. Die Frage, inwieweit die deutschen Behörden die strategischen Überwachungsmaßnahmen in eigener Regie ausführen sollten, spielte deshalb bei den Verhandlungen über die Ablösung des Besatzungsrechts eine wesentliche Rolle. Der erste deutsche Bundeskanzler Konrad Adenauer billigte die im Auftrag der Besatzungsmächte von deutschen

Behörden durchgeführten Überwachungsmaßnahmen. Beamte der damals noch in staatlicher Regie betriebenen Post leisteten schon in den fünfziger Jahren vielfältige Hilfsdienste bei der Überwachung. Eifrig dabei waren auch Zollbeamte, die Postsendungen zu öffnen und auf »unzulässige Warensendungen« zu durchsuchen hatten – dazu gehörten auch Flugblätter oder andere Druckerzeugnisse, die beim Verdacht, dass es sich um »kommunistische Propaganda« handelte, beschlagnahmt und an die Staatsanwaltschaften weitergeleitet wurden, weil die Einfuhr derartigen Materials nach damaligem Recht strafbar war.[192] In Hinterzimmern von Fernmeldeämtern wurden regelrechte Abhörzentren eingerichtet. Auch in größeren Postämtern wurden die für Ostdeutschland und andere Ostblockstaaten bestimmten Postsendungen aussortiert und geöffnet. In Briefen, Päckchen und Paketen aus dem Osten gefundene Druckschriften, in denen die Beamten kommunistische Propaganda vermuteten, wurden entnommen und vernichtet.

Auch wenn die Westalliierten durchaus bereit waren, den deutschen Behörden eine stärkere Eigenverantwortung bei der Überwachung einzuräumen, ging die Fernmeldeüberwachung nicht in deutsche Hände über. Daran war Konrad Adenauer nicht interessiert. Für ihn war es offensichtlich bequemer, dass die Überwachungsmaßnahmen weiterhin in alliierter Verantwortung durchgeführt wurden.

Unter den veränderten politischen Bedingungen der ersten Großen Koalition zwischen CDU/CSU und der SPD Ende der 1960er Jahre spielten die alliierten Vorbehaltsrechte und damit verbunden die Fragen der geheimdienstlichen Telekommunikations- und Postüberwachung erneut eine bedeutende Rolle. Die Westalliierten formulierten ein Junktim zwischen einem (teilweisen) Verzicht auf Vorbehaltsrechte und der Durchführung der Kommunikationsüberwachung durch deutsche Geheimdienste. Im Zuge der Notstandsgesetzgebung kam es schließlich zu einer entsprechenden Lösung. Bei den am 30. Mai 1968 vom Bundestag verabschiedeten Notstandsgesetzen ging es im Wesentlichen darum, Regelungen für einen möglichen Ausnahmezustand im Grundgesetz festzulegen. Insbesondere gegen die hierfür vorgesehenen Ausnahmeregelungen richteten sich die außerparlamentarischen Proteste, die unter dem Kürzel APO (»Außerparlamentarische Opposition«) in die Geschichte eingegangen sind. Durchaus kontrovers, aber nicht im Mittelpunkt des öffentlichen Interesses waren auch die zusätzlichen Befugnisse für die deutschen Nachrichtendienste. Sie sollten die Möglichkeit zur dauerhaften, rechtlich legitimierten Telekommunikations- und Postüberwachung erhalten. Voraussetzung hierfür war allerdings eine Änderung von Artikel 10 des Grundgesetzes, der das Post- und Fernmeldegeheimnis garantiert. Diese Vorschrift wurde schließlich entsprechend geändert. Geheimdienstliche Überwachungsmaßnahmen waren danach – anders als die Abhörmaßnahmen von Polizei und Staatsanwaltschaften – keiner gerichtlichen Kontrolle zugänglich. An die Stelle der Gerichte trat ein geheim tagendes parlamentarisches Gremium, die sogenannte G10-Kommission, welche die Maßnahmen zur Telekommunikations- und Postkontrolle zu genehmigen hat. Außerdem wurde im Grundgesetz festgelegt, dass die Tatsache der Überwachung nicht in allen Fällen den Betroffenen mitzuteilen ist.

Zeitgleich mit der Änderung des Grundgesetzes wurde auch das G10-Gesetz verabschiedet, das bis heute die Vorgaben für die geheimdienstlichen Überwachungsmaßnahmen durch deutsche Nachrichtendienste, also das Bundesamt für Verfassungsschutz, den militärischen Abschirmdienst und den Bundesnachrichtendienst regelt. Das G10-Gesetz unterscheidet zwischen der Individualüberwachung und der strategischen Kontrolle. Den Alliierten ging es in erster Linie um die strategische Überwachung; ihre gesetzliche Fixierung als Aufgabe deutscher Behörden war die wesentliche Voraussetzung für die Ablösung alliierter Vorbehaltsrechte. Die Große Koalition aus CDU/CSU und SPD unter Bundeskanzler Kurt-Georg Kiesinger und Vizekanzler Willy Brandt folgte diesen Vorgaben.

Trotzdem war die Bundesrepublik nach 1968 – anders als etwa vom damaligen Außenminister Willy Brandt (SPD) öffentlich verkündet – immer noch nicht souverän. Zum einen verpflichteten die deutschen Gesetze jetzt die deutschen Behörden, die geheimdienstlichen Interessen der Alliierten in vollem Umfang – aber in eigener Verantwortung – wahrzunehmen und zu erfüllen, wie Foschepoth zutreffend feststellt.[193] In drei bilateralen Verwaltungsvereinbarungen mit den Westalliierten, die 1968 von deutscher Seite unter Federführung des auswärtigen Amtes ausgehandelt worden waren, wurde bekräftigt, dass die deutschen Behörden weiterhin alle Nachrichten, die für Zwecke der Sicherheit der alliierten Streitkräfte von Bedeutung sind, sammeln, austauschen und schützen.«[194] Diese Vereinbarungen traten gleichzeitig mit dem G10-Gesetz in Kraft.

Soweit die alliierten Behörden im Interesse der Sicherheit ihrer in Deutschland stationierten Streitkräfte die Brief-, Post- oder Fernmeldekontrolle in der Bundesrepublik Deutschland für erforderlich hielten, konnten sie nach den Verwaltungsvereinbarungen das Bundesamt für Verfassungsschutz und den BND um die Durchführung dieser Maßnahmen ersuchen. Die deutschen Nachrichtendienste hatten die bei ihnen eingehenden Gesuche zu prüfen und entsprechende Anträge zur TKÜ im eigenen Namen zu stellen. Auf diese Weise wurde sichergestellt, dass die für die Genehmigung von Überwachungsmaßnahmen zuständige G10-Kommission nicht erkennen konnte, dass die deutschen Nachrichtendienste hier im Auftrag alliierter Stellen tätig wurden. Das bei den Überwachungsmaßnahmen anfallende Material hatten die deutschen Dienste unmittelbar den zuständigen alliierten Beauftragten zu übergeben.

Auch nach der Wiedervereinigung am 3. Oktober 1990 blieben diese Verwaltungsvereinbarungen in Kraft, gerieten aber offensichtlich bei allen Beteiligten in Vergessenheit. Erst durch die Recherchen von Foschepoth sind sie 2012 öffentlich bekannt geworden. Selbst bei den zuständigen Behörden stießen diese Erkenntnisse zunächst auf einige Verwunderung. Auch von amerikanischer Seite wurde versichert, man habe in den letzten Jahrzehnten nicht von den in den Vereinbarungen enthaltenen Befugnissen zu Ersuchen an deutsche Stellen zur Telekommunikationsüberwachung Gebrauch gemacht. Dies wurde von deutscher Seite bestätigt. Inzwischen sind die Verwaltungsvereinbarungen mit Frankreich, Großbritannien und den USA in gegenseitigem Einvernehmen außer Kraft gesetzt worden.

Trotzdem gibt es nach wie vor Spekulationen darüber, dass in geheimen Abkommen weiterhin die Befugnis der USA, Großbritanniens und Frankreichs enthalten sei, deutsche Telekommunikation zu überwachen. Die Bundesregierung hat wiederholt, etwa in der Antwort auf die Kleine Anfrage der SPD-Fraktion, bestritten, dass die Alliierten heute noch die

Befugnis hätten, in Deutschland geheimdienstliche Überwachungsmaßnahmen durchzuführen: »Weder das Zusatzabkommen zum NATO-Truppenstaat noch die Notenwechsel bilden eine Grundlage für nach deutschem Recht verbotene Tätigkeiten. Deshalb ist nicht nur die gezielte Überwachung der Telefone von Regierungsmitgliedern nach deutschem Recht rechtswidrig, sondern auch alle anderen, auf die Überwachung der deutschen Telekommunikation abzielenden Aktivitäten von NSA und GCHQ.«[195] Belege für die entgegengesetzte These sind bisher nicht vorgelegt worden und dem Autor auch nicht bekannt.

## Reaktionen

Angesichts der durch Snowden bekannt gewordenen schockierenden Erkenntnisse hätte man eigentlich eine entschiedene Reaktion der politisch Verantwortlichen erwarten können. Deutliche Worte blieben aber zunächst aus, auch als klar war, dass das Internet nahezu flächendeckend überwacht und ausspioniert worden war. Erst als nicht mehr ernsthaft bestritten wurde, dass die NSA auch westliche Spitzenpolitiker – etwa den französische Präsidenten François Hollande oder die deutsche Kanzlerin Angela Merkel – abgehört hatte, wurden die Stellungnahmen deutlicher. Zuvor hieß die Devise: Ball flach halten, bloß keine Aufregung. Allzu deutliche Kritik könnte ja die Beziehungen zu den amerikanischen Freunden belasten.

## USA: Zur Umkehr bereit?

Für US-Präsident Obama, der im Frühjahr 2013 gerade erklärt hatte, den »Krieg gegen den Terror« beenden zu wollen, kamen die durch Edward Snowden angestoßenen Veröffentlichungen von Washington Post, New York Times, des britischen Guardian höchst ungelegen. Denn es war nun nicht mehr ernsthaft zu leugnen, dass unter seiner Präsidentschaft nicht nur die von George W. Bush begonnenen Überwachungsprogramme fortgesetzt, sondern sogar weiter ausgebaut worden waren. Die politisch von ihm zu verantwortenden massenhaften Datensammlungen waren also mehr als ein unangenehmes Erbe wie etwa das Gefangenenlager in Guantánamo, das Obama entgegen wiederholter Versprechen nicht auflösen konnte. Der hauptsächlich durch die NSA betriebene Überwachungsapparat war unter seiner präsidentiellen Verantwortung weiter ausgebaut und perfektioniert worden. Immer mehr Gelder waren bereitgestellt, immer mehr Personal war rekrutiert worden, um die weltweite Totalüberwachung voranzutreiben – um den Preis immer tieferer Eingriffe in Menschen- und Bürgerrechte.

Bereits am 6. Juni 2013 war der US-Regierung offenbar klar, dass die durch Edward Snowden beiseitegeschafften Belege für die globalen Überwachungsprogramme nicht durch Dementis aus der Welt zu schaffen waren. Deshalb schlug man einen anderen Weg ein: Statt die Überwachung zu leugnen, versuchte man sie zu rechtfertigen. Regierungsvertreter versicherten, das Programm PRISM entspreche dem Foreign Intelligence Surveillance Act (FISA). Die Erfassung von Daten amerikanischer Bürger sei auf ein Mindestmaß beschränkt. Obamas Geheimdienstkoordinator James R. Clapper erklärte

161

wider besseres Wissen, das Programm könne gar nicht zur gezielten Identifikation von US-Bürgern verwendet werden. Gleichzeitig versicherte er, die im Rahmen dieses Programms gesammelten Informationen gehörten »zu den wichtigsten und wertvollsten nachrichtendienstlichen Informationen, (…) und sie werden genutzt, um unsere Nation vor einer Vielzahl von Bedrohungen zu schützen.«[196] Auch andere Repräsentanten des Weißen Hauses verteidigten die massenhafte Sammlung von Telefondaten mit deren Notwendigkeit für die »nationale Sicherheit«. Diese Art von Überwachung sei »ein entscheidendes Werkzeug zur Verteidigung der Nation gegen terroristische Bedrohungen. Es erlaubt den Antiterrorismusexperten herauszufinden, ob ein Terrorist oder ein Terrorismusverdächtiger Kontakt mit anderen Personen hatte, die in terroristische Aktivitäten verwickelt gewesen sein könnten, insbesondere mit Personen, die sich in den Vereinigten Staaten aufhalten.«[197] Die demokratische Senatorin Dianne Feinstein und ihr republikanischer Kollege Saxby Chambliss, beide führende Mitglieder des Geheimdienstausschusses, rechtfertigten das Programm als reine »Routine«. Im Übrigen würden ja nur Metadaten gesammelt und nicht etwa die Gespräche abgehört. Das Programm sei rechtmäßig und der Kongress sei darüber voll im Bilde. Der Vorsitzende des Geheimdienstausschusses des Repräsentantenhauses, der Republikaner Mike J. Rogers, assistierte: Das Programm habe dabei geholfen, eine signifikante Zahl terroristischer Angriffe innerhalb der Vereinigten Staaten abzuwehren.

Aber auch kritische Stimmen wurden immer lauter. Zum ersten Mal seit den Anschlägen vom 11. September 2001 kritisierten nicht allein linksorientierte Bürgerrechtsaktivisten und radikal-libertäre Republikaner die geheimdienstliche

Überwachung. Die Kritik an den Lausch- und Schnüffelprak-
tiken war mit einem Schlag in der Mitte der Gesellschaft an-
gekommen und fand Unterstützung in beiden großen Parteien. Zwar hatte der demokratische Senator Ron Wyden,
selbst Mitglied im parlamentarischen Geheimdienstausschuss,
seit 2009 wiederholt gefordert, die inneramerikanische Datensammlung auf Terrorismusverdächtige zu beschränken.
Konkreter konnte er offenbar nicht werden, ohne seine Verpflichtung zur Geheimhaltung zu verletzen. Seine Forderungen wurden lange Zeit von einer Kongressmehrheit nicht
ernst genommen oder gar geteilt. Die Snowden-Veröffentlichungen bestätigten ihn jetzt – für jedermann durch Lektüre
der Washington Post oder der New York Times nachvollziehbar – in seinen Befürchtungen. Wyden forderte nun eine
echte Debatte über die breit angelegte Schleppnetzfahndung.
Auch prominente republikanische Politiker schlossen sich
nun öffentlich der Forderung an, die zu weit gehenden Befugnisse der Sicherheitsbehörden einzuschränken.

Die traditionsreichen US-Bürgerrechtsorganisationen hatten zwar die seit 2001 eingeführten Maßnahmen und Befugniserweiterungen der Sicherheitsbehörden immer wieder
kritisiert. Vom nun bekannt gewordenen Umfang der Überwachungsprogramme, waren aber auch sie überrascht und
entsetzt. Sie sahen darin eine Verletzung fundamentaler,
durch die US-Verfassung geschützter Freiheitsrechte. Den
Rechtfertigungen von Obama, Clapper, Feinstein und Rogers
hielten sie entgegen, die Verfassungsmäßigkeit von Überwachungsprogrammen hänge nicht davon ab, wie viele Stellen
und Gremien sie jeweils abgesegnet hätten. Das Parlament,
die Administration und das FISA-Gericht hätten allesamt
Schimpf und Schande auf sich geladen: Der »Kongress, weil

er derartige Befugnisse beschlossen hat, das FISA-Gericht, weil es wie ein Papiertiger und Gummistempel handelt, und die Obama-Administration, die ihren Werten untreu geworden ist«, führte etwa Anthony Romero aus, Chef der altehrwürdigen American Civil Liberties Union (ACLU), die in den 1960ern maßgeblich die Gleichberechtigung des schwarzen Bevölkerungsteils durchgesetzt hatte.[198]

Präsident Obama, von den Snowden-Veröffentlichungen offenbar völlig überrascht, machte zunächst eine überaus unglückliche Figur. Er sei ja immer für eine Abwägung zwischen der nationalen Sicherheit und den Freiheitsrechten gewesen. Die jetzt diskutierten Programme seien »geheim in dem Sinne, dass sie als geheim klassifiziert worden sind, aber es ist kein Geheimnis, dass, soweit es Telefonate betrifft, jedes Kongressmitglied über dieses Programm informiert wurde. (…) Niemand hört Ihre Telefonate ab.«[199] Die Geheimdienste »schauen auf die Telefonnummern und die Gesprächsdauer. Sie schauen nicht auf Namen der Menschen, und sie schauen nicht auf den Inhalt. Aber durch die Sichtung dieser sogenannten Metadaten können sie mögliche Spuren zu Personen finden, die etwas mit dem Terrorismus zu tun haben.« Wenn die Geheimdienste deren Telefonate wirklich abhören wollten, müssten sie zu einem Bundesrichter gehen. Auch wenn der Präsident verschwieg, dass sämtliche amerikanischen Metadaten der Telekommunikation von den Geheimdiensten eingesammelt und gespeichert worden waren, war nach dieser Erklärung nicht mehr zu bestreiten, dass die NSA massenhaft Daten über Unverdächtige erhoben hatte.

Im Hinblick auf die Internet- und E-Mail-Überwachung verteilte der Präsident eine als Beruhigungspille gemeinte Botschaft: »Sie wird nicht angewandt bei US-Bürgern, und sie erfolgt nicht gegen andere Bürger, die in den Vereinigten Staaten leben.« Er reagierte damit auf die zunehmende Beunruhigung in der amerikanischen Öffentlichkeit, die insbesondere durch Berichte über die ausgeuferte Metadatensammlung befeuert wurde. Dass diese »Medizin« überall außerhalb der Vereinigten Staaten aber erhebliches Bauchgrimmen verursachte, nahm Obama offenbar in Kauf. In Südamerika, in Asien oder in Europa – nirgends auf der Welt außer in den Vereinigten Staaten – konnte man sich darüber freuen, dass sich die US-Geheimdienste das Recht herausnehmen, E-Mails und Internetdienste systematisch auszuspähen, die gewonnenen Daten zu speichern und nach Belieben auszuwerten. Wenig beruhigend war auch das Eingeständnis, dass die auf Servern amerikanischer Firmen gespeicherten Daten ausländischer Kunden praktisch ohne Schutz sind.

Obama führte weiter aus, die Programme seien »ursprünglich vom Kongress autorisiert worden und sie wurden wiederholt von ihm autorisiert. Mehrheiten beider Parteien haben ihnen zugestimmt. Der Kongress ist voll darüber unterrichtet, wie sie ausgeführt werden. Es gibt eine große Anzahl von Schutzvorkehrungen. Und Bundesrichter beaufsichtigen das ganze Programm.« Kein Wort verlor der Präsident darüber, dass gegenüber der Öffentlichkeit sowohl die Existenz als auch die Funktionsweise der Programme von Beginn an verheimlicht wurden. Kein Wort der Selbstkritik kam ihm zunächst über die Lippen. Immerhin bekundete Obama seine Freude darüber, dass jetzt auch in den USA über das Verhältnis von Sicherheit und Freiheit ernsthaft diskutiert wurde: »Ich begrüße diese Debatte. Und ich denke, sie ist gesund für unsere Demokratie. Ich denke, sie ist ein Zeichen der Reife, weil wir wahrscheinlich fünf, sechs Jahre vorher eine solche Diskussion nicht gehabt hätten.« Wenn dem Präsidenten die Debatte über die Späh- und Sammelpraxis seiner Geheimdienste tatsächlich so wichtig war, was hat ihn eigentlich daran gehindert, früher damit zu beginnen? Warum wird die Diskussion ernsthaft erst geführt, nachdem Edward Snowden – unter Verstoß gegen US-Recht! – die Unterlagen über die monströsen Überwachungsprogramme den Medien zugespielt hatte? Kein Wort dazu – stattdessen Allgemeinplätze zu »unserer Reife«.

Um allerdings die Hoffnung der Kritiker nicht in den Himmel wachsen zu lassen, mahnte er: »Sie können nicht 100 Prozent Sicherheit haben und gleichzeitig 100 Prozent Privatsphäre und 100 Prozent Bequemlichkeit«. Wie anders klingt das doch als die aus dem Jahr 1775 stammenden Worte seines Amtsvorgängers Benjamin Franklin: »Diejenigen, die wesentliche Freiheiten aufgeben, um dadurch vorübergehend etwas mehr Sicherheit zu bekommen, verdienen selbst weder Freiheit noch Sicherheit.«[200]

Trotz aller Bemühungen des Präsidenten, seiner Administration und des demokratischen wie republikanischen Parteiestablishments trat keine Beruhigung ein. Es bildeten sich in der Überwachungsfrage sogar überparteiliche Bündnisse. Überraschend war dies auch und gerade vor dem Hintergrund, dass sich das demokratische und das republikanische Lager in den Monaten zuvor in nahezu sämtlichen Politikbereichen, insbesondere in Fragen des Staatshaushalts völlig festgefahren hatten.

Kongressabgeordnete und Senatoren aus beiden Parteien kritisierten die anlasslosen Datensammlungen als unzulässige Eingriffe in Bürgerrechte. So schlug im Juli 2013 der republikanische Abgeordnete Justin Amash vor, das Budget der

NSA deutlich zu reduzieren, um so der massenweisen Sammlung von Telefondaten und der Internetüberwachung die finanzielle Basis zu entziehen. Er bekam dabei Unterstützung
von beiden Seiten des Parlaments, was im Weißen Haus und
in der NSA-Zentrale in Fort Meade wohl für einige Unruhe
gesorgt haben dürfte. Letztlich scheiterte zwar diese seit 2001
erste Initiative zur Begrenzung der NSA-Aktivitäten – aber
sie scheiterte nur knapp. Der Kürzungsvorschlag verfehlte
nach massiver Intervention der Obama-Administration und
aus dem Umkreis von Ex-Präsident George W. Bush nur
knapp die erforderliche Mehrheit. Mit 205 zu 217 Stimmen
fehlten dem Vorschlag im Repräsentantenhaus nur zwölf
Stimmen zur nötigen Mehrheit.[201]

Im Oktober 2013 legten der demokratische Senator Leahy
und der republikanische Kongressabgeordnete Sensenbrenner
einen Gesetzentwurf zur Begrenzung der Überwachungsaktivitäten vor. Beide hatten 2001 noch den Patriot Act unterstützt – Sensenbrenner gilt sogar als einer der entschiedens-
ten Treiber hinter den Gesetzesverschärfungen von 2001. Das
Ende 2013 von den beiden Politikern gemeinsam vorgelegte
»Gesetz zur Vereinigung und Stärkung Amerikas durch die
Verwirklichung von Rechten und die Beendigung von Lausch-
angriffen, Schleppnetz-Sammlung und Online-Überwa-
chung« soll die Befugnisse der NSA beschneiden und für
mehr Transparenz sorgen. Diese unter der Kurzbezeichnung
»USA Freedom Act«[202] firmierende Initiative fand in beiden
Häusern des US-Parlaments breite Unterstützung. Das Gesetz soll die massenweise Datensammlung durch die NSA und
andere US-Behörden zügeln – das scheint inzwischen sogar
eine parlamentarische Mehrheit so zu sehen. Mehr Transparenz soll beim FISA-Court (FISC) und bei den Geheimdiens-

ten einkehren. Ein Vertreter des öffentlichen Interesses soll den Schutz der Privatsphäre bei den Verhandlungen des FISC einfordern, und er soll die Möglichkeit bekommen, Rechtsmittel gegen Entscheidungen einzulegen.

Während sich die amerikanische Öffentlichkeit auf die Datensammlungen über amerikanische Staatsbürger konzentrierte, stießen dort die Berichte über die viel umfassendere Auslandsüberwachung zunächst auf wenig Interesse. Erst als bekannt wurde, dass amerikanische Geheimdienste befreundete Regierungs- und Staatschefs ausspioniert hatten, wurde der Ton in den USA auch bezüglich der Auslandsüberwachung schärfer, denn der damit verbundene internationale Vertrauensverlust wurde als ernsthafte Belastung für die auswärtigen Belange der USA angesehen. Eine von US-Präsident Obama eingesetzte Expertenkommission forderte in ihrem dem Präsidenten im Dezember 2013 vorgelegten Bericht unter dem Titel »Freiheit und Sicherheit in einer sich ändernden Welt« deutliche Korrekturen.[203] Die Autoren – Richard A. Clarke, Michael J. Morell, Geoffrey R. Stone, Cass R. Sunstein und Peter Swire – untersuchten die Hintergründe der Überwachungsaktivitäten der NSA und legten auf dieser Basis ein umfangreiches Paket von Vorschlägen zu deren Begrenzung vor. Die Autoren konstatieren, dass die nach dem 11. September 2001 erweiterten und neu eingeführten Befugnisse der Sicherheitsbehörden zu Lasten fundamentaler Interessen der individuellen Freiheit und der Privatsphäre gingen und die demokratische Meinungsbildung erschwert hätten. Das Gleichgewicht zwischen Sicherheit und Freiheit sei beeinträchtigt worden. Sie fordern deshalb eine grundlegende politische und rechtliche Korrektur. Wie schon häufiger in der Vergangenheit – nach dem Ersten und Zweiten Welt-

168

krieg, der McCarthy-Ära und dem Vietnamkrieg – müssten übertriebene Maßnahmen zurückgenommen werden, die tief in die Grundwerte der amerikanischen Gesellschaft und die Freiheitsrechte der Bürger eingreifen. Die Kommission schlägt ein umfangreiches Maßnahmenpaket vor, das die nach dem 11. September 2001 entstandene Schieflage korrigieren soll. Der Schwerpunkt der Vorschläge liegt dabei auf der Begrenzung der inneramerikanischen Überwachungsaktivitäten. So wird gefordert, die Regierung möge auf die umfassende Vorratsdatenspeicherung personenbezogener Daten verzichten. Programme zur Datensammlung hätten möglichst maßgeschneidert zu sein und müssten auf wichtige öffentliche Zwecke beschränkt werden. Sofern weiterhin massenhaft Telefondaten von US-Bürgern gespeichert würden, dürfe die Speicherung nicht mehr bei der NSA stattfinden, sondern müsste bei den Telekommunikationsunternehmen selbst erfolgen. Die Verschlüsselung der Kommunikation müsse ausgebaut und verbessert werden, statt sie wie bisher zu unterminieren. Sicherheitslücken in der Software privater Unternehmen dürften nicht mehr systematisch ausgenutzt werden. Schließlich wird vorgeschlagen, die Kriterien für das Ausspähen ausländischer Politiker zu verschärfen und die Möglichkeit von Anti-Spionageabkommen mit engen Verbündeten zu diskutieren.

In einer vielbeachteten Rede am 17. Januar 2014[204] kündigte Präsident Obama Änderungen an, die in dieselbe Richtung gehen wie der Entwurf des Freedom Act und die Vorschläge der Expertenkommission. Bemerkenswert ist insbesondere die Tonlage, in der der amerikanische Präsident argumentierte – sie unterschied sich sehr von seinen ersten Reaktionen auf die Snowden-Veröffentlichungen. Ihm liege die Privatsphäre am

Herzen, nicht nur von Amerikanern, sondern von Menschen in aller Welt, die gefährdet sei, wenn zügellos überwacht wird. Selbst wenn Daten zunächst für legitime Zwecke gesammelt würden, schließe dies einen späteren Missbrauch nicht aus, zumal im Digitalzeitalter viel mehr Daten anfielen, die sehr viel über unser Leben aussagten. Soweit der Bürgerrechtler Obama. Als Präsident müsse er sich aber nicht nur um die Privatsphäre und den Datenschutz sorgen, sondern auch um die nationale Sicherheit. Und die sei vielfältigen Gefahren ausgesetzt, durch den Terrorismus, durch die Weitergabe von Massenvernichtungswaffen, durch grenzüberschreitende Kriminalität und durch Cyberangriffe. Der einzige Weg, sich gegen diese Gefahren zu schützen, sei die umfassende Überwachung. Eine auf Verdächtige beschränkte gezielte Überwachung sei keine Alternative, schließlich wisse man ja nicht, wer die Terroristen seien und mit wem sie Kontakt hätten. Deshalb führe kein Weg vorbei an umfassenden Datensammlungen. Es solle bei der umfassenden, leicht erschließbaren Sammlung der US-Metadaten der Telekommunikation bleiben. Allerdings müsse über einen anderen organisatorischen Rahmen nachgedacht werden. Die Speicherfrist solle verkürzt werden. Die Schutzvorkehrungen zur gezielten Extraktion der Daten sollen verbessert werden, insbesondere solle dazu zukünftig im Regelfall ein Gerichtsbeschluss erforderlich sein. Im Frühjahr 2014 konkretisierte Obama diese Ankündigungen dahingehend, dass die amerikanischen Metadaten »nur noch« 18 Monate gespeichert werden sollen.[205] Zudem sollen – nach dem gerade vor dem EuGH gescheiterten europäischen Modell der Vorratsdatenspeicherung – die Telefongesellschaften verpflichtet werden, die Metadaten für diese Frist zu speichern. An die NSA sollen sie nur weitergegeben werden, soweit dies gerichtlich angeordnet wird. Es bleibt abzuwarten, ob und wie diese Ankündigungen umgesetzt werden.

Bemerkenswert war das Versprechen Obamas, dass die amerikanischen Metadaten zukünftig nicht mehr – wie bisher – in drei Schritten ausgewertet werden sollten: Vielmehr solle nach zwei Schritten Schluss sein. Das bislang angewendete Verfahren zeugt von der Maßlosigkeit der Überwachung: Eine Person gerät als Terrorverdächtiger ins Blickfeld der Sicherheitsbehörden. Die NSA wertet nun sämtliche Telefondaten dieser Person seit 2001 aus und identifiziert die Kommunikationspartner (Schritt 1). Dabei kann es sich um »Mitverschwörer« handeln, aber auch um Verwandte, Bekannte oder Geschäftspartner. Der Klempner, der einmal im Haus der Zielperson ein Rohr repariert hat, gehört genauso dazu wie die Lehrerin seines Kindes. Je nach Größe des Bekanntenkreises handelt es sich um hunderte oder tausende Personen. Im zweiten Schritt werden sämtliche Kommunikationspartner der Kommunikationspartner ausgeforscht. Selbst bei einem verhältnismäßig kleinen Bekanntenkreis von 100 Personen sind dies schon 10 000 Betroffene, bei kommunikationsfreudigeren Teilnehmern deutlich mehr. Wenn dann – wie bisher – ein dritter Schritt folgt, also die Auswertung der Telefondaten der Kontakte der Kontakte, ist man schnell bei Millionen Betroffenen, und dies – wohl bemerkt – bezogen auf nur einen Verdächtigen. Die Behauptung, nur ein winziger Anteil der US-Bürger sei von der Metadatensammlung betroffen, ist so »vom Tisch«, um eine bei deutschen Ministern beliebte Redewendung zu gebrauchen.

Eine weitere Ankündigung Obamas betrifft die Arbeitsweise des FISA-Courts. Dort sollen zukünftig Anwälte des öffentlichen Interesses vertreten sein, die die Wahrung der

Bürgerrechte in den Verfahren einfordern können. Positiv ist auch die Ankündigung, dass die Voraussetzungen für den Erlass von National Security Letters (NSL) wieder verschärft werden sollen, mit denen nicht-staatliche Organisationen und Unternehmen zur Datenherausgabe verpflichtet werden. Zudem sollen die Maßnahmen nicht mehr auf ewig geheim gehalten werden, sondern einem regulären »Deklassifizierungsprozess« unterliegen.

Schließlich kündigte Obama an, dass die mit der Wahrung des Datenschutzes beauftragten Stellen gestärkt werden sollen. Dies betrifft in erster Linie das Privacy und Civil Liberties Board (PCLOB) das erst 2012 seine Arbeit aufgenommen hat – acht Jahre nach seiner offiziellen Einrichtung. Nun soll es zu einer echten Kontrollbehörde werden. Einen ersten Beweis seiner Unabhängigkeit hat das von David Madine geleitete PCLOB schon erbracht: In einem am 23. Januar 2014 – eine Woche nach der Obama-Rede – vorgelegten Bericht[206] kommt das Gremium zum Ergebnis, dass die umfassende Metadatensammlung weder konkrete Ermittlungen gegen den Terrorismus vorangebracht noch zur Aufklärung bisher unbekannter Anschlagsplanungen beigetragen habe. Nach Sichtung der geheimen Akten der Geheimdienste und anderer Sicherheitsbehörden stellte das PCLOB fest, es gebe keinerlei Nachweise für die Wirksamkeit der massenhaften Erhebung von Telefon-Metadaten bei der Bekämpfung des Terrorismus: »Auf der Grundlage der Informationen, die uns zur Verfügung gestellt wurden, einschließlich als geheim eingestufter Briefings und Dokumente, haben wir nicht einen einzigen Fall einer Bedrohung für die Vereinigten Staaten finden können, in dem das Programm wesentlich zu den Ergebnissen einer Anti-Terror-Ermittlung beigetragen hätte.

Außerdem haben wir keinen Fall gesehen, in dem das Programm direkt zur Entdeckung eines zuvor unbekannten Terrorplans oder zur Unterbindung eines Terroranschlags beigetragen hat. Wir sind der Auffassung, dass in den vergangenen sieben Jahren das Programm in nur einem Fall zur Identifizierung eines unbekannten Terrorismusverdächtigen beigetragen hat. Auch in diesem Fall war der Verdächtige nicht an der Planung eines Terroranschlags beteiligt, und es gibt Grund zu der Annahme, dass das FBI ihn auch ohne das NSA-Programm entdeckt hätte.«[207]

Das Programm habe allenfalls geholfen, mehr Informationen über ohnehin Verdächtige zu erlangen. Zudem hätten Ermittlungsbehörden feststellen können, dass bestimmte ausländische Terroraktivitäten keine Verbindung zu den Vereinigten Staaten haben. Damit seien unnötige Ermittlungen in den USA vermieden worden. Verglichen mit dem geringen Mehrwert bei den Ermittlungen gegen den internationalen Terrorismus habe das Programm zu tief in die Privatsphäre vieler Bürger eingegriffen und eine gravierende Machtverschiebung zugunsten des Staates bewirkt. Eine noch größere Gefahr sieht das PCLOB darin, »dass die von der Regierung erhobenen persönlichen Informationen zur Belästigung, Erpressung und Einschüchterung missbraucht werden oder dazu, bestimmte Personen oder Gruppen in besonderer Weise zu überwachen.« Auch wenn man einen derartigen Missbrauch bei dem überprüften Programm nicht habe feststellen können, belegten doch die Erfahrungen aus dem 20. Jahrhundert, dass es sich dabei nicht nur um eine theoretische Gefahr handele. Angesichts der geringen Effektivität und der Gefahren schlägt das PCLOB vor, das Programm zur massenweisen Sammlung von Metadaten zu beenden.[208]

Der USA Freedom Act, der Bericht der Expertenkommission und die Ausführungen des PCLOB sind Anlass für – verhaltenen – Optimismus. Sind sie erste Anzeichen für eine geänderte Sichtweise im politisch-administrativen System und führen sie zu einem Gezeitenwechsel in den Vereinigten Staaten? Deutet sich hier eine Wende in der Sicherheitspolitik an, weg vom Kurs der exzessiven Überwachung und Missachtung von Bürgerrechten, der nach 9/11 eingeschlagen wurde? Noch beschränken sich die Ankündigungen der Administration auf kleinere Korrekturen – von einer generellen Änderung der US-Sicherheitsphilosophie kann keine Rede sein. Trotzdem ist zu hoffen, dass die an verschiedenen Stellen sichtbar werdenden Ansätze schließlich zu einer Kurskorrektur führen, wie sie schon einmal nach 1976 – im Anschluss an die Untersuchungen der Church-Kommission – stattgefunden hatte.

### Großbritannien: Bizarr oder relaxed?

Nach den Veröffentlichungen über Tempora wird auch in dem ansonsten sehr gelassenen Großbritannien etwas intensiver darüber diskutiert, ob der Rechtsrahmen für die Geheimdienste noch angemessen ist. Angesichts der langen demokratischen Tradition ist das Grundvertrauen der Öffentlichkeit in staatliche Institutionen im Vereinigten Königreich deutlich stärker ausgeprägt als etwa in Deutschland, das innerhalb des 20. Jahrhunderts bittere Erfahrungen mit gleich zwei brutalen Überwachungsstaaten gemacht hat. Flächendeckende Videoüberwachung, weit verbreitete Gentests und mehrjährige Registrierung der Kfz-Kennzeichen – keine dieser Überwachungsmaßnahmen schien die Briten aus der Fassung zu bringen.

Mit den Snowden-Veröffentlichungen, die wesentlich durch das britische Magazin The Guardian vorangetrieben wurden, hat sich dies ein wenig geändert. Spätestens seit bekannt wurde, dass der britische Geheimdienst GCHQ maßgeblich an der globalen Überwachung beteiligt ist, zweifeln einige Parlamentarier daran, dass die jahrzehntealten, unter völlig anderen Bedingungen formulierten Gesetze zur Arbeit der Nachrichtendienste die Überwachung noch wirksam begrenzen können. Der parlamentarische Geheimdienstausschuss fordert mehr Offenheit und eine wirksamere Kontrolle der Geheimdienstarbeit. So verlangt die Labour-Abgeordnete Hazel Blears mehr Informationen für die Öffentlichkeit darüber, wie die Geheimdienste ihre Befugnisse zum Datensammeln ausüben. Wenig überraschend war, dass derartige Vorschläge keine Begeisterung bei den Vertretern der Geheimdienste auslösten. Der Chef des Auslandsgeheimdienstes MI5, Andrew Parker, rechtfertigte die Geheimniskrämerei mit der Gefahr, dass Terroristen, Spione und Waffenschmuggler von den Geheimdienstaktivitäten erfahren. Wenn alles öffentlich sei, könnten sie sich darauf einstellen und die gegen sie gerichteten Aktivitäten würden leerlaufen[209] – ein schwer widerlegbares Argument, das von Regierungen in aller Welt gebraucht wird. Andererseits zeigt sich immer wieder, dass Nachrichtendienste, die der öffentlichen Kontrolle entzogen sind, ein Eigenleben entwickeln und ihre Befugnisse überdehnen.

Trotz der verhaltenen Kritik an der Überwachungspraxis des GCHQ aus dem parlamentarischen Raum interessiert sich die britische Öffentlichkeit weitaus weniger für dieses

Thema als deutsche, amerikanische oder brasilianische Medien. Selbst als bekannt wurde, dass hohe britische Beamte den Guardian unter Druck setzten, damit er von weiteren Veröffentlichungen über Geheimdienstpraktiken Abstand nimmt, war das für die meisten anderen Zeitungen und für die BBC kein Grund zur Aufregung. Nur wenige prominente Politiker, darunter der den Liberaldemokraten angehörende ehemalige Kabinettsminister Chris Huhne, verteidigten die Veröffentlichungen. Der Politiker – ein ehemaliger Journalist –, warf den britischen Geheimdiensten die systematische Verschleierung der gigantischen Überwachungsmaßnahmen vor. Obwohl er über Jahre dem Nationalen Sicherheitsrat angehört hatte, habe er keinerlei Informationen über die durch Snowden enthüllten Überwachungsprogramme PRISM und Tempora erfahren: »Dieser Mangel an Informationen und damit Verantwortung, ist eine Warnung, dass wir die Aufsicht über unsere Nachrichtendienste genauso updaten müssen wie deren Abhörtechniken. Der Staat sollte sich nicht einbilden, das Recht zu haben, all das zu sehen und sich zu merken, was Bürger kommunizieren.«[210] Ganz anders dagegen Außenminister William Hague, der schon sah, wie die »Feinde Großbritanniens sich die Hände reiben«. »Die Vorwürfe Snowdens … haben unsere nationale Sicherheit gewiss in Gefahr gebracht, sie erschweren es, unser Land und andere Länder gegen terroristische Angriffe zu schützen. … Spekulationen über unsere Fähigkeiten erleichtern es jenen, die versuchen, unser Land zu schädigen oder Menschen zu töten, die Überwachung zu umgehen. Das ist sehr, sehr ernst und sehr schädlich.« Und Verteidigungsminister Philip Hammond stellte die rhetorische Frage: »Haben die Enthüllungen Snowdens unsere Fähigkeit beschädigt, den Terrorismus zu bekämpfen und

176

Großbritanniens Sicherheit zu gewährleisten? Zweifellos ist dies der Fall. Alles, was die Handlungsfähigkeit und die Methoden der Sicherheitsbehörden und der Geheimdienste beeinträchtigt, ist natürlich enorm wertvoll für diejenigen, die uns schaden wollen.« Der frühere Verteidigungsminister Liam Fox erstattete sogar Anzeige gegen den Guardian und forderte von der Staatsanwaltschaft, gegen die Veröffentlichungen vorzugehen.[211]

Welche absurden Auswüchse das Vorgehen gegen den Guardian hatte, belegt die auf Druck der Regierung vorgenommene Zerstörung von Festplatten im Keller des Redaktionsgebäudes, auf denen angeblich die geheimen »Snowden-Papiere« gespeichert waren. Die Zeitung berichtete erst am 31. Januar 2014 über die Aktion, die bereits am 20. Juli 2013 stattgefunden hatte. Nachdem die Regierung gedroht hatte, den Guardian unter Anklage zu stellen, erklärte sich die Zeitung zur Zerstörung der Beweismittel bereit. Jeremy Heywood, ein persönlicher Abgesandter von Premierminister David Cameron, hatte die Herausgeber und die Redaktion des Guardian vor die Alternative gestellt: »Entweder wir machen das jetzt auf die nette Art, oder wir nutzen das Gesetz. Eine Menge Leute in der Regierung sind der Ansicht, man müsste Sie (den Guardian, d. A.) dicht machen.« Unter aufmerksamer Beobachtung durch zwei Techniker des britischen Spionagedienstes GCHQ zerstörten daraufhin die Journalisten mittels Trennschleifern die Festplatten. Die beiden Techniker, »Ian« und »Chris« filmten die Datenträgerzerstörung mit ihren iPhones.[212]

Die bizarre Zerstörungsaktion konnte die fortgesetzten Veröffentlichungen aus dem Snowden-Fundus bekanntlich nicht stoppen. Offenbar hatten die Geheimdienstler übersehen, dass es heute ein Leichtes ist, digitale Daten zu kopieren und an andere, sichere Orte zu transferieren und dass nicht nur Mitarbeiter der Nachrichtendienste mit diesen Techniken vertraut sind. Der Guardian verlagerte seine Veröffentlichungen in dieser Angelegenheit in der Folgezeit vollständig in die USA, wo die Pressefreiheit verfassungsrechtlich weitaus besser geschützt ist als in Großbritannien, und entzog sich so dem Druck der britischen Regierung.

Auch bei anderer Gelegenheit waren die britischen Behörden wenig zimperlich. Als David Miranda, Partner des an der Veröffentlichung der Snowden-Papiere beteiligten ehemaligen Guardian-Journalisten Glenn Greenwald, am 18. August 2013 auf dem Weg von Berlin nach Brasilien auf dem Londoner Flughafen Heathrow einen Zwischenstop einlegte, wurde er von der Londoner Polizei im Transitbereich festgenommen und mehrere Tage festgehalten. Sein Notebook, sein Telefon und andere elektronische Geräte wurden durchsucht. Als Begründung führten die Behörden an, Miranda werde verdächtigt, an gegen die nationale Sicherheit Großbritanniens gerichteten Spionageaktivitäten beteiligt zu sein. Die Behörden beriefen sich bei der Festnahme und den Durchsuchungsaktionen auf Kompetenzen, die zur Bekämpfung des internationalen Terrorismus nach 2001 eingeführt worden waren. Belege dafür, dass Miranda in terroristische Aktivitäten verwickelt war, legte die britische Regierung aber nicht vor.

Wie begrenzt die Bereitschaft der britischen Politik ist, auf die Bedenken anderer EU-Mitgliedstaaten einzugehen, zeigte sich erneut im Frühjahr 2014. Menzies Campbell, als Vertreter der zusammen mit den Konservativen regierenden liberalen Partei Mitglied des Geheimdienstausschusses des Unterhauses, lehnte die Forderungen nach einem europäischen

Anti-Spionage-Abkommen grundsätzlich ab. Es wäre »überraschend, wenn ein Land, das gefährdeter ist als jedes andere EU-Land, nicht vorsichtig gegenüber allem wäre, was sein erstes und wichtigstes Ziel einschränkt: Den Schutz der eigenen Bürger.«[213]

## Deutschland: Erst abwiegeln und später aufregen

In Deutschland folgte die Bundesregierung zunächst dem britischen Beispiel. Fast schien es, als wolle man die Causa Snowden einfach ignorieren, obwohl von Anfang an deutlich war, dass sich die Spionage- und Überwachungsaktivitäten der angelsächsischen Nachrichtendienste auch gegen Deutschland richteten. Selbst auf hartnäckiges Nachfragen von Journalisten wusste der damalige Bundesinnenminister Hans-Peter Friedrich nach knapp einer Woche nur zu berichten, die Bundesregierung könne nicht mehr sagen, als in der Zeitung stehe. »Alles, was wir darüber wissen, wissen wir aus den Medien.«[214]

Als drei Wochen später bekannt wurde, dass die US-Dienste Deutschland nicht auf Augenhöhe, sondern als Partner dritter Klasse sahen und zudem als wichtiges Zielgebiet für Überwachungs- und Spionageaktivitäten[215], konnte die Bundesregierung ihr Schweigen nicht mehr länger durchhalten. Kaum ein Staat sei vor den amerikanischen Spionageaktivitäten sicher, berichtete der Spiegel. Nur eine »handverlesene Gruppe von Staaten« sei davon ausgenommen, die die NSA als »enge Freunde« definiert. Dabei handelt es sich um die Mitglieder der Five Eyes, zu denen neben den Vereinigten Staaten noch Großbritannien, Australien, Kanada und Neuseeland gehören. Diese Premiumpartner seien nicht Ziel der NSA-Spionageaktivitäten. Deutschland, so die ernüchternde Erkenntnis, gehört zu den drittklassigen Partnern. Der Spiegel zitierte aus den geheimen Unterlagen: »Wir können die Signale der meisten ausländischen Partner dritter Klasse angreifen – und tun dies auch.« Der Wunsch der Bundesregierung, der Überwachung durch Amerikaner und Briten zu entgehen, indem Deutschland den Five Eyes beitritt, erfüllte sich – trotz Fürsprache einiger US-Politiker[216] – nicht. US-Präsident Obama machte wiederholt deutlich, dass er an dem Verhältnis zwischen den Vereinigten Staaten und Deutschland keine grundlegenden Änderungen vornehmen wolle. Daran hat sich bis heute nichts geändert, sieht man einmal von allgemeinen Bekenntnissen zur gegenseitigen Freundschaft ab.

Nach einigen Wochen war offenkundig, dass der wiederholte Hinweis auf die Medienberichterstattung die Öffentlichkeit nicht beruhigte. Zudem meldete sich nicht nur die Opposition zu Wort, sondern auch der damalige kleinere Koalitionspartner FDP. Die Liberalen führten die für die Aufklärung der Snowden-Affäre wichtigen Ressorts Justiz und Äußeres. Dem Justizministerium ist die oberste deutsche Ermittlungsbehörde, der Generalbundesanwalt, unterstellt. Und die Zuständigkeit für die Wirtschaftsspionage liegt beim – seinerzeit ebenfalls liberal geführten – Wirtschaftsministerium. So forderte die damalige Bundesjustizministerin Sabine Leutheusser-Schnarrenberger in einem Brief an ihren amerikanischen Ministerkollegen Eric Holder eine umfassende Aufklärung der PRISM-Affäre. Sie forderte den US-Justizminister auf, ihr »die Rechtsgrundlage für dieses Programm und seine Anwendung« zu erläutern und mitzuteilen, »in welchem Umfang sich dieses Programm gegen europäische und insbesondere deutsche Bürger richtet.«[217] Zudem stellte sie fest: »Die Bürgerinnen und Bürger erwarten zu Recht, dass auch amerikanische Institutionen die deutschen Gesetze einhalten, leider sprechen viele Anzeichen dagegen.«[218] Die Kontrolle des Regierungshandelns durch Parlamente und Justiz könnten »ihre Wirkung nicht entfalten, wenn Regierungsmaßnahmen unter Verschluss gehalten werden.« Bemerkenswert war, dass sich die Justizministerin sehr deutlich von ihrem ebenfalls aus Bayern stammenden Kabinettskollegen Friedrich absetzte, der jede Äußerung der US-Geheimdienste als bare Münze verkaufte: »Ich bin immer skeptisch gegenüber Beteuerungen von Seiten der Geheimdienste«, sagte sie unter Bezugnahme auf die Äußerungen Friedrichs.[219] Dessen Kurs war allerdings selbst in der eigenen Partei, der CSU, nicht unumstritten. So forderte die ebenfalls der CSU angehörende damalige Verbraucherschutzministerin Ilse Aigner, die Verhandlungen zwischen der EU und den USA über eine transatlantische Freihandelszone TTIP auszusetzen – eine Forderung, die der Innenminister kategorisch ablehnte.[220]

Bundeskanzlerin Angela Merkel kündigte Anfang Juni 2013 immerhin an, die NSA-Aktivitäten gegenüber Barack Obama anzusprechen, dessen Berlin-Besuch kurz bevorstand – ein Versprechen, das sie auch umsetzte, allerdings ohne den US-Präsidenten damit zu substantiellen Zugeständnissen zu bewegen.[221] An die Adresse des US-Präsidenten erklärte sie, nicht alles, was technisch machbar sei, dürfe auch gemacht werden. Der Zweck heilige hier nicht die Mittel. So richtig diese Worte waren, so wenig greifbare Folgen hatten sie. Der Eindruck drängte sich auf, dass das regierungsamtliche Aufklärungsinteresse nicht sonderlich ausgeprägt war. Immerhin hatte die Bundesregierung am 11. Juni 2013 einen

Fragebogen an die US-Botschaft gesandt und eine Reihe von Fragen gestellt, von denen jedoch viele bis heute unbeantwortet geblieben sind.[222]

Die Kanzlerin schickte im Juli 2013 den Bundesinnenminister nach Washington, damit er sich vor Ort über die Aktivitäten der NSA erkundigt. Friedrich brachte die erlösende Botschaft zurück, die Vertreter der US-Regierung hätten ihm die »klare Antwort« gegeben, die USA betrieben in Deutschland keine Spionage. Bei dem Überwachungsprogramm PRISM würde zwar die Kommunikation überwacht, allerdings gehe es dort »sehr strikt gesetzlich geregelt um Terrorismus, um Proliferation – also um Verbreitung von Massenvernichtungswaffen – und um organisierte Kriminalität.«[223] Einige Wochen später war sich der Bundesinnenminister sogar sicher, es habe »viel Lärm um falsche Behauptungen und Verdächtigungen« gegeben, die sich nun »in Luft aufgelöst« hätten. Es gäbe – anders als immer wieder behauptet – keine «massenhaften Grundrechtsverletzungen« amerikanischer Geheimdienste auf deutschem Boden. Auch gäbe es keine Anhaltspunkte, dass deutsche oder europäische Regierungsstellen abgehört wurden. Schließlich hätten ihm die US-Geheimdienste schriftlich (!) versichert, sie hielten sich an amerikanisches und deutsches Recht. Berichte über die millionenfache Übermittlung von Mobilfunk-Metadaten durch den BND an die NSA wurden dahingehend »richtiggestellt«, diese Daten stammten aus der Auslandsüberwachung in Krisengebieten und beträfen nicht die innerdeutsche Kommunikation. An die Kritiker der Überwachungspraktiken gewandt, erklärte Friedrich schneidig: Diese «Mischung aus Antiamerikanismus und Naivität geht mir gehörig auf den Senkel«.[224] Jedenfalls eigne sich das Thema nicht für den anstehenden Bundestagswahlkampf.

Auf ihrer Sommerpressekonferenz am 19. Juli 2013 stellte Bundeskanzlerin Merkel ein »Acht-Punkte-Programm für einen besseren Schutz der Privatsphäre«[225] vor. Es umfasste folgende Maßnahmen:

1. Aufhebung von Verwaltungsvereinbarungen mit den USA, Großbritannien und Frankreich zur Überwachung des Brief-, Post- oder Fernmeldeverkehrs in Deutschland.

2. Gespräche mit den USA auf Expertenebene über eventuelle Abschöpfung von Daten in Deutschland.

3. Einsatz für eine UN-Vereinbarung zum Datenschutz.

4. Vorantreiben der EU-Datenschutzverordnung.

5. Einsatz für die Erarbeitung gemeinsamer Standards für Nachrichtendienste.

6. Erarbeitung einer ambitionierten Europäischen IT-Strategie.

7. Einsetzung eines Runden Tisches »Sicherheitstechnik im IT-Bereich«.

8. Stärkung von »Deutschland sicher im Netz«.

Dass es im Interesse der Christdemokraten lag, das Thema Überwachung aus dem beginnenden Bundestagswahlkampf herauszuhalten, wurde knapp einen Monat später deutlich, als die Bundesregierung unter Berufung auf US-Stellungnahmen berichtete, »dass entgegen der Mediendarstellung zu PRISM und weiteren Programmen nicht massenhaft und anlasslos Kommunikation über das Internet aufgezeichnet wird, sondern eine gezielte Sammlung der Kommunikation Verdächtiger in den Bereichen Terrorismus, organisierte Kriminalität, Weiterverbreitung von Massenvernichtungswaffen und zur Gewährleistung der nationalen Sicherheit der USA erfolgt … Der Bundesregierung liegen keine Anhaltspunkte dafür vor, dass eine flächendeckende Überwachung deutscher oder europäischer Bürger durch die USA erfolgt.«[226] Bemerkenswert daran war, dass die Bundesregierung sich weiterhin auf die beschwichtigenden Äußerungen der US-Sicherheitsbehörden berief, obwohl inzwischen – nach anfänglichem Leugnen – selbst Vertreter der US-Regierung bestätigt hatten, dass die NSA über Jahre massenhaft Daten von Unternehmen angefordert, gespeichert und ausgewertet hat.

Dass die deutschen Aufklärungsbemühungen lange Zeit nicht besonders ausgeprägt waren, belegt der Umgang der Bundesregierung mit der Nachricht, auch der britische Geheimdienst GCHQ habe massiv deutsche Daten ausgeschnüffelt und den Internetverkehr überwacht. Zwar wandte sie sich nach den Medienberichten mit einem Fragenkatalog an die britische Regierung. Um die Erwartungen an die Antwort von vornherein zu dämpfen, erklärte Regierungssprecher Seibert die GCHQ-Aktivitäten schnell zu einer »bilateralen Sache«. Dabei war zu diesem Zeitpunkt schon überdeutlich, dass die NSA und der GCHQ bei der Internet-Ausspähung mit Nachrichtendiensten aus aller Welt kooperierten, darunter auch mit dem BND. Zudem war es alles andere als ein Zeichen deutschen Selbstbewusstseins, dass sich die Bundesregierung offenbar mit der Antwort der britischen Regierung zufrieden gab, »wie Sie ja wissen, nehmen britische Regierungen grundsätzlich nicht öffentlich Stellung zu nachrichtendienstlichen Angelegenheiten.« Zugleich empfahlen die Briten der Bundesregierung, als geeigneten Kanal für derartige bilaterale Gespräche, »unsere Nachrichtendienste selbst« anzusprechen.[227] Von einer Reaktion der Bundesregierung auf diese pauschale Antwortverweigerung ist nichts bekannt. Die vollständige Antwort der Briten wird weiterhin als Geheimsache behandelt, wenn es sie denn überhaupt gibt. Offenbar war man in Berlin durchaus einverstanden damit, die massenweise Ausspähung zu einer Angelegenheit herabzustufen, welche die Geheimdienste unter sich ausmachen.

Ein ähnlich schwaches Bild gab der seinerzeit für die Aufsicht über den Bundesnachrichtendienst zuständige Kanzleramtsminister Ronald Pofalla ab, der zur NSA-Affäre Mitte August 2013 zu erklären wusste: »Der Vorwurf der vermeintlichen Totalausspähung in Deutschland ist nach den Angaben der NSA, des britischen Dienstes und unserer Nachrichtendienste vom Tisch. Es gibt in Deutschland keine millionenfache Grundrechtsverletzung, wie immer wieder fälschlich behauptet wird. ... Die Nachrichtendienste der USA ... und Großbritanniens haben uns zugesagt, dass es keine flächendeckende Datenauswertung deutscher Bürger gibt.«[228] Sein Kollege Friedrich sekundierte. Auf die Frage, ob er die Ansicht Pofallas teile, die Affäre wäre beendet, antwortete er: «Ja. Alle Verdächtigungen, die erhoben wurden, sind ausgeräumt. Fest steht: Es gab keine massenhaften Grundrechtsverletzungen amerikanischer Geheimdienste auf deutschem Boden, wie behauptet wurde.«[229]

Wie vorschnell die Entwarnung war, wurde deutlich, als sich Ende Oktober 2013 die Hinweise darauf verdichteten, dass die NSA gezielt die Mobiltelefone der Kanzlerin und anderer Spitzenpolitiker abgehört hatte. Zwar wurde die Abhöraktion von US-Seite nicht explizit bestätigt. Das »Dementi« aus dem Weißen Haus las sich jedoch wie ein Schuldeingeständnis: Das Handy von Angela Merkel werde nicht abgehört und es solle auch in Zukunft nicht abgehört werden. Fragen nach Abhöraktionen in der Vergangenheit blieben beredt unbeantwortet. Zudem wird der damalige NSA-Chef Keith B. Alexander mit den Worten zitiert, dass man Mobiltelefone von Spitzenpolitikern befreundeter Länder nicht mehr abhören wolle.[230] Weder das Weiße Haus noch die NSA wollten dazu Stellung nehmen. Während die massenweise, anlasslose Überwachung der Jedermann-Kommunikation regierungsamtlich mit einem Achselzucken beantwortet und schließlich – zunächst – ad acta gelegt wurde, war die Aufregung nach dem Bekanntwerden der gezielt gegen Spitzenpolitiker gerichteten Handyspionage gewaltig: Jetzt war von Vertrauens- und Rechtsbruch die Rede. »Abhören unter Freunden – das geht gar nicht« – diese Formulierung Angela Merkels gehörte fortan zum Standardrepertoire von Politikern und Medien. Selbst konservative Politiker, von denen man zuvor kein kritisches Wort zu den US-Aktivitäten vernommen hatte, sprachen nun von Stasi-Methoden. »Die USA führen sich auf wie eine digitale Besatzungsmacht. Das kann sich Deutschland nicht gefallen lassen«, meinte etwa der CSU-Bundestagsabgeordnete Hans-Peter Uhl.[231]

Bemerkenswert war, dass nunmehr – zwei Monate nach der abwiegelnden Stellungnahme des inzwischen abgetretenen Kanzleramtsministers Pofalla – von der Bundesregierung bestritten wurde, die Aufarbeitung der Spionage-Affäre jemals für beendet erklärt zu haben. Vize-Regierungssprecher Georg Streiter sagte auf der Bundespressekonferenz, man habe die NSA-Affäre »niemals für beendet erklärt«. Der ehemalige Kanzleramtsminister Pofalla habe seinerzeit lediglich erklärt, der Vorwurf der millionenfachen Ausspähung deutscher Bürger sei ausgeräumt. Diese Aussage habe sich jedoch nicht auf die gesamte Affäre bezogen, sondern nur auf einen »Teilaspekt«. Im Saal der Bundespressekonferenz sorgte Streiters Interpretation für Erheiterung.[232]

Spätestens nach dem Bekanntwerden des Handy Gate war

auch der Bundesregierung klar, dass sie die Snowden-Enthül-lungen nicht mehr aussitzen konnte, zumal die Europäische Union und andere Staaten, deren interne Regierungskommu-nikation ebenfalls ausgespäht wurden, wesentlich deutlicher reagierten und sich mit Kritik an den USA nicht zurückhiel-ten. Während Berlin erneut eine Delegation in die USA schickte, sagte etwa Brasiliens Präsidentin Dilma Rousseff ihren geplanten USA-Besuch ab, kritisierte amerikanische Wirtschaftsspionage und verurteilte die Verletzung der brasi-lianischen Souveränität. Auch Frankreichs Staatschef Fran-çois Hollande, der bereits im Juni 2013 ein sofortiges Ende der Ausspähung durch den US-Geheimdienst NSA gefordert hatte, verschärfte nun seine Tonart. Jetzt sah sich selbst Bun-desinnenminister Friedrich kurzzeitig zu kritischen Worten an die US-Adresse gezwungen: Das Abhören von Telefonen unter Partnern sei »ein massiver Eingriff in die Souveränität unseres Landes und ein Vertrauensbruch«. Dass es sich bei seinen kritischen Äußerungen eher um einen Ausrutscher handelte, machte er bei einer Sondersitzung des deutschen Bundestags Anfang November 2013 deutlich, als er wieder von »angeblichen« Dokumenten Snowdens und einem »an-geblichen« Abhören des Kanzlerinnen-Handys sprach, wel-che die deutsch-amerikanischen Beziehungen nicht belasten dürften. Schärfer ging er mit den Kritikern der Überwachung ins Gericht. Ihre Behauptungen von der massenweisen Über-wachung seien durch nichts bewiesen. Den Vereinigten Staa-ten riet er milde zu einer Verbesserung ihrer Kommunikations-strategie, um Irritationen über widersprüchliche Aussagen zu vermeiden.

Der in Bedrängnis geratene Bundesinnenminister ver-suchte, mit der Forderung eines »Supergrundrechts auf

Sicherheit« wieder in die Offensive zu kommen.[233] Natürlich dürfe für die Sicherheit nicht die Freiheit aufgegeben werden. Aber im Vergleich mit anderen Rechten sei sie eben herausgehobener Bedeutung. Dem ist entgegenzuhalten: Ein »Supergrundrecht auf Sicherheit« kann nur derjenige vertreten, der an eine Werte- und Grundrechtehierarchie glaubt, in der die staatliche Sicherheitsgewährleistung über den individuellen Rechten steht. Selbst wenn die öffentliche Gemütslage nach 9/11 insbesondere in den USA diesen Vorstellungen vom Ausnahmezustand sehr nahe kam: Der Krieg gegen den Terrorismus setzt Grundrechte nicht außer Kraft. Ein einseitiges Supremat der Sicherheit ist mit unserer Grundordnung nicht vereinbar. Wenn es ein »Supergrundrecht« gibt, so ist dies die Menschenwürde. Sie ist nach Art. 1 Abs. 1 Grundgesetz »unantastbar«. Jedes staatliche Handeln hat sie zu garantieren, egal ob es im In- oder im Ausland stattfindet.

Wesentlich kritischer als die Regierung reagierte die damalige Opposition aus SPD, Linkspartei und Bündnis 90/Die Grünen auf die immer neuen Erkenntnisse zur Kommunikationsüberwachung. So sah etwa SPD-Chef Gabriel Anfang Juli 2013 »einen Angriff auf in der Verfassung geschützte Grundrechte« und forderte, dass die Bundesanwaltschaft ein Verfahren gegen die Verantwortlichen der amerikanischen und britischen Geheimdienste anstrengen soll und »im Zweifel natürlich auch gegen ihre deutschen Helfershelfer ... Was wir aktuell erleben, ist kein kleiner Geheimdienstskandal, bei dem mal wieder ein paar Schlapphüte zu weit gegangen sind. Durch die Vernetzung der Daten großer Konzerne mit denen von Geheimdiensten wird unser Rechtssystem ausgehebelt.«[234] Die beiden kleineren Oppositionsparteien – Bündnis 90/Die Grünen und die Linkspartei – wollten da nicht zurückstehen.

»Es geht darum, dass losgelöst von Verdachtsmomenten eine Total-Überwachung unserer Bürger stattfindet. Das ist nach unserem Recht eindeutig eine Straftat«, erklärte etwa Jürgen Trittin, Fraktionschef der Bündnisgrünen.[235] Postwendend kam seitens der Bundesregierung der Vorwurf, in Wirklichkeit seien SPD und Bündnis 90/Die Grünen an der Überwachung und Datenübermittlung schuld. Frank-Walter Steinmeier habe in seiner Zeit als Kanzleramtschef unter Bundeskanzler Gerhard Schröder ein Abkommen zur engen Kooperation deutscher und amerikanischer Geheimdienste zu verantworten, und Joschka Fischer, damals Außenminister, habe von all dem gewusst und nicht widersprochen. Der Chef der Linkspartei, Gregor Gysi, nahm dieses Argument dankbar auf: »Herr Steinmeier ist unehrlich. Er sollte öffentlich bekennen, dass Union und FDP nur das fortsetzen, wofür Rot-Grün den Grundstein gelegt hat.« Steinmeier habe »unkritisch und ungeprüft die Weitergabe von Informationen an die NSA zugelassen und damit der Bespitzelung von Millionen Deutschen Tür und Tor geöffnet«, sagte Gysi, und forderte die Einsetzung eines Untersuchungsausschusses nach der Bundestagswahl,[236] ein Wunsch, der ihm inzwischen von der Großen Koalition erfüllt wurde: Inzwischen hat der deutsche Bundestag einen Untersuchungsausschuss eingerichtet, der die NSA-Affäre untersuchen soll.

Anders als zunächst zu erwarten, profitierten die Oppositionsparteien nicht erkennbar von der Snowden-Affäre. CDU und CSU feierten bei der Bundestagswahl im September 2013 einen großen Wahlerfolg, während die überwachungskritischen Parteien schwach abschnitten. Die FDP verfehlte die Fünf-Prozent-Klausel und flog aus dem Bundestag, die SPD blieb nur leicht über ihrem historisch schlechtesten

Wahlergebnis von 2009, Linkspartei und Bündnis 90/Die Grünen verloren einige Prozentpunkte. Die Piratenpartei, die als einzige das Thema Überwachung ins Zentrum ihrer Wahlkampagne gestellt hatte, blieb weit unter ihren Erwartungen und verfehlte klar den Einzug in den Bundestag.

Für die seit Ende 2013 regierende Große Koalition aus CDU/CSU und SPD spielt die Überwachung – anders als noch kurz nach der Wahl von Sigmar Gabriel und Horst Seehofer angekündigt – keine besondere Rolle. Schon bei der Sondersitzung des Bundestags zur Spähaffäre am 18. November 2013 – über die Koalition mit den Christdemokraten wurde schon verhandelt – agierte die SPD bereits mit deutlich gebremstem Schaum. Zwar forderte Frank-Walter Steinmeier, seinerzeit noch SPD-Fraktionschef, unter Berufung auf »die Glaubwürdigkeit dieser transatlantischen Wertegemeinschaft«[237] weiter die Aufklärung der Affäre. Mit direkter Kritik an der Bundesregierung hielt er sich aber – wie sein Fraktionskollege Thomas Oppermann – auffällig zurück. Von der vor der Bundestagswahl geäußerten Empörung war nicht mehr viel zu spüren. Kein SPD-Redner warf Bundeskanzlerin Angela Merkel vor, sie habe ihren Amtseid gebrochen – entsprechende Äußerungen des SPD-Spitzenkandidaten Peer Steinbrück waren vergessen.[238]

Schließlich findet sich das Thema im schwarz-roten Koalitionsvertrag nur am Rande. Man wolle weiter auf Aufklärung drängen, wie und in welchem Umfang ausländische Nachrichtendienste die Bürger und die deutsche Regierung ausspähen. »Um Vertrauen wieder herzustellen, werden wir ein rechtlich verbindliches Abkommen zum Schutz vor Spionage verhandeln. Damit sollen die Bürgerinnen und Bürger, die Regierung und die Wirtschaft vor schrankenloser Ausspähung geschützt werden.«[239] Die europäischen Anbieter von Telekommunikationsdiensten sollen verpflichtet werden, ihre Kommunikationsverbindungen innerhalb Europas zu verschlüsseln und es soll ihnen verboten werden, Daten an ausländische Nachrichtendienste weiterzuleiten. Zudem strebt die Koalition die Einführung einer europaweiten Meldepflicht für Unternehmen an, die Kundendaten ohne deren Einwilligung an Behörden von Drittstaaten übermitteln. Und auf EU-Ebene will man darauf drängen, das Safe-Harbour- und das SWIFT-Abkommen nachzuverhandeln. Kein Wort wird verloren über die Spähpraxis der NSA, nichts über den Bundesnachrichtendienst, der eng mit der NSA kooperiert und dabei massenweise Daten, die er bei der Auslandsaufklärung gewonnen hat, an seinen US-Partner weitergibt, wie regierungsseitig zugegeben wurde.

Trotzdem geht die Diskussion über die Spähaffäre auch in Deutschland weiter. Immerhin hat die Bundesregierung einige Initiativen ergriffen, die die Spähaktionen begrenzen sollen. So hat Deutschland zusammen mit Brasilien eine Entschließung der UN-Vollversammlung initiiert, in der die Wahrung der Menschenrechte bei Überwachungsaktivitäten eingefordert wird. Zudem bemühte sich die Bundesregierung um ein »No-Spy-Abkommen« mit den USA – ein Vorhaben, das offensichtlich wenig Chancen hat, realisiert zu werden.

Der bereits vor der Bundestagswahl von verschiedenen Politikern geforderte Untersuchungsausschuss zur NSA-Affäre wurde erst im März 2014 eingesetzt. Die seit Dezember 2013 regierende Große Koalition hatte einen Untersuchungsausschuss zunächst abgelehnt. Schließlich gaben die Koalitionsparteien aber dem Drängen der oppositionellen Bundestagsfraktionen der Linken und von Bündnis 90/Die Grünen nach, die – da sie zusammen weniger als 25 % der Abgeordneten des

Bundestags stellen – formell kein Recht zu dessen Einsetzung hatten. Zudem gab es lange Verhandlungen über den Untersuchungsauftrag. Schließlich einigte man sich darauf, dass der Ausschuss praktisch den gesamten Komplex der »insbesondere durch Presseberichterstattung infolge der Enthüllungen von Edward Snowden über Internet- und Telekommunikationsüberwachung ... für den Zeitraum seit Jahresbeginn 2001« aufgeworfenen Fragen klären soll.[240] Sie umfassen den Umfang und die Instrumente der Überwachung, die Rolle der Five Eyes und die Beteiligung deutscher Stellen an Überwachungsprogrammen. Geklärt werden soll darüber hinaus, welche Aktivitäten die Bundesregierung und andere öffentliche Stellen zur Aufklärung der Affäre ergriffen haben und mit welchen Maßnahmen den Überwachungsaktivitäten entgegengewirkt werden kann.

Die Arbeit des Untersuchungsausschusses begann mit einem Eklat: Vorsitzender war zunächst der CDU-Politiker Clemens Binninger, der sich zuvor dezidiert gegen die Einrichtung eines NSA-Untersuchungsausschusses ausgesprochen hatte.[241] Nur wenige Tage nach der konstituierenden Sitzung trat er zurück, da die von der Linken und von Bündnis 90/Die Grünen gestellten Ausschussmitglieder darauf beharrten, Edward Snowden als Zeugen im Ausschuss zu vernehmen.[242] Neuer Vorsitzender wurde Patrick Sensburg, ein anderer Unionspolitiker. Die Ausschussmehrheit von CDU/CSU und SPD setzte gegen die kleinen Oppositionsparteien durch, die Entscheidung über die Snowden-Vernehmung zu vertagen. Ob der Ausschuss die in ihn gesetzten Hoffnungen zur vollständigen Aufklärung des NSA-Skandals erfüllen wird, ist angesichts dieses Fehlstarts höchst ungewiss.

192

## Europa: Nicht auf Augenhöhe

Ende Juni berichtete der Guardian über die gegen EU-Einrichtungen gerichteten Spionageaktionen der NSA und des GCHQ. Unter dem Stichwort DROPMIRE sei die Überwachung der aus Sicherheitsgründen verschlüsselten Faxkommunikation zwischen der EU-Vertretung in Washington und der Brüsseler Zentrale gelungen.[243] Zudem wurde bekannt, dass auch andere EU-Vertretungen und EU-Gebäude in Brüssel Ziele der Spionage waren. Der NSA sei es sogar gelungen, in die besonders geschützten Computer-Netzwerke europäischer Institutionen einzudringen, darunter auch in das Netz der EU-Mission bei den Vereinten Nationen in New York. Spionageangriffe habe es auch in Brüssel selbst gegeben. So hätte die NSA von einer Brüsseler Liegenschaft der NATO aus die Telefonanlage des Europäischen Rates attackiert.[244]

Zudem berichteten die Medien über erfolgreiche Attacken gegen das belgische Telekommunikationsunternehmen Belgacom.[245] Unter dem Codewort »Socialist« habe der britische GCHQ sich in die internen Strukturen des Unternehmens gehackt. Das belgische Unternehmen ist vor allem deshalb interessant, weil zu dessen Kunden viele EU-Institutionen und diplomatische Vertretungen gehören. Zudem wickelt Belgacom einen großen Teil der mobilen Kommunikation von Brüssel-Besuchern ab, darunter viele hochrangige Politiker, Wirtschaftsvertreter und Diplomaten. Ihre Daten laufen über die Leitungen und Netzknoten des Unternehmens, selbst wenn sie Verträge mit heimischen Mobilfunkunternehmen haben. Ihre Handys und mobilen Computer buchen sich auf Reisen in fremde Länder – beim »Roaming« – über die Infrastruktur des jeweiligen Gastlandes in das Netz ein. Wer Zu-

gang zu den Roaming-Routern hat, kann nicht nur die übertragenen Inhalte abhören, sondern auch elektronisch in die
eingebuchten mobilen Geräte – Handys, Smartphones oder
Notebook-Computer – eindringen.

Für den Cyber-Angriff auf das Unternehmen haben die Geheimdienste Belgacom-Angestellte, die an zentralen Schalt-
stellen des Unternehmens tätig waren, gezielt über eine An-
griffstechnologie namens Quantum Insert (QI) angegangen.
Dabei werden die Seitenaufrufe der Zielpersonen beim Surfen im Web ohne ihr Wissen auf Websites umgeleitet, »über
die Schadsoftware auf ihren Rechner eingeschleust wird, die
dann den Computer manipuliert. Einige der so infiltrierten
Mitarbeiter hätten guten Zugang zu wichtigen Teilen der Bel-
gacom-Infrastruktur«.[246] Ausgehend von den infiltrierten und
manipulierten Computern habe sich der Geheimdienst in
dem Unternehmensnetzwerk vorgearbeitet. Schließlich hat
man sich offenbar den angestrebten Zugang zu den zentralen
Roaming-Routern der Belgacom verschafft.

Angesichts der Berichte über die gegen die EU-Institutionen gerichteten anglo-amerikanischen Geheimdienstoperatio-
nen war die Tonlage führender Repräsentanten der Europäischen Union sehr viel deutlicher als die Reaktionen der
deutschen Bundesregierung. Justizkommissarin Viviane Re-
ding sparte nicht mit kritischen Worten. Nach dem Bekanntwerden der NSA-Aktivitäten stellte sie das gerade verhandelte
Freihandelsabkommen mit den USA in Frage: »Wir können
nicht über einen großen transatlantischen Markt verhandeln,
wenn der leiseste Verdacht besteht, dass unsere Partner die Bü-
ros unserer Verhandlungsführer ausspionieren. Die amerikanischen Behörden sollten alle solche Zweifel schleunigst ausräu-
men.« Mehrere Europaabgeordnete stießen in dasselbe Horn:

194

»Wie soll man noch verhandeln, wenn man Angst haben muss, dass die eigene Verhandlungsposition vorab abgehört wird?«, fragte etwa der CDU-Europaparlamentarier Elmar Brok.[247]

Das Europäische Parlament setzte bereits im Sommer 2013 einen Untersuchungsausschuss ein, der den auf Snowden zurückgehenden Berichten zur weltweiten Überwachung nachgehen sollte. In seinem im Dezember 2013 vorgelegten Berichtsentwurf[248] weist der Berichterstatter, der aus Großbritannien stammende sozialdemokratische Europaabgeordnete Claude Moraes, darauf hin, dass es überwältigende Beweise für die umfassende weltweite Sammlung und Auswertung von Standort- und Metadaten gebe. Von den US-Behörden fordert er das Verbot der anlasslosen Massenüberwachung. Auch die Mitgliedstaaten sollten künftig darauf verzichten, unrechtmäßig erlangte Daten aus Drittstaaten entgegenzunehmen. Sie müssten zudem gewährleisten, dass die durch die Europäische Menschenrechtskonvention festgelegten Standards eingehalten werden. Zudem müssten die Mitgliedstaaten die EU-Bürger vor der Überwachung schützen, auch dann, wenn die entsprechenden Maßnahmen mit der nationalen Sicherheit begründet würden. Bemerkenswert ist die Forderung, Nachrichtendiensten anderer Staaten direkten Zugriff auf gespeicherte Daten zu verweigern. Die Datenübermittlung dürfe nur auf Basis der internationalen Rechtshilfe erfolgen, was die Datenweitergabe an Geheimdienste wie die NSA praktisch ausschließt, weil diese nicht für die Strafverfolgung zuständig sind.

Am 13. März 2014 beschäftigte sich das EP mit dem von Moraes vorgelegten Bericht. In einer mit 544 Stimmen bei 78 Gegenstimmen und 60 Enthaltungen angenommenen Entschließung forderte es von der Kommission und dem Ministerrat entschiedene Maßnahmen gegen die globale Überwachung. »Die Snowden-Enthüllungen gaben uns die Gelegenheit, endlich zu handeln. Ich hoffe, wir werden daraus etwas Positives und Dauerhaftes machen, das auch in der nächsten Legislaturperiode Bestand haben wird – eine Datenschutz-Grundrechtecharta, auf die wir stolz sein können«, sagte Moraes.[249]

Das Parlament betonte, dass es dem endgültigen Abkommen über die transatlantische Handels- und Investitionspartnerschaft (TTIP) nur zustimmen könne, wenn darin die EU-Grundrechte in vollem Umfang respektiert würden. Die Zustimmung des Parlaments könnte gefährdet sein, «solange die pauschale Massenüberwachung sowie das Abfangen von Nachrichten in EU-Institutionen und diplomatischen Vertretungen nicht völlig eingestellt werden», so der Text.

Die Abgeordneten bekräftigten ihre bereits im Oktober 2013 beschlossene Forderung[250], das zwischen den USA und der EU geschlossene Abkommen zur Übermittlung von Daten über Finanztransaktionen zur Terrorismus-Bekämpfung (SWIFT-Abkommen) auszusetzen, solange der Verdacht, dass US-Behörden außerhalb dieses Abkommens Zugriff auf die Bankdaten europäischer Bürgerinnen und Bürger erhielten, nicht aufgeklärt sei. Obwohl das Parlament formal nicht befugt ist, ein internationales Abkommen zu beenden oder auszusetzen, muss die Kommission tätig werden, »wenn das Parlament seine Unterstützung für ein bestimmtes Abkommen zurückzieht«, so der im Oktober 2013 angenommene Text. Das Parlament erwarte von der Europäischen Kommission, dass sie den in der Entschließung geäußerten Forderungen Rechnung tragen werde.

Schließlich forderten die Abgeordneten die »unverzügliche

Aussetzung« des Safe-Harbour-Abkommens. Es biete den EU-Bürgern »keinen angemessenen Schutz«, so der Entschließungstext, in dem das Parlament die USA auffordert, neue Regeln für die Übermittlung personenbezogener Daten vorzulegen, die den Datenschutzanforderungen des EU-Rechts entsprechen. Die Europäische Kommission will auch nach den Veröffentlichungen über die massenweisen Datenanforderungen der NSA bei Unternehmen, die sich zur Einhaltung der Safe-Harbor-Prinzipien verpflichtet haben, das Abkommen nicht aussetzen. Offensichtlich fürchtet sie das negative Signal, das hiervon für den transatlantischen Handel ausgehen könnte. Allerdings blendet sie dabei aus, dass die europäische Wirtschaft von der Aussetzung weitaus weniger betroffen wäre als die US-Unternehmen, deren Geschäftsmodelle – etwa Cloud-Dienste, soziale Netzwerke oder sonstige Internetdienstleistungen – nur funktionieren, wenn massenhaft personenbezogene Daten an sie übermittelt werden.

Die Verhandlungen über das transatlantische Freihandelsabkommen TTIP werden fortgesetzt, als sei nichts geschehen. Auch die Übermittlung von Finanz- und Fluggastdaten in die USA will die Europäische Kommission zunächst unangetastet lassen. Auch hier zeigt sich, dass sich die politische Führung der Europäischen Union nicht auf Augenhöhe mit den USA sieht. Angesichts dieser durchaus deutlichen Stellungnahmen des Parlaments nehmen sich die seitens der Europäischen Kommission und des Ministerrats getroffenen Maßnahmen bescheiden aus. Im Wesentlichen beschränkte man sich darauf, eine aus hohen Beamten zusammengesetzte Kommission in die Vereinigten Staaten zu entsenden, die sich dort ein Bild von den NSA-Überwachungsmaßnahmen machen sollte.

Schließlich geht es auch bei dem zentralen Vorhaben zur

Stärkung des Europäischen Datenschutzrechts, der Daten-schutz-Grundverordnung, nicht voran. Die Europäische Kommission hatte Anfang 2012 ein umfassendes Reformpa-ket vorgelegt, das seither intensiv in den EU-Gremien disku-tiert wird. Das Ziel der Kommission, bis spätestens Anfang 2014 zu einem Ergebnis zu kommen, scheiterte am Wider-stand des Ministerrats. Vorausgegangen war die massivste Lobby-Kampagne der EU-Geschichte. Ganze Heerscharen von US-Juristen wurden nach Brüssel verlegt, europäische Spezialisten auf dem Gebiet des Europarechts von US-Unter-nehmen angeheuert, um befürchtete Nachteile zu verhindern, etwa die verbesserten Sanktionsmöglichkeiten europäischer Datenschutzbehörden.[251] Auch die geplante Vorgabe, dass sich zukünftig alle Unternehmen aus Drittstaaten an EU-Da-tenschutzrecht zu halten haben, wenn sie in Europa Dienste anbieten und dabei personenbezogene Daten verarbeiten, schmeckt ihnen nicht. Schließlich stößt die Forderung des Europäischen Parlaments, die Weitergabe europäischer Da-ten an ausländische Behörden strikten Regeln zu unterwer-fen, auf erbitterten Widerstand. Nicht nur Firmenvertreter, auch Vertreter der US-Regierung versuchten auf verschie-densten Kanälen, das Vorhaben zu verhindern, zu verwässern und zu verzögern. Das Schicksal dieses ambitionierten Re-formvorhabens ist vor diesem Hintergrund weiterhin unge-wiss. Ein Hoffnungsschimmer ist jedoch nicht zu übersehen: Das Europäische Parlament stimmte am 12. März 2014 mit überwältigender Mehrheit für die EU-Datenschutzreform.[252] Der Entwurf der Datenschutz-Grundverordnung wurde von 621 Stimmen bei 10 Gegenstimmen und 22 Enthaltungen unterstützt. Der Entwurf der Datenschutzrichtlinie für Poli-zei und Justiz wurde von 371 Stimmen bei 276 Gegenstimmen und 30 Enthaltungen unterstützt. Damit bestätigte das Plenum das vom Rechts- und Innenausschuss bereits im Herbst 2013 angenommene Votum.

## Wie wir in Zukunft unsere Daten schützen

»Wo bleibt das Positive?« Das fragte schon Erich Kästner in schwierigen Zeiten.[253] Die Frage, ob es überhaupt wirksame Gegenmittel aus der lückenlosen Registrierung und Überwachung gibt, drängt sich geradezu auf. Eines ist jedenfalls klar: Ein Zurück in die analoge Zeit vor dem Internet wird es nicht geben. Wenn wir auf die Segnungen der Informationstechnologie nicht verzichten wollen, werden wir uns damit arrangieren müssen, dass in erheblichem Umfang Daten – auch solche mit Personenbezug – verarbeitet werden. Illusorisch wäre auch die Hoffnung, die staatlichen Überwachungsaktivitäten auf Null zurückfahren zu können.

Trotzdem wäre es falsch, den Kopf in den Sand zu stecken und der Dinge zu harren, die da noch kommen mögen. Es gibt durchaus einige Ansätze, die uns helfen können, die Überwachungsschraube zurückzudrehen und unsere Privatsphäre auch in der digitalen Welt besser zu schützen, auf rechtlicher, technischer, wirtschaftlicher und politischer Ebene.

Die Herrschaft des Rechts unterscheidet den Rechtsstaat von Gesellschaften, in denen die Mächtigen willkürlich über ihre Untertanen verfügen. Dieser Grundsatz gilt auch für den Umgang mit Techniken, die Bürger- und Menschenrechte beeinträchtigen können oder Einfluss auf demokratische Entscheidungsprozesse ausüben. Bereits seit langer Zeit bestehen

Gesetze, die der staatlichen Neugier Einhalt gebieten sollen. Eine der ältesten bekannten Datenschutzvorschriften ist der englische Justices of the Peace Act von 1361, der das Spannen und Belauschen verbot und Verstöße mit einer Gefängnisstrafe bedrohte.[254] Auch heute gilt: »Nicht alles, was technisch machbar ist, muss auch rechtlich erlaubt sein«, wie der ehemalige Präsident des Bundesverfassungsgerichts Hans-Jürgen Papier vor einigen Jahren zutreffend feststellte.[255] Diese Maxime gilt auch und gerade in Zeiten, in denen wir mit neuen Gefahren- und Bedrohungsszenarien konfrontiert sind.

Im Rechtsstaat definiert das Recht, und hier in erster Linie das Verfassungsrecht, den Rahmen, der von allen Akteuren beim Umgang mit Informationen beachtet werden muss – auch wenn es um die Bewältigung neuer Bedrohungen wie des internationalen Terrorismus geht. Eine andere ehemalige Präsidentin des Bundesverfassungsgerichts, Jutta Limbach, hat darauf hingewiesen, dass nach den terroristischen Anschlägen vom 11. September 2001 in New York und Washington und den kurz darauf erfolgten Attacken von Madrid und London weltweit eine zweifelhafte Produktion von Gesetzen in Gang gesetzt wurde, mit bedenklichen Folgen für die Rechtssysteme: »Im Kampf gegen terroristische Anschläge sind Menschen- und Bürgerrechte an vielen Orten der Welt in der Absicht eingeschränkt oder außer Kraft gesetzt worden, potentiellen Terroristen möglichst frühzeitig das Handwerk zu legen.« Diesen Weg sei das Bundesverfassungsgericht nicht mitgegangen. Vielmehr habe es stets versucht, einen Interessenausgleich zwischen Sicherheit und Freiheit herzustellen. »Denn wenn durch die Ermittlungsmaßnahmen ein Gefühl des Überwachtwerdens entstehe, nehme die Demokratie Schaden. Eine demokratische politische Kultur lebt von der Meinungsfreude und

200

Anteilnahme der Bürgerinnen und Bürger. Das setzt Unerschrockenheit voraus, die allmählich verloren geht, wenn der Staat die Bürger datenmäßig durchrastert und deren Lebenswege heimlich elektronisch ausspäht.«[256]

Auch wenn – wie zahlreiche Beispiele aus der Geschichte belegen – der staatliche Leviathan auf nationalstaatlicher Ebene durchaus rechtlich gebändigt werden kann, versagen die traditionellen institutionellen und rechtlichen Instrumente bisher im Internet mit seinen globalisierten Mechanismen zur Informationsverarbeitung. Angesichts der globalen Erfassung persönlicher Daten haben viele Menschen – mit einigem Recht – den Eindruck, dass sie der Überwachung durch globale Unternehmen und agierende staatliche Stellen schutzlos ausgeliefert sind. Deshalb ist es höchste Zeit, die rechtlichen Instrumente tauglich für das Internetzeitalter zu machen. Die unabhängigen Institutionen, die Bürgerrechte und Datenschutz durchsetzen sollen, bedürfen ebenfalls der nachhaltigen Stärkung.

## Das Territorialdilemma

Traditionell entfalten Gesetze ihre Schutzwirkung im jeweiligen territorial definierten Geltungsbereich. Das Internet ist so konstruiert, dass Landes- oder auch Kontinentalgrenzen technisch keine Rolle spielen. Wenn etwa ein deutscher Internetnutzer die Webseite eines inländischen Anbieters abruft, können die übertragenen Daten durchaus über amerikanische Netzknoten geleitet (»geroutet«) werden. Global agierende Internetunternehmen speichern Daten auf Servern, die auf verschiedene Kontinente verteilt sind.

Deshalb machen es sich diejenigen zu einfach, die stets nur auf die Einhaltung des heimischen Rechts pochen, wenn es um globale Geheimdienstaktivitäten geht. Vertreter der amerikanischen und der britischen Regierung hatten offenbar kein Problem mit der Überwachung, soweit ihre Nachrichtendienste beteuerten, sich an – das eigene – Recht und Gesetz zu halten. Bei genauerer Prüfung erweist sich der Hinweis auf die Rechtskonformität der Geheimdienstaktivitäten aber als eine Aussage von sehr begrenztem Wert, denn sie blendet die in den letzten hundert Jahren entwickelten Rechtsprinzipien weitgehend aus, die nicht mehr territorial beschränkt sind. Auch wenn diese Prinzipien – insbesondere die Allgemeine Erklärung der Menschenrechte von 1948 – Reaktionen auf die Grausamkeiten des Zweiten Weltkriegs waren und Fragen des Umgangs mit Informationen nicht im Mittelpunkt standen, bieten sie Ansatzpunkte für die Zivilisierung der zunehmend globalisierten Informationsgesellschaft.

Die regierungsamtliche Absolution für die Geheimdienste war aus zwei Gründen voreilig: Zum einen wurde – zumindest in den USA – das heimische US-Recht gebrochen. So sieht etwa das Washingtoner Bundesgericht in der massenweisen Datensammlung der NSA über amerikanische Telefonteilnehmer einen Verstoß gegen den Vierten Zusatzartikel der US-Verfassung, der die US-Bürger vor staatlicher Willkür schützt. Und auch die nach dem 11. September 2001 begonnenen Programme zur massenweisen, nicht durch Gerichte angeordneten Erfassung von US-Telefondaten war nicht rechtmäßig. Daran ändert nichts, dass die an diesen Programmen Beteiligten durch eine skandalöse, von den US-Präsidenten Bush und Obama durchgesetzte Amnestie nachträglich von jeglicher Strafverfolgung freigestellt wurden.

Gravierender ist allerdings etwas anderes: Selbst wenn sich Geheimdienste an die Regeln ihres Heimatlandes halten, ist damit überhaupt nicht garantiert, dass sie die Rechte von Menschen außerhalb des eigenen Territoriums beachten. Im Gegenteil: Gerade bei der Auslandsaufklärung wird systematisch gegen Rechtsvorschriften im Operationsgebiet verstoßen. Selbst wenn sich die NSA an US-Recht hält und der GCHQ britische Gesetze beachtet, können sie durchaus ausländisches – etwa deutsches – Recht brechen, und sie haben dies getan. Uns ist nicht damit geholfen, dass diese Rechtsbrüche in Übereinstimmung mit ihren jeweiligen heimatlichen Gesetzen geschahen.

Auch die Tatsache, dass Spionage nicht gegen Völkerrecht verstößt, stellt Spione natürlich nicht straffrei. Geheimdienstliche Späh- und Lauschaktionen im Ausland beeinträchtigen regelmäßig die Rechte der davon betroffenen Zielpersonen und sind deshalb strafbar. Zwar heißt es im Strafgesetzbuch: »Das deutsche Strafrecht gilt für Taten, die im Inland begangen werden.« Diese territoriale Begrenzung gilt aber nicht für Auslandstaten, die sich gegen inländische Rechtsgüter richten. Zu den unabhängig vom Tatort zu ahndenden Straftaten gehört die Verletzung von Betriebs- oder Geschäftsgeheimnissen. Verstöße gegen das Post- und Fernmeldegeheimnis und gegen den Datenschutz können nach deutschem Recht verfolgt werden, wenn sie aus dem Ausland initiiert wurden, aber sich im Inland auswirken (»verwirklichen«). Wenn also ein ausländischer Geheimdienst Computer deutscher Nutzer mittels Trojaner infiltriert und überwacht, erfüllt dies den Straftatbestand des Ausspähens von Daten. Geheimdienste, die über das Internet übertragene Daten deutscher Teilnehmer mit technischen Mitteln abfangen, begehen eine Straftat. Auch das Ausspähen von Passwörtern oder sonstigen Sicherungscodes, die den Zugang zu vertraulichen Daten ermöglichen, ist strafbar. Ebenso ist es nach deutschem Recht strafbar, nicht öffentlich gesprochene Worte abzuhören oder aufzuzeichnen – dies gilt auch für Telefonate, die mit dem Handy geführt werden. Schließlich verbietet § 99 StGB die geheimdienstliche Agententätigkeit für eine fremde Macht. Dieser Tatbestand stellt nicht auf konkreten Verrat ab, sondern erfasst jede auf die Beschaffung von Informationen für einen fremden Nachrichtendienst gerichtete Tätigkeit, die deutsche Sicherheitsinteressen beeinträchtigen kann. »Selbst eine Tätigkeit für Nachrichtendienste verbündeter Staaten verletzt deutsche Interessen, wenn sie nicht von deutschen Sicherheitsbehörden abgedeckt ist«, heißt es auf der Website des Generalbundesanwalts.[257] Heute können deshalb kaum noch Zweifel daran bestehen, dass britische und amerikanische Geheimdienste gegen mehrere Strafvorschriften verstoßen haben, etwa beim Abhören des Handys von Bundeskanzlerin Merkel.

Gleichwohl halten sich die deutschen Strafverfolgungsbehörden bei ihren Ermittlungen in Sachen NSA und GCHQ auffällig zurück. Zwar teilte die Bundesregierung bereits im September 2013 mit, der Generalbundesanwalt prüfe in diesem Zusammenhang, »ob ein in seine Zuständigkeit fallendes Ermittlungsverfahren, namentlich nach § 99 StGB, einzuleiten ist.«[258] Obwohl seitdem eine Vielzahl weiterer Fakten bekannt geworden ist, insbesondere im Hinblick auf die gezielte Überwachung von Regierungsmitgliedern, scheint sich der Generalbundesanwalt immer noch nicht sicher zu sein, ob er ein formelles Ermittlungsverfahren eröffnen will. Offenbar spielt dabei – neben der Faktenlage – auch eine Rolle, ob von einem solchen Ermittlungsverfahren negative Auswirkungen auf die Beziehungen zu Großbritannien und den USA zu befürchten sind. Ein absurdes Argument angesichts der Tatsache, dass die Regierungen dieser Staaten für das massenhafte und gezielte Abfangen vertraulicher Informationen aus der Bundesrepublik Deutschland verantwortlich sind und damit ihrerseits die internationalen Beziehungen schwer belastet haben. Gerade von Rechtsstaaten wie den USA und Großbritannien darf man eigentlich Verständnis dafür erwarten, dass andere Staaten die gegen sie gerichteten Rechtsverstöße ahnden.

Diese Aussage gilt im Übrigen nicht nur für die genannten angloamerikanischen Nachrichtendienste. Wenn etwa der BND Telefone und E-Mails oder Mobilfunknetze im Hindukusch oder in anderen Operationsgebieten überwacht und dabei milliardenfach Metadaten absaugt, widerspricht dies natürlich dem dortigen Recht – und zwar völlig unabhängig davon, ob das deutsche BND-Gesetz derartige Aktivitäten erlaubt oder nicht.

Bei der Rechtfertigung der geheimdienstlichen Tätigkeit im Ausland wird zudem häufig ausgeblendet, dass deutsche Behörden die zentralen Wertentscheidungen des Grundgesetzes, insbesondere die Achtung der Menschenwürde (Art. 1 Abs. 1 GG) stets zu beachten haben, unabhängig davon, wo sie tätig sind. Dies gilt unabhängig davon, ob die gesetzlichen Beschränkungen uneingeschränkt auch bei der Auslandsaufklärung gelten. So ist es deutschen Behörden stets verboten, Menschen zu quälen oder zu foltern. Auch bei nachrichtendienstlichen Lauschaktivitäten kann die Menschenwürde berührt sein: So hat das Bundesverfassungsgericht wiederholt festgestellt, dass es mit der Menschenwürde unvereinbar wäre, wenn staatliche Stellen einen »unantastbaren Kernbereich der Privatsphäre« ausspionieren: »Zur Unantastbarkeit der Menschenwürde gemäß Art. 1 Abs. 1 GG gehört die Anerkennung eines absolut geschützten Kernbereichs privater Lebensgestaltung. In diesem Bereich darf die akustische Überwachung von Wohnraum zu Zwecken der Strafverfolgung … nicht eingreifen. Eine Abwägung nach Maßgabe des Verhältnismäßigkeitsgrundsatzes zwischen der Unverletzlichkeit der Wohnung … und dem Strafverfolgungsinteresse findet insoweit nicht statt.«[259] In weiteren Entscheidungen hat das Gericht festgestellt, dass zu diesem Kernbereich auch höchstpersönliche Lebensäußerungen gehören, die mittels Telekommunikation übertragen werden.[260] Das lückenlose Abhören der Telekommunikation ist deshalb generell unzulässig, denn es könnten ja auch Gespräche abgehört werden, die diesem absolut geschützten Bereich zuzurechnen sind. Jedenfalls müssen Vorkehrungen getroffen werden, dass Informationen, die zum Kernbereich privater Lebensgestaltung gehören, nicht aufgezeichnet oder jedenfalls unverzüglich gelöscht werden. Dies gilt nicht nur für inländische Überwachungsmaßnahmen, sondern auch für Aktivitäten des Bundesnachrichtendienstes als Auslandsgeheimdienst. Zudem gilt das deutsche Datenschutzrecht stets dann, wenn der BND personenbezogene Daten im Inland verarbeitet. Wenn der BND – wie durch die Bundesregierung bestätigt[261] – Daten aus der Auslandsaufklärung an die amerikanischen Nachrichtendienste weitergeleitet hat, muss er dabei deutsches Datenschutzrecht beachten.

Ein – leider immer wieder »vergessener« – völkerrechtlicher Grundsatz besteht darin, dass sich alle staatlichen Stellen an die Vorgaben des internationalen Rechts zu halten haben. Zu den wichtigsten Vorgaben des internationalen Rechts gehören die unveräußerlichen Menschenrechte. Nach dem Zweiten Weltkrieg waren es gerade die Vereinigten Staaten, die sich nach den Gräueln des Nationalsozialismus und den von ihm zu verantwortenden furchtbaren Verbrechen gegen die Menschlichkeit für verbindliches, international geltendes und durchsetzbares Recht einsetzten. Die Nürnberger Kriegsverbrecherprozesse von 1945 bis 1949 legen beredtes Zeugnis darüber ab, mit welcher Hartnäckigkeit insbesondere die amerikanischen und britischen Ankläger und Richter auf die Durchsetzung völkerrechtlich verbindlicher Menschenrechte bestanden und diese auch mit strafrechtlichen Mitteln durchsetzten.[262] In Abkehr von dieser Grundposition weigern sich die USA heute beharrlich, sich neuen internationalen Rechtsnormen zu unterwerfen. So gehört die US-Regierung zu den härtesten Gegnern des internationalen Strafgerichtshofs, der 2002 seine Arbeit aufgenommen hat. Zwar hatten die USA im Jahr 2000 dessen Statut unterzeichnet, die Unterschrift aber zwei Jahre später wieder zurückgezogen. Seither versuchen die USA durch Abschluss bilateraler Verträge mit Staaten, die sich der Entsprechung durch den Strafgerichtshof unterworfen haben, die Überstellung von US-Bürgern an das Gericht zu verhindern.

Das rechtliche Territorialdilemma lässt sich nur dann überwinden, wenn endlich wirksame, durchsetzbare Instrumente geschaffen werden, die die Menschenrechte mit Leben füllen. Dies gilt auch und insbesondere für den Datenschutz. Im Folgenden soll darauf eingegangen werden, wie diese Instrumente aussehen könnten.

## No-Spy-Abkommen – eine sinnvolle Lösung?

Kurz nach seiner Ernennung gab der Chef des Bundesnachrichtendienstes (BND) Gerhard Schindler einen Einblick in die Philosophie der Spionagewelt: »Wir müssen die guten operativen Fähigkeiten noch verbessern und ausbauen«, sagte er dem Magazin FOCUS.[263] Schindler befreite damit – so die FAZ gut ein Jahr später – den Dienst von einer »angstvoll vorauseilenden Zurückhaltung« – in welcher der BND nach diversen Affären erstarrt gewesen sei.[264] Sicherlich hatte Schindler seinerzeit nicht unbedingt an die Aufdeckung der weltweiten Spionageaktivitäten gedacht, mit der sich die Welt seit 2013 auseinanderzusetzen hat. Eine für die Bundesregierung und die deutschen Nachrichtendienste bittere Erkenntnis bestand darin, dass sich die Spionageaktivitäten der befreundeten angloamerikanischen Nachrichtendienste auch gegen Deutschland richteten. Schon vor der Aufdeckung der gezielten Spionageaktionen gegen bundesdeutsche Regierungsmitglieder, andere Spitzenpolitiker und hohe Beamte war kaum noch zu leugnen, dass Deutschland Operations- und Zielgebiet der NSA und des GCHQ ist.

Als Reaktion auf die Snowden-Veröffentlichungen hatte die Bundesregierung am 19. Juli 2013 in einem Acht-Punkte-Plan versprochen, sich für Mindeststandards bei der nachrichtendienstlichen Arbeit einzusetzen. Diese Mindeststandards sollten zwischen der Bundesrepublik Deutschland und den Vereinigten Staaten in einem sogenannten »No-Spy-Abkommen« festgeschrieben werden. Im Anschluss an den USA-Besuch einer deutschen Delegation verhandelten Vertreter des Bundesnachrichtendienstes mit Repräsentanten der NSA. Nach Medienberichten hatte der BND einen Forderungskatalog mitgebracht. Alle Punkte in dem Papier seien zuvor mit dem damaligen Kanzleramtsminister Ronald Pofalla abgesprochen worden, um »ein gegenseitiges Ausspähen grundsätzlich zu untersagen«.[265] Dies sei von Vertretern der amerikanischen Geheimdienste mündlich zugesichert worden. Nur in wenigen Detailpunkten bestehe noch Diskussionsbedarf. Am 14. August 2013 bestätigte die Bundesregierung: »Auf Vorschlag der NSA ist es geplant, eine Vereinbarung zu schließen, deren Zusicherungen mündlich bereits mit der US-Seite verabredet worden sind: keine Verletzung der jeweiligen nationalen Interessen, keine gegenseitige Spionage, keine wirtschaftsbezogene Ausspähung, keine Verletzung des jeweiligen nationalen Rechts.«[266] Angesichts dieses demonstrativen Optimismus muss es dann doch eine herbe Enttäuschung gewesen sein, als spätestens Anfang 2014 deutlich wurde, dass es kein No-Spy-Abkommen zwischen Deutschland und den USA geben wird. Von dem angeblich im Sommer des Vorjahres erreichten Konsens war nichts übrig geblieben. Die USA verweigerten sogar die Zusage, keine deutschen Regierungsmitglieder und politischen Amtsträger abzuhören. Präsident Obama versprach in seiner Rede am 17. Januar 2014 lediglich, dass befreundete ausländische Staats- und Regierungschefs nur noch ausnahmsweise abgehört werden, wenn dies im nationalen Interesse der USA unabdingbar sei.[267] Andere Spitzenpolitiker können nicht einmal auf eine solche Zusicherung setzen – die USA sind nicht bereit, den Spielraum ihrer Geheimdienste hier in irgend einer Weise einzuschränken.

Die deutschen Reaktionen auf das Scheitern der No-Spy-Initiative erinnern ein wenig an die eines abgewiesenen Liebhabers: Von Lüge und Täuschung war nun zu hören. Die Bundesregierung hatte die amerikanischen Signale aus dem Sommer 2013 aber vielleicht auch falsch gedeutet und überbewertet, zumal die vorschnellen Erfolgsmeldungen gut ins Konzept der Christdemokraten passten, die NSA-Affäre aus dem Bundestagswahlkampf herauszuhalten. Für eine derartige Deutung spricht, dass kein Vertreter der US-Administration ein entsprechendes Abkommen verbindlich zugesagt hat, sieht man einmal von nebulösen Andeutungen des damaligen NSA-Chefs Keith B. Alexander ab – auf den sich die Bundesregierung in ihrer Antwort auf die parlamentarische Anfrage offenbar bezog. Aber auch er hatte stets darauf hingewiesen, nicht selbst über ein No-Spy-Abkommen entscheiden zu können. Die Verantwortung dafür läge ausschließlich im Weißen Haus. Und dort ging und geht die Bereitschaft zu entsprechenden Zugeständnissen gegen Null. Insofern unterlag man regierungsseitig wohl eher der Autosuggestion, unsere »Freunde« täten doch so etwas nicht oder würden es zumindest in Zukunft sein lassen. So berichteten die Medien, Präsident Obamas Sicherheitsberaterin Susan Rice habe lediglich zusichern wollen, dass das Handy der Kanzlerin zukünftig nicht abgehört werde[268] – eine Zusage, die Obama der Kanzlerin nach Bekanntwerden der Lauschaktion allerdings schon persönlich gegeben hatte. Dagegen wurde das Ansinnen, zukünftig generell auf gegenseitige Spionage zu verzichten, brüsk zurückgewiesen.

Auch ein No-Spy-Abkommen auf europäischer Ebene hat wenig Erfolgsaussichten. Selbst unter europäischen Politikern bestehen hier deutliche Meinungsunterschiede. So lehnt Menzies Campbell, Mitglied im Geheimdienstausschuss des britischen Unterhauses, ein solches Abkommen strikt ab. Er befürchtet für diesen Fall »Gelegenheiten, die jenen gegeben werden, die uns Schaden zufügen wollen und Vorteile eines

Sicherheitsregimes ausnutzen, das weniger rigoros ist, als wir es für nötig erachten.«[269]

Eigentlich sei es der Bundesregierung im Kern gar nicht um ein allein bilaterales Abkommen gegangen, sondern um die Aufnahme in den exklusiven Club der Five Eyes, dem bisher neben den USA nur Großbritannien und einige ehemalige Commonwealth-Staaten angehören, mutmaßte der Guardian. Er zitiert unter Berufung auf eine nicht namentlich genannte Quelle, Angela Merkel habe bei dem EU-Gipfel am 25. Oktober 2013 zu den Abhöraktivitäten unter Bezugnahme auf die Five Eyes erklärt, »Wir sind leider kein Teil davon«, was bei den übrigen Teilnehmern so ankam, dass Deutschland gern Mitglied würde[270] – ein Ansinnen, das von den Mitgliedern nicht ernsthaft in Erwägung gezogen wird. Die Regierungen dieser Staaten, die seit dem Zweiten Weltkrieg im militärischen und nachrichtendienstlichen Bereich aufs Engste zusammenarbeiten, wollen unter sich bleiben. Verpflichtungen, auch andere Staaten von der Liste der nachrichtendienstlichen Überwachung zu streichen, wollen sie ebenso wenig eingehen. Viele Politiker in den Five-Eyes-Ländern teilen vermutlich die Ansicht des britischen Liberalen Menzies Campbell. Die enge Zusammenarbeit, die Großbritannien mit Amerika, Kanada, Australien und Neuseeland pflege, habe nur auf »einer weit, weit zurückliegenden Basis des Vertrauens« entstehen können. Deshalb sei es für ihn »schwer vorstellbar, dass dies irgendwo anders wiederholt werden kann.«[271]

Zudem stellt sich die Frage, ob bilaterale – oder auch mehrseitige – Abkommen wirklich die geeigneten Instrumente sind, den zunehmenden weltweiten Überwachungsaktivitäten einen Riegel vorzuschieben. Selbst wenn die Verhandlungen über ein No-Spy-Abkommen zwischen der deutschen und der amerikanischen Regierung erfolgreich gewesen wären, würde dies die Bürger anderer Staaten keineswegs schützen. Auch die Aufnahme Deutschlands in den Club der Five Eyes hätte das Problem nur verschoben.

Offenbar hat die Bundesregierung nach dem Scheitern dieser Bemühungen beschlossen, die Aktivitäten der eigenen Nachrichtendienste neu auszurichten, zitierte die Nachrichtenagentur Reuters nicht näher genannte deutsche Sicherheitskreise. Der Verfassungsschutz brauche mehr Geld für den Ausbau der Spionageabwehr. Bisher habe man lediglich Problemstaaten systematisch beobachtet, Bündnispartner aus EU und Nato dagegen nur im Fall eines konkreten Verdachts. Nach den Erfahrungen der NSA-Affäre müsse der Dienst künftig verstärkt einen 360-Grad-Blick haben, der auch befreundete Staaten einbeziehe.[272]

Wichtiger als derartige bilaterale oder multilaterale Zusicherungen und die Ertüchtigung der eigenen Nachrichtendienste sind globale Ansätze zur Eindämmung der Überwachung. Im Folgenden soll darauf näher eingegangen werden.

## Globale Lösungen in Sicht?

Schon seit Jahren fordern Datenschützer internationale Standards zum Schutz der Privatsphäre[273] – bislang allerdings ohne durchschlagenden Erfolg. Seit dem Bekanntwerden der umfassenden Überwachungsaktivitäten der amerikanischen NSA und des britischen GCHQ ist aber Bewegung in die internationale Diskussion gekommen. Die auf Snowden zurückgehenden Berichte riefen einer breiteren Öffentlichkeit wieder in Erinnerung, dass es sich bei dem Datenschutz um ein Menschenrecht handelt. In Artikel 12 der Allgemeinen Erklärung der Menschenrechte von 1949 stellte die Völkergemeinschaft fest: »Niemand darf willkürlichen Eingriffen in sein Privatleben, seine Familie, seine Wohnung und seinen Schriftverkehr oder Beeinträchtigungen seiner Ehre und seines Rufes ausgesetzt werden. Jeder hat Anspruch auf rechtlichen Schutz gegen solche Eingriffe oder Beeinträchtigungen.«

Seit den 1960er Jahren befassen sich die Vereinten Nationen intensiver mit den Konsequenzen der automatisierten Datenverarbeitung. Durch den Internationalen Pakt über bürgerliche und politische Rechte[274] wurde der Schutz der Privatsphäre zum verbindlichen Völkerrecht. Die Staaten, die diesen »Zivilrechtspakt« ratifiziert haben, verpflichteten sich damit, diese Rechte zu achten und sie allen in ihrem »Gebiet befindlichen und seiner Herrschaftsgewalt unterstehenden Personen ohne Unterschied wie insbesondere der Rasse, der Hautfarbe, des Geschlechts, der Sprache, der Religion, der politischen oder sonstigen Anschauung, der nationalen oder sozialen Herkunft, des Vermögens, der Geburt oder des sonstigen Status zu gewährleisten.«[275]

Im Jahr 1990 beschloss die UN-Generalversammlung Empfehlungen über den Umgang mit personenbezogenen Daten in automatisierten Dateien. Es blieb den Mitgliedstaaten überlassen, hierzu verbindliche Bestimmungen festzulegen. Insofern hätte es eigentlich außer Frage stehen müssen, dass zumindest die 167 Staaten, die den Zivilrechtspakt ratifiziert haben,[276] darunter alle EU-Mitgliedsländer und die Vereinigten Staaten und die russische Föderation – nicht jedoch die Volksrepublik China –, sich an die in Artikel 12 der UN-Menschenrechtscharta formulierten Vorgaben gebunden fühlen.

In einem Gastbeitrag für Spiegel-Online am 25. Juni 2013[277] schlug ich vor, anknüpfend an das geltende internationale Recht die völkerrechtliche Verankerung des Datenschutzes zu verbessern: »In den demokratischen Staaten muss der Wille wachsen, die staatliche Datensammlung und Überwachung durch internationales Recht zu begrenzen. Die Bundesregierung und die Europäische Union sollten sich für ein internationales Übereinkommen stark machen.« Ein Zusatzprotokoll zum Zivilrechtspakt wäre ein sinnvoller erster Schritt. Um ein solches verbindliches völkerrechtliches Protokoll in Kraft zu setzen, genügt die Unterstützung von 20 Staaten – angesichts der 27 EU-Mitgliedstaaten müsste dies doch zu schaffen sein. Staaten, die sich nicht dazu bekennen, müssten nachweisen, wie sie trotzdem Datenschutz, Privatsphäre und Fernmeldegeheimnis garantieren.

Bundeskanzlerin Angela Merkel griff diesen Vorschlag wenige Wochen später auf: »Das Auswärtige Amt setzt sich als federführendes Ressort auf internationaler Ebene dafür ein, ein Zusatzprotokoll zu Art. 17 zum Internationalen Pakt über bürgerliche und politische Rechte der Vereinten Nationen zu verhandeln.« In dem Zusatzprotokoll sollten ergänzende internationale Vereinbarungen zum Datenschutz festgeschrieben werden – auch für die Tätigkeit der Nachrichtendienste, meinte die Bundeskanzlerin. Eine entsprechende Initiative sei vom Bundesaußenminister zusammen mit der Bundesjustizministerin ergriffen worden. Im Hinblick auf die rasanten technischen Entwicklungen müsse man auch im internationalen Recht Antworten geben – Deutschland solle dabei eine treibende Kraft sein.[278]

Nachdem es zunächst so aussah, als würde diese Initiative der Bundesregierung auf breite europäische und internatio-

214

nale Unterstützung treffen, ruderten in den folgenden Wochen und Monaten einige der Regierungen zurück, die zunächst ihre Zustimmung signalisiert hatten. Konnte man noch am 24. Juli 2013 lesen, Dänemark, Ungarn und die Niederlande hätten ihre Unterstützung signalisiert,[279] war über die breite Unterstützung des Zusatzprotokolls zum Zivilrechtspakt von den übrigen EU-Staaten wenige Wochen später nicht mehr viel zu hören. Zustimmung kam – immerhin – von den Datenschutzbeauftragten in aller Welt. In einer einstimmig gefassten Resolution betonte die Internationale Konferenz der Datenschutzbeauftragten in Warschau im September 2013, »dass eine dringende Notwendigkeit für eine verbindliche internationale Vereinbarung zum Datenschutz besteht, welche die Menschenrechte durch den Schutz der Privatsphäre, der personenbezogenen Daten und der Integrität von Netzwerken gewährleistet und die Transparenz der Datenverarbeitung erhöht«. Die Datenschützer, darunter bemerkenswerterweise auch die Vertreter der amerikanischen Federal Trade Commission, forderten die Regierungen auf, sich für die Verabschiedung eines Zusatzprotokolls zum Zivilrechtspakt einzusetzen, das auf den von der Internationalen Datenschutzkonferenz entwickelten Standards aufbaut.[280]

Als sich abzeichnete, dass das vorgeschlagene Zusatzprotokoll nur geringe Durchsetzungschancen hatte und zudem auch im günstigsten Fall eine eher langfristige Angelegenheit wäre, schlugen die Bundesregierung und die brasilianische Regierung, die ebenfalls massiv durch die NSA ausspioniert worden war, einen Resolutionsentwurf der UN-Vollversammlung vor. Im Mittelpunkt des Erschließungsentwurfs stand die Forderung, das Menschenrecht auf Privatsphäre unabhängig vom

Territorialprinzip auch außerhalb der eigenen Landesgrenzen zu wahren. Dagegen wandten sich Vertreter der Vereinigten Staaten. In einem der Zeitschrift Foreign Policy zugespielten Verhandlungspapier der US-Delegation[281] wird großer Wert darauf gelegt, dass nicht jede Überwachung zu verurteilen sei, sondern nur solche, die gegen Gesetze verstößt. Da sich die USA und Großbritannien allerdings immer wieder nur auf die eigenen Gesetze beziehen, wäre die Entschließung so zu einem Muster ohne Wert geworden. Aufgrund der Intervention der US-Regierung wurde die Resolution schließlich teilweise entschärft, wie der Spiegel unter Berufung auf »UN-Insider« zu berichten wusste. So sei die Einbeziehung »extraterritorialer« Spähaktionen – also von einem Staat in den anderen – »ein schwieriger Punkt« gewesen. Immerhin blieb die Aussage, die Überwachung müsse global eingeschränkt und nicht nur durch nationales Recht begrenzt werden, Teil der Entschließung. Allerdings war nicht mehr von Überwachung generell die Rede, sondern nur noch von »ungesetzlicher Überwachung« und deren »negativem Einfluss«.[282] Trotzdem enthält die von der Generalversammlung am 18. Dezember 2013 einstimmig angenommene Resolution »Das Recht auf Privatheit im digitalen Zeitalter« die deutliche Botschaft: Der Schutz der Privatsphäre ist ein internationales Menschenrecht, das auch und gerade im Zeitalter der globalen Kommunikation weltweit garantiert werden muss.[283] Die Staaten müssen »die vollständige Einhaltung ihrer Verpflichtungen nach den internationalen Menschenrechtsnormen« sicherstellen.

Die Generalversammlung zeigte sich »tief besorgt über die nachteiligen Auswirkungen, die das Überwachen und/oder Abfangen von Kommunikation, einschließlich des extraterritorialen Überwachens und/oder Abfangens von Kommunikation, sowie die Sammlung personenbezogener Daten, insbesondere wenn sie in massivem Umfang durchgeführt werden, auf die Ausübung und den Genuss der Menschenrechte haben können«. Die Staaten werden aufgefordert, »Maßnahmen zu ergreifen, um Verletzungen dieser Rechte ein Ende zu setzen und die Bedingungen dafür zu schaffen, derartige Verletzungen zu verhindern, namentlich indem sie sicherstellen, dass die einschlägigen innerstaatlichen Rechtsvorschriften mit ihren Verpflichtungen nach den internationalen Menschenrechtsnormen im Einklang stehen«.

Vielleicht am bedeutsamsten ist, dass das Thema Überwachung nach dem Beschluss der Vollversammlung auf der Tagesordnung der UN-Gremien bleiben soll. So soll die UN-Menschenrechtskommissarin dem Menschenrechtsrat und der Generalversammlung einen »Bericht über den Schutz und die Förderung des Rechts auf Privatheit im Kontext des innerstaatlichen und extraterritorialen Überwachens und/oder Abfangens von digitaler Kommunikation und Sammelns personenbezogener Daten, namentlich in massivem Umfang, samt Auffassungen und Empfehlungen« vorlegen, heißt es in der Resolution.

So wichtig die einhellige Meinungsbekundung der UN-Mitgliedstaaten ist – sie reicht nicht aus. Notwendig sind verbindliche völkerrechtliche Regelungen, die den globalen Überwachungsaktivitäten einen Riegel vorschieben. Selbst wenn die USA, Russland und China, die sich in der globalen Überwachung besonders hervortun, im Bündnis mit autoritären Regimes versuchen, die Verabschiedung international durchsetzbarer Datenschutzstandards zu verhindern, darf sich insbesondere Europa hiermit nicht zufriedengeben. Weil die Menschenrechte in Europa vor mehr als 200 Jahren aus der

Wiege gehoben wurden und tief im europäischen Rechtsverständnis verankert sind, fällt Europa hier eine Vorreiterrolle zu.

## Schützt europäisches Datenschutzrecht gegen Überwachung?

Auch wenn die modernen Vorstellungen über den Schutz der Privatsphäre zunächst überwiegend in den USA entwickelt wurden,[284] sind sie doch heute in weiten Teilen Europas weitaus stärker verankert als dort. Nicht zu übersehen sind allerdings die großen Differenzen zwischen den europäischen Staaten. Nicht erst der Umgang der britischen Öffentlichkeit mit den Enthüllungen Snowdens belegt, dass staatliche Überwachung in Großbritannien weitaus stärker akzeptiert wird als in Deutschland. So gibt es etwa gegen die nahezu flächendeckende Videoüberwachung im städtischen Bereich in Großbritannien kaum Kritik, während entsprechende Maßnahmen in Deutschland heiß diskutiert werden.

Trotz dieser Unterschiede bieten die europäischen Datenschutztraditionen und die in den letzten Jahrzehnten formulierten europäischen Datenschutzstandards Ansatzpunkte für die Begrenzung der Überwachung. Dabei sollte der Blick allerdings nicht nur auf die Europäische Union beschränkt werden, selbst wenn es sich dabei um die stärkste europäische Institution handelt. So widmet sich der Europarat seit seiner Gründung im Jahr 1949 der Gewährleistung der Menschenrechte. Inzwischen gehören nahezu sämtliche europäische Staaten dem Europarat an. Seine Initiativen reichen sogar weit über Europa hinaus. Mit der Europäischen Menschenrechtskonvention von 1953 und mit der Konvention zum Datenschutz von 1981 (Konvention 108)[285] hatte der Europarat bereits sehr frühzeitig – lange vor der Europäischen Union – Maßstäbe zur Gewährleistung der Grundrechte und des Datenschutzes gesetzt.

Anknüpfend an die Allgemeine Erklärung der Menschenrechte der Vereinten Nationen bekennt sich die Menschenrechtskonvention des Europarats zur universellen und wirksam Anerkennung und Einhaltung dieser Rechte. Und wie diese gesteht die Menschenrechtskonvention jeder Person das Recht »auf Achtung ihres Privat- und Familienlebens, ihrer Wohnung und ihrer Korrespondenz« zu. Im Unterschied zur Allgemeinen Erklärung der Menschenrechte ist sie für alle Unterzeichnerstaaten verbindlich. Durch ihren universellen Anspruch sind die Vorgaben der Menschenrechtskonvention auch im Rechtsverkehr der Staaten untereinander verbindlich und gelten damit auch für Aktivitäten staatlicher Stellen außerhalb des eigenen Territoriums.

Den vom zunehmenden internationalen Datenaustausch ausgehenden Gefährdungen trägt die Datenschutzkonvention des Europarats Rechnung. Für viele Staaten innerhalb und außerhalb Europas war sie eine Blaupause für ihr nationales Datenschutzrecht. In der Präambel heißt es, »dass es angesichts des zunehmenden grenzüberschreitenden Verkehrs automatisch verarbeiteter personenbezogener Daten wünschenswert ist, den Schutz der Rechte und Grundfreiheiten jedes Menschen, vor allem das Recht auf Achtung des Persönlichkeitsbereichs, zu erweitern.« Zudem tritt der Europarat für die Gewährleistung der »Informationsfreiheit ohne Rücksicht auf Staatsgrenzen« ein, und er betont die Notwendigkeit, »die grundlegenden Werte der Achtung des Persönlichkeitsbereichs und des freien Informationsaustausches zwischen den Völkern in Einklang zu bringen.« Auch wenn es das erklärte Ziel der Datenschutzkonvention war, den Schutz der Grund- und Menschenrechte auf übermittelte Daten zu übertragen, lag es offenbar noch 1981 außerhalb des Vorstellungsvermögens, dass die Privatsphäre durch Intervention von außen, etwa durch die flächendeckende Überwachung globaler Netzwerke oder das Ausspionieren von Cloud-Services, gefährdet werden könnte. Gleichwohl: Alle Unterzeichnerstaaten – darunter auch Großbritannien – haben sich der Konvention 108 unterworfen, sind zu deren Einhaltung verpflichtet und unterliegen der Kontrolle durch den Europäischen Gerichtshof für Menschenrechte (EGMR) in Straßburg.

Dort sind mehrere Verfahren gegen die Abhör- und Spionagepraktiken des britischen GCHQ anhängig. Die Kläger, darunter der deutsche Chaos Computer Club und der britische Schriftstellerverband P.E.N., sind der Auffassung, die Überwachungspraktiken des GCHQ verstießen gegen Artikel 8 der Europäischen Menschenrechtskonvention. Es ist zu erwarten, dass der Gerichtshof diese Praktiken beanstandet. Berichtet wird darüber, dass das Gericht dem Verfahren Priorität eingeräumt und die britische Regierung zur Stellungnahme aufgefordert habe.[286]

Dass der Europarat auch weiterhin eine wichtige Rolle bei der Gewährleistung des globalen Datenschutzes spielt, verdeutlicht seine am 11. Juni 2013 beschlossene Erklärung, in der er hellsichtig vor dem zunehmenden Tracking und der Überwachung im Internet warnte.[287] Vermutlich war es nur ein Zufall, dass der Europarat diese Erklärung fast zeitgleich mit dem Bekanntwerden der umfassenden Überwachungsprogramme von NSA und GCHQ – mit der Stimme der britischen Regierung – beschlossen hat. Vor diesem Hintergrund ist es aber bemerkenswert, wie intensiv sich dieses europäische Gremium mit den Gefahren auseinandersetzt.

Auch die Europäische Union hat den Anspruch, den gemeinsamen Willen der 28 Mitgliedstaaten in Fragen des Datenschutzes zum Ausdruck zu bringen. Mit mehr als 500 Millionen Einwohnern müsste die EU eigentlich auf globaler Ebene eine wichtige Rolle spielen – auf Augenhöhe mit den Supermächten USA, China und Russland. Leider trifft aber immer noch zu, dass sie zwar ein ökonomischer Riese ist, aber als politischer Zwerg handelt. Dies zeigte sich auch beim Umgang mit den Erkenntnissen zur weltweiten Überwachung. Dabei hätte die EU den übrigen Großmächten hier einiges entgegenzusetzen. Sowohl technologisch als auch ökonomisch sind in Europa nicht nur die Fähigkeiten vorhanden, sich auf den Feldern Datenschutz und IT-Sicherheit zu behaupten. Vielmehr könnte eine europäische, die Privatsphäre der Bürger und die Betriebs- und Geschäftsgeheimnisse der Wirtschaft wahrende Informationstechnik durchaus zum Exportschlager werden.

Artikel 8 der EU-Grundrechtecharta[288] enthält – anders als das deutsche Grundgesetz – ein explizites Grundrecht auf Datenschutz: »(1) Jede Person hat das Recht auf Schutz der sie betreffenden personenbezogenen Daten. (2) Diese Daten dürfen nur nach Treu und Glauben für festgelegte Zwecke und mit Einwilligung der betroffenen Person oder auf einer sonstigen gesetzlich geregelten legitimen Grundlage verarbeitet werden. Jede Person hat das Recht, Auskunft über die sie betreffenden erhobenen Daten zu erhalten und die Berichtigung der Daten zu erwirken. Die Einhaltung dieser Vorschriften wird von einer unabhängigen Stelle überwacht.«

Als Teil des am 1. November 2009 in Kraft getretenen Vertrags von Lissabon[289] ist die Grundrechtecharta direkt anwendbares europäisches Recht. Angesichts der Verwicklung des britischen GCHQ in die globalen Überwachungsaktivitäten ist es allerdings bemerkenswert, dass die britische Regierung bei den Verhandlungen über den Lissabon-Vertrag darauf bestanden hatte, dass die Grundrechtecharta in Großbritannien nicht gilt.

Trotz manchen »Schönheitsfehlers« ist der Datenschutz in Europa rechtlich tiefer verankert als etwa in den USA oder im asiatisch-pazifischen Raum. Die 1995 in Kraft getretene EG-Datenschutzrichtlinie[290] verpflichtet die Mitgliedstaaten zur Gewährleistung eines hohen Datenschutzniveaus. In allen Mitgliedstaaten waren die Vorgaben der Richtlinie durch nationale Rechtsvorschriften umzusetzen, was etwa in Deutschland durch das Bundesdatenschutzgesetz geschah. Die Grundidee der Datenschutzrichtlinie ist es, für die Unternehmen gleiche Bedingungen bei der Verarbeitung personenbezogener Daten zu garantieren. Für öffentliche Stellen gelten die europäischen Datenschutzvorgaben nur teilweise. Insbesondere wurden sämtliche Sicherheitsbehörden ausdrücklich aus dem Anwendungsbereich der Datenschutzrichtlinie ausgenommen. Immer mehr personenbezogene Daten werden über die europäischen Außengrenzen übermittelt. Deshalb ist die Frage von großer Bedeutung, wie die aus Europa stammenden, aber in anderen Weltregionen verarbeiteten Daten geschützt werden können. Die Datenschutzrichtlinie legte deshalb fest, dass der Datenexport grundsätzlich nur dann zulässig ist, wenn im Empfängerland ein »angemessenes Datenschutzniveau« gewährleistet wird.

Über die Angemessenheit des Schutzniveaus in einem

222

Drittstaat entscheidet die Europäische Kommission. So hat die Kommission die Angemessenheit des Schutzniveaus für die Unternehmen festgestellt, die sich den mit der US-Regierung ausgehandelten Safe-Harbor-Prinzipien unterwerfen.[291]

Zuvor hatte die EU jahrelang mit der US-Regierung darüber verhandelt, wie die in die Vereinigten Staaten exportierten personenbezogenen Daten angemessen geschützt werden können. Die US-Regierung weigerte sich standhaft, mit dem europäischen Recht vergleichbare Datenschutzgesetze mit verbindlichen Vorgaben für US-Unternehmen auf den Weg zu bringen. Um gleichwohl den Datenexport in die USA zu erleichtern, einigte sich die EU-Kommission mit der US-Regierung im Jahr 2000 auf das Safe-Harbor-Abkommen. Dessen Grundidee besteht darin, dass auch ohne ein allgemein gültiges US-Datenschutzgesetz ein angemessener Schutz der europäischen Daten für die Verarbeitung durch diejenigen Unternehmen angenommen wird, die sich zur Einhaltung der vereinbarten Prinzipien verpflichten. Die US-Regierung sagte im Gegenzug zu, die Prinzipien bei den Unternehmen durchzusetzen, die dem sicheren Hafen beitreten. Sie werden von den europäischen Datenschutzbehörden ähnlich wie Firmen behandelt, die personenbezogene Daten in Europa verarbeiten. So müssen europäische Unternehmen keine Genehmigungen bei den europäischen Datenschutzbehörden einholen, wenn sie Daten an Safe-Harbor-Mitglieder übermitteln wollen. Inzwischen ist Safe Harbor das wichtigste Instrument für den Transfer personenbezogener Daten in die USA – z. Zt. sind mehr als 4400 Firmen dem Abkommen beigetreten, darunter alle großen US-Internetunternehmen.

Von Beginn an haben Datenschützer kritisiert, dass die Safe-Harbor-Prinzipien deutlich hinter den Ansprüchen des europäischen Datenschutzrechts zurückbleiben. Ein weiterer Kritikpunkt richtet sich dagegen, dass die Unternehmen schon dann die Vorteile des Safe-Harbor-Systems genießen, wenn sie den Beitritt zum »sicheren Hafen« erklärt haben. So bedarf im Allgemeinen die Datenübermittlung aus Europa an ein Safe-Harbor-Mitglied keiner Genehmigung durch die zuständige Datenschutzaufsichtsbehörde. Die Unternehmen sind nicht verpflichtet, bereits vor ihrer Aufnahme in die Safe-Harbor-Liste nachzuweisen, dass sie die Anforderungen erfüllen. Zudem können sie sich aussuchen, welche Stelle kontrolliert, ob sie die Bedingungen einhalten. Soweit bekannt, haben sich sämtliche Safe-Harbor-Unternehmen der Aufsicht durch die Federal Trade Commission (FTC) unterworfen und kein Einziges der Aufsicht einer europäischen Datenschutzbehörde.

Nach den Snowden-Veröffentlichungen ist ein weiterer Kritikpunkt in den Mittelpunkt gerückt: Das Safe-Harbor-Abkommen nimmt die Verarbeitung von Daten zu Zwecken der »nationalen Sicherheit« explizit aus. Auf diese Ausnahme berufen sich sowohl die US-Behörden als auch die Unternehmen, deren umfangreiche Datenweitergabe an die NSA jetzt kritisiert wird. Eigentlich müssten sich US-Sicherheitsbehörden, die etwa gegen einen Terrorverdächtigen ermitteln, im Wege der internationalen Rechtshilfe an die EU-Staaten wenden, wenn sie Daten aus Europa erhalten wollen. Vor der Übermittlung würde dann von den zuständigen europäischen Behörden – in Deutschland: vom Bundesjustizministerium – geprüft, ob die Voraussetzungen für die Datenübermittlung vorliegen. Dieses rechtsstaatlich einwandfreie, aber aufwändige Verfahren wird unterlaufen, wenn die europäischen Daten quasi automatisch, ohne weitere Prüfung, auf Basis von

Safe Harbor an ein US-Unternehmen übermittelt werden und von diesem an US-Geheimdienste gelangen. In Europa wächst deshalb der Druck, das Safe-Harbor-Abkommen zu kündigen. So hat sich etwa das europäische Parlament dafür ausgesprochen, das Abkommen neu zu verhandeln. Das Europäische Parlament verlangt seine Aussetzung, und Datenschutzbehörden haben erklärt, das Safe-Harbor-Abkommen nicht mehr als Rechtsgrundlage für die Datenübermittlung in die USA zu akzeptieren.[292]

Bei einem Nachfolgeabkommen zu Safe Harbor wird es entscheidend darauf ankommen, dass – anders als bisher – staatliche Zugriffe auf Daten umfasst werden, die dem europäischen Datenschutzrecht unterliegen oder die aus Europa in die USA übermittelt wurden. Es darf nicht länger hingenommen werden, dass US-Behörden ohne angemessene rechtsstaatliche Sicherungen auf aus Europa stammende Daten zugreifen, diese kopieren und zu Profilen zusammenführen. Eine generelle Ausnahme für die Verarbeitung der Daten zu Zwecken der »nationalen Sicherheit« kann nicht akzeptiert werden. Auch die Safe Harbor- Prinzipien und das Beitrittsverfahren zum sicheren Hafen müssen verbessert werden.

Welche Rolle Europa bei der Durchsetzung internationaler Datenschutzstandards spielt, wird sich auch an dem Schicksal der EU-Datenschutzreform messen lassen. Dabei geht es zum einen um die weitere Harmonisierung der Datenschutzregeln in den EU-Mitgliedstaaten und eine bessere Kooperation der Datenschutzbehörden. Mindestens genauso wichtig ist allerdings eine eher unscheinbare Änderung bezüglich des Anwendungsbereichs des EU-Datenschutzrechts: Bisher können sich Unternehmen wie Google dem europäischen

Recht weitgehend dadurch entziehen, dass sie ihre Dienste aus den USA anbieten. In Zukunft würde diese Umgehungsstrategie nicht mehr klappen. Die EU-Kommission hat nämlich die Einführung eines »Marktortprinzips« vorgeschlagen. Danach soll das EU-Datenschutzrecht immer schon dann anwendbar sein, wenn Unternehmen Dienstleistungen oder Waren auf dem europäischen Markt anbieten und dabei in der Europäischen Union personenbezogene Daten erheben. Google und andere in Europa tätige US-Unternehmen müssten sich dann genauso an das europäische Recht halten wie die hier ansässigen Firmen.

Um der maßlosen Überwachung durch ausländische Behörden entgegenzuwirken, hat das europäische Parlament die Aufnahme einer weiteren »Daumenschraube« in das EU-Datenschutzrecht vorgeschlagen: In Fällen, in denen Behörden oder Gerichte aus Drittstaaten den Zugriff auf Daten anordnen, die dem europäischen Datenschutzrecht unterliegen, müssten die betroffenen Unternehmen eine Genehmigung der jeweiligen europäischen Datenschutzbehörde einholen, so der Vorschlag des Europäischen Parlaments. Die neue Vorschrift würde etwa zur Anwendung kommen, wenn das FBI oder die NSA die Herausgabe von in der Google- oder Microsoft-Cloud gespeicherten Daten anordnen. Die von derartigen Datenanforderungen betroffenen Unternehmen dürften die Daten nur dann an US-Behörden herausgeben, wenn die Datenschutzbehörde feststellt, dass die Herausgabe auch nach europäischem oder internationalem Recht zulässig ist. Zudem müssten die Betroffenen sowohl über die Anfrage als auch über die Autorisierung durch die Datenschutzbehörde informiert werden. Die Teilnahme an geheimen Überwachungsprogrammen wäre unzulässig.

Sollte die EU eine derartige Regelung beschließen, wäre ein Konflikt mit den USA vorprogrammiert: Nach US-Recht sind die Unternehmen zu strikter Geheimhaltung bezüglich der Datenherausgabe an Sicherheitsbehörden verpflichtet. Bisher ist es ihnen sogar untersagt, auch nur die Tatsache zu offenbaren, dass es entsprechende Anfragen – etwa der NSA oder des FBI – überhaupt gibt. Ob und wie dieser Konflikt aufgelöst werden kann, ist derzeit nicht abzusehen. Würde Europa wegen des politischen Drucks der US-Regierung auf die Durchsetzung seiner datenschutzrechtlichen Standards verzichten, wäre der damit einhergehende Vertrauensverlust kaum zu kompensieren.

Von großer Bedeutung wird auch sein, wie die Europäische Kommission die Verhandlungen mit der US-Regierung über das transatlantische Freihandelsabkommen TTIP fortführen wird. Es besteht die Gefahr, dass ein solches Abkommen den europäischen Datenschutz schwächt. So setzen sich Lobbyisten der US-IT-Industrie seit längerem dafür ein, den Datenschutz in die TTIP-Verhandlungen einzubeziehen, um so Verschärfungen des EU-Datenschutzrechts zu verhindern.[293] Dies wurde von der Europäischen Kommission bisher mit der Begründung zurückgewiesen, der Datenschutz solle jeweils in alleiniger Regelungskompetenz der USA und Europas bleiben. Angesichts des Anspruchs des TTIP, Handelshemmnisse zwischen den USA und der EU generell abzubauen und Standards auf das derzeitige Niveau zu begrenzen, ist aber fraglich, ob es ausreicht, das Thema bloß auszuklammern. So ist es naheliegend, dass die US-Seite – unter Hinweis auf TTIP – die Verschärfungen des europäischen Datenschutzrechts anfechten wird, die etwa in der Datenschutzgrundverordnung vorgesehen sind. Deshalb ist es angeraten, in einem Freihandelsabkommen mit den Vereinigten Staaten ausdrücklich klarzustellen, dass die nach europäischem Recht oder nach dem Recht der EU-Mitgliedstaaten vorgegebenen Datenschutzanforderungen keine Handelshemmnisse sind.[294]

Schließlich ist ein allgemeines Datenschutzabkommen zwischen der EU und den USA dringend erforderlich, das garantiert, dass die EU-Bürger in den USA effektive Rechtsschutzmöglichkeiten gegen das Handeln staatlicher Stellen bekommen. Bisher weigert sich die US-Regierung, EU-Bürgern solche Datenschutzgarantien zu geben, auf die sich US-Bürger in Europa selbstverständlich berufen können. Daran hat sich seit Beginn der NSA-Affäre nichts geändert – allen Bekundungen Präsident Obamas zum Trotz, die USA würden zukünftig auch die Rechte von Nicht-Amerikanern im Ausland respektieren.[295] Auch müssen die USA garantieren, dass die auf amerikanischen Servern gespeicherten personenbezogenen Daten europäischer Provenienz mindestens denselben Schutzmechanismen gegen staatliche Zugriffe unterliegen wie die Daten, die aus den USA stammen. Die schon seit Jahren wegen des hinhaltenden Widerstands der US-Seite ins Stocken geratenen Verhandlungen einer »High Level Contact Group« müssen endlich zu einem annehmbaren Abschluss gebracht werden. Ohne ein entsprechendes Ergebnis darf auch Safe Harbor nicht fortgeführt werden – massenhafte Verletzungen des in der Europäischen Grundrechtecharta garantierten Rechts auf Datenschutz darf die EU nicht in Kauf nehmen. Eine Lösung zeichnet sich bisher nicht ab, weil die US-Seite in diesen zentralen Fragen nicht zu wesentlichen Zugeständnissen bereit war. Es ist zu hoffen, dass im Zuge der auch in den Vereinigten Staaten geführten Diskussionen über die globalen Überwachungsaktivitäten der US-Geheimdienste diese Blockade überwunden werden kann.

## Wie weit tragen die Grundrechte?

Das Grundgesetz – wie auch die Verfassungen vieler anderer Staaten – enthält Garantien zur Gewährleistung des Post- und Fernmeldegeheimnisses. Kommunikation soll grundsätzlich frei von Überwachung stattfinden. Grundrechte gelten nicht absolut. Einschränkungen von Grundrechten sind nur ausnahmsweise, zum Schutz wichtiger Rechtsgüter und nur aufgrund eines Gesetzes zulässig. Dabei muss allerdings der Kern des Grundrechts gewahrt bleiben.

In den USA wird das Post- und Fernmeldegeheimnis nicht explizit durch die Verfassung garantiert. Trotzdem ist nach höchstrichterlichen Urteilen die Vertraulichkeit der Kommunikationsbeziehungen – wenn auch indirekt – verfassungsrechtlich geschützt. Der vierte Verfassungszusatz, der die Bürger vor willkürlichen Durchsuchungen und Festnahmen schützt, gilt nach der Rechtsprechung des Supreme Court auch für Kommunikationsbeziehungen. Allerdings sind in den USA nur die Inhalte der Kommunikation verfassungsrechtlich geschützt, nicht jedoch – anders als in Europa – die näheren Umstände der Kommunikation, d. h. wer mit wem wann kommuniziert hat.

Artikel 10 des Grundgesetzes schützt in Deutschland das Post- und Fernmeldegeheimnis. Die Urfassung dieses Grundgesetzartikels aus dem Jahr 1949 war kurz und klar: »Das Briefgeheimnis sowie das Post- und Fernmeldegeheimnis sind unverletzlich. Beschränkungen dürfen nur aufgrund eines Gesetzes angeordnet werden.« Die Überwachung von Telefonen und Fernschreibverbindungen unterlag damit denselben Anforderungen wie Einschränkungen anderer Grundrechte. Da die Telekommunikationsüberwachung in das Grundrecht nach Artikel 10 des Grundgesetzes eingreift, sind deren Voraussetzungen gesetzlich klar zu definieren. Die Überwachung unterliegt prinzipiell der uneingeschränkten Kontrolle durch die unabhängigen Verwaltungsgerichte. Dem entsprechend wurde in der Strafprozessordnung geregelt, unter welchen Voraussetzungen die Polizei Telefone für Zwecke der Strafverfolgung abhören durfte. Den Geheimdiensten passten derartige Beschränkungen allerdings nicht. Für sie wäre es offenbar es ein Graus gewesen, sich vor unabhängigen Gerichten in aller Öffentlichkeit für ihr Tun rechtfertigen zu müssen. Deshalb spielte sich eine unheimliche Arbeitsteilung zwischen den deutschen Nachrichtendiensten und den Geheimdiensten der alliierten Siegermächte ein. Insbesondere die strategische Kontrolle erfolgte auf Basis des weiterhin geltenden alliierten Besatzungsrechts. Soweit deutsche Stellen an nachrichtendienstlichen Überwachungsmaßnahmen beteiligt waren, handelten sie im Auftrag der westlichen Besatzungsmächte.

Im Jahr 1968, im Zuge der Verabschiedung der »Notstandsgesetze«, wurden die rechtlichen Möglichkeiten zur Einschränkung des Fernmeldegeheimnisses erweitert. Artikel 10 GG wurde um folgenden Passus ergänzt: »Dient die Beschränkung dem Schutze der freiheitlichen demokratischen Grundordnung oder des Bestandes oder der Sicherung des Bundes oder eines Landes, so kann das Gesetz bestimmen, dass sie dem Betroffenen nicht mitgeteilt wird und dass an die Stelle des Rechtsweges die Nachprüfung durch von der Volksvertretung bestellte Organe und Hilfsorgane tritt.« Mit diesen Änderungen, die durch eine Mehrheit der großen Koalition aus CDU/CSU und SPD unter Kurt Georg Kiesinger gegen den erbitterten Widerstand der FDP und der außerparlamentarischen Opposition (APO) durchgesetzt worden waren, konnte den deutschen Nachrichtendiensten die TKÜ auf eigene Rechnung erlaubt werden. Entsprechende Befugnisse enthielt das G10-Gesetz, das ebenfalls 1968 – zeitgleich mit der Änderung von Artikel 10 GG – in Kraft trat.

Auch wenn die Mütter und Väter des Grundgesetzes 1949 weder das Internet noch sonstige Formen der digitalen Kommunikation kannten, schützt Artikel 10 GG auch alle elektronischen Kommunikationsvorgänge. Das Grundrecht schützt also auch die Datenübertragung über das Internet. Die Grundrechte sollen die Bürger gegen unverhältnismäßige staatliche Eingriffe und Ansprüche schützen – Juristen sprechen deshalb auch von »Abwehrrechten« gegen den Staat. Zunächst einmal binden die Grundrechte deshalb die Träger staatlicher Gewalt. Behörden ist es grundsätzlich nicht gestattet, sich von der Telekommunikation der Bürger Kenntnis zu verschaffen. Auch die geschäftliche Kommunikation steht unter dem Schutz des Fernmeldegeheimnisses.

Um die Telekommunikation auch gegenüber privaten Lauschern und Mitlesern zu schützen, hat der Deutsche Bundestag die Anbieter von Telekommunikationsdiensten auf das Fernmeldegeheimnis verpflichtet: Das Telekommunikationsgesetz untersagt es den Anbietern von Telekommunikationsdiensten, »sich oder anderen über das für die geschäftsmäßige Erbringung der Telekommunikationsdienste einschließlich des Schutzes ihrer technischen Systeme erforderliche Maß hinaus Kenntnis vom Inhalt oder den näheren Umständen der Telekommunikation zu verschaffen«. Verstöße gegen diese Vorgabe werden strafrechtlich geahndet.

Nicht nur die übertragenen Inhalte, auch die »näheren Umstände« der Telekommunikation stehen unter dem Schutz des Fernmeldegeheimnisses. Aus gutem Grund: Hinter dem nebulösen Begriff »nähere Umstände« verbergen sich die Verkehrs- oder Metadaten, die bei jedem digitalen Kommunikationsvorgang entstehen. Sie geben Auskunft darüber, wer mit wem telefoniert, wer wem eine Kurznachricht sendet, wo er sich dabei aufhält und welches Gerät benutzt wird. Auch die im Internet verwendeten IP-Adressen, Absender- und Empfängerangaben in E-Mails gehören zu den Metadaten. Trotz des beschwichtigenden Hinweises amerikanischer und deutscher Politiker, dass die Überwachung der NSA größtenteils »nur« Metadaten betreffe, besteht kein Anlass zur Entwarnung. Schon das einzelne Metadatum kann äußerst sensibel sein, etwa wenn ein Teilnehmer bei einem Arzt, Anwalt oder bei einer Beratungsstelle anruft. Noch wesentlich aussagekräftiger sind massenhaft gespeicherte Metadaten. Aus ihnen lassen sich umfangreiche Persönlichkeits- und Verhaltensprofile gewinnen. Aus diesem Grund ist es dringend erforderlich, den – im Vergleich zu den Inhalten der Kommunikation – generell schwächeren gesetzlichen Schutz der Metadaten zu überprüfen. Jedenfalls dann, wenn Metadaten in großer Zahl ausgewertet werden, brauchen sie denselben Schutz wie Kommunikationsinhalte.

In dem Bericht an den Deutschen Bundestag[296] habe ich als BfDI im November 2013 darauf hingewiesen, dass ausländische Nachrichtendienste in der Lage sind, auch solche Telekommunikationsvorgänge zu erfassen, bei denen Sender und Empfänger sich in Deutschland befinden, die aber über ausländische Netzknoten geleitet werden. Damit wird die Schutzfunktion des – auch auf die umgeleiteten Daten grundsätzlich anwendbaren – Telekommunikationsgeheimnisses durchbrochen. Besonders fragwürdig sind derartige Praktiken, sofern die Daten von einem ausländischen Dienst an deutsche Nachrichtendienste übermittelt und von letzteren verwendet werden, obgleich diese die Daten nach deutschem Recht nicht hätten erheben dürfen. Damit können nationale (verfassungs-)rechtliche Beschränkungen unterlaufen bzw. umgangen werden. Diese Problematik besteht auch, wenn die Daten von einem ausländischen Nachrichtendienst illegal in Deutschland erfasst wurden. In diesem Fall begeht der ausländische Dienst nach deutschem Recht eine Straftat – ebenso verhält sich der empfangende deutsche Nachrichtendienst rechtswidrig, sofern dieser von der illegalen Datenerhebung Kenntnis hat.

Nicht nur die Daten, die über Telekommunikationsnetze oder per Post übertragen werden, stehen unter dem Schutz der Grundrechte. Immer wenn personenbezogene Daten verarbeitet werden, sind Grundrechte im Spiel. Das Fernmeldegeheimnis wird von den Grundrechten auf »informationelle Selbstbestimmung« und auf »Gewährleistung der Vertraulichkeit und Integrität informationstechnischer Systeme« flankiert. Beides geht auf die Rechtsprechung des Bundesverfassungsgerichts zurück. Bereits im Jahr 1983 hatte das Bundesverfassungsgericht in seinem Volkszählungsurteil[297] sehr weitsichtig auf die Gefahren hingewiesen, die mit der immer intensiveren elektronischen Erfassung persönlicher Lebensumstände zusammenhängen. Die verfassungsrechtlich verbürgte freie Entfaltung der Persönlichkeit (Art. 2 Abs. 1 GG) umfasst ein Grundrecht eines jeden Menschen, über die Preisgabe und Verwendung seiner persönlichen Daten grundsätzlich selbst zu bestimmen.

Auch der heimliche staatliche Zugriff auf vertrauliche Daten, die auf Computern oder anderen IT-Systemen gespeichert sind, ist regelmäßig ein Grundrechtseingriff. Nach der Rechtsprechung des Bundesverfassungsgerichts ist die »Ge-

233

währleistung der Vertraulichkeit und Integrität informationstechnischer Systeme« ebenfalls ein Grundrecht.[298] Wie das
»Grundrecht auf informationelle Selbstbestimmung« steht der
Anspruch auf »digitale Intimsphäre« nicht explizit im Grundgesetz. Beide Grundrechte sind Ausprägungen des allgemeinen Persönlichkeitsrechts. Wenn staatliche Stellen etwa kryptographische Verfahren brechen oder Trojaner oder andere
Spähsoftware auf Computersystemen installieren, beeinträchtigen sie die Vertraulichkeit und Integrität der Informationstechnik. Da Eingriffe in informationstechnische Systeme
durch Strafverfolgungsbehörden oder Nachrichtendienste
stets heimlich, ohne Kenntnis des Betroffenen erfolgen, hat
das Bundesverfassungsgericht hierfür die Schwellen besonders
hoch gelegt. Geheimdienstliche Praktiken, mit denen massenweise Computer überwacht und manipuliert werden, verstoßen gegen dieses »Computergrundrecht«. Wenn etwa die
NSA – wie wiederholt behauptet – auch auf deutschen Computersystemen Trojaner platziert haben sollte, bricht sie deutsches Recht. Interessanterweise nahmen manche deutsche
Innenpolitiker derartige Praktiken billigend in Kauf, als es
darum ging, für die eigenen Geheimdienste und Polizeibehörden vergleichbare Möglichkeiten zu verlangen, wie sie die
US-Behörden nutzen. So wurde etwa wiederholt behauptet,
die Aufklärung verschiedener terroristischer Anschlagsplanungen sei den deutschen Behörden nur durch Verwendung
von Informationen möglich gewesen, die sie von amerikanischer Seite erhalten hätten, welche diese unter Einsatz bei uns
unzulässiger Mittel gewonnen hatten.[299]

Selbstverständlich umfasst der Schutz des deutschen Rechts
sämtliche innerhalb Deutschlands abgewickelte Datenverar-
beitungsvorgänge. Das Recht auf informationelle Selbstbe-

stimmung gilt gleichermaßen für Deutsche und Ausländer, und es schützt auch die im Inland verarbeiteten Daten von Personen, die sich nicht in Deutschland aufhalten.

Deutsche öffentliche Stellen müssen den Datenschutz stets beachten, unabhängig davon, wo sie gerade operieren. Mehr noch: Die deutschen Verfassungsorgane müssen sich auf europäischer und internationaler Ebene für den Schutz des Telekommunikationsgeheimnisses, des Rechts auf informationelle Selbstbestimmung und die Wahrung der Vertraulichkeit und Integrität informationstechnischer Systeme auch im internationalen Verkehr einsetzen. Aus der staatlichen Schutzpflicht folgt auch, dass die Bundesregierung auf europäischer Ebene und darüber hinaus in diesem Sinne aktiv werden muss.


## Technik: Vom Teil des Problems zum Teil der Lösung

Immer wieder hört man von Politikern, die zur Eingrenzung der globalen Überwachung aufgefordert werden, den Hinweis, die Bürger müssten sich selbst besser schützen. Jeder sei letztlich selbst daran schuld, wenn seine Daten abgehört würden, die er dem Internet anvertraut habe.[300] Auch wenn derartige Bekundungen allzu häufig bezwecken, von der eigenen Verantwortung abzulenken, ist es im digitalen Zeitalter durchaus von Belang, wie man sich selbst verhält, welchen Risiken man sich aussetzt und was man unternimmt, um Gefahren zu vermeiden. Dabei sollte allerdings nicht vergessen werden, dass der »digitale Selbstschutz« anderen Bedingungen folgt als manche Vorsichtsmaßnahme im realen Leben. Anhang I enthält deshalb zehn Regeln, wie man sich im Netz sicherer bewegen kann. Mit den beschriebenen Maßnahmen können wir die Sicherheit der von uns verwendeten Technik verbessern und denjenigen das Geschäft erschweren, die – aus welchen Gründen auch immer – an unseren Daten interessiert sind. Trotzdem sollte sich niemand in falscher Sicherheit wiegen. Angesichts der ausgefeilten Techniken und riesigen Mittel, die insbesondere Nachrichtendiensten zur Verfügung stehen, ist es dem Laien kaum möglich, sich vollständig zu schützen.

Der FAZ-Herausgeber Frank Schirrmacher vergleicht die Erkenntnisse aus den Snowden-Papieren mit dem »Sputnik-Schock«,[301] den die Vereinigten Staaten 1959 erlitten hatten, als sie feststellen mussten, dass der erste Weltraumsatellit nicht etwa durch die US-Raumfahrtbehörde NASA auf den Weg gebracht worden war, sondern von den Russen. In den USA setzte diese gefühlte Niederlage ungeheure Mittel frei, um beim Wettrennen im Weltraum wieder in die Pole-Position zu kommen. Präsident John F. Kennedy versprach – auch unter dem Eindruck des Sputnik-Schocks –, die USA würden binnen zehn Jahren den ersten Astronauten auf den Mond bringen. Ein Versprechen, dessen Einlösung den USA einen großen technologischen Vorsprung gegenüber der restlichen Welt sicherte, der sich in manchen Bereichen bis heute gehalten hat. Unter Bezugnahme auf diese Erfahrung meinte Schirrmacher, es wäre angesichts der Meldungen zu geheimdienstlichen Überwachungsaktivitäten grundfalsch, wenn Europa den Kopf in den Sand stecken und sich mit einer digitalen Opferrolle abfinden würde. Vielmehr müsse die »brachliegende digitale Intelligenz« Europas entfesselt werden, indem man Initiativen für »integre Netzwerke und, wer weiß, auch für Suchmaschinen politisch ins Leben ruft und fördert«.

Was könnte diese »digitale europäische Intelligenz« bewirken? Es gibt durchaus verschiedene technische und juristische Stellschrauben für einen besseren Schutz der Daten. Mehr noch: Angesichts des grassierenden Vertrauensverlusts in amerikanische Internetdienste und der begründeten Vermutung, aus den USA oder China stammende Produkte enthielten Hintertüren oder bewusst eingebaute Schwachstellen, lässt sich durchaus europäisches Kapital schlagen. Ob bei der Kryptographie, beim Routing, bei der Gestaltung von E-Mail-Diensten oder bei den Anforderungen an Cloud-Speichern: Ansatzpunkte gibt es mehr als genug. Ob die sich hier bietenden Chancen allerdings auch wirklich wahrgenommen werden, ist indes noch ungewiss. Sehr ambivalent verhält sich etwa die Industrie, die bei anderer Gelegenheit nicht zögert, ihre Interessen einzufordern. Schirrmacher weist darauf hin, dass der »deutsche« IT-Branchenverband Bitkom maßgeblich von Ablegern globaler US-Firmen beeinflusst werde und sich auch deshalb kaum als Speerspitze deutscher oder europäischer Interessen eigne. Und die Wirtschaftswoche berichtete über einen heftigen Streit in diesem Verband zum Umgang mit der NSA-Affäre. Aus dessen Protokollen gehe hervor, dass sich die amerikanischen Mitglieder vehement gegen den Vorschlag deutscher IT-Unternehmen gewehrt hätten, sichere Hard- und Software »Made in Germany« zu forcieren. Insbesondere die Forderung, Datenpakete von und nach Deutschland nicht mehr über Server in den USA und Großbritannien umzuleiten, weil diese von der NSA und dem britischen Geheimdienst GCHQ angezapft werden, sei von den Amerikanern blockiert worden.[302]

Dabei gibt es genügend deutsche – und europäische – Unternehmen, die von einem neuen Geschäftsfeld Datenschutz und Datensicherheit profitieren würden. Bereits jetzt stehen leistungsfähige europäische Cloud-Services zur Verfügung, die ohne US-Beteiligung funktionieren. Dies hat US-Cloud-Anbieter dazu veranlasst, europäischen Kunden zuzusichern, dass deren Daten ausschließlich in Europa gespeichert würden. Ob damit allerdings der gewünschte Schutz vor Überwachung erreicht wird, ist zumindest offen. Denn die amerikanischen Behörden bestehen darauf, dass die US-Unternehmen – völlig unabhängig von der europäischen Rechtslage – auch solche Daten herauszugeben haben, die auf Servern außerhalb der Vereinigten Staaten gespeichert sind. Inwieweit die US-Unternehmen diesen Ansinnen folgen, auch wenn sie gegen das Recht der Staaten verstoßen, in denen die Server stehen, ist nicht bekannt.

Auch in anderen Bereichen, insbesondere bei E-Mails, gibt es deutsche und europäische Alternativen, die den Vergleich mit der amerikanischen Konkurrenz nicht fürchten müssen. Insbesondere wenn gewährleistet wird, dass die Datenübertragung sicher verschlüsselt erfolgt, könnte die Wahl eines solchen Dienstes einen erheblichen Zugewinn an Sicherheit und Datenschutz bedeuten. Problematisch ist dabei bisher allerdings, dass die meisten Angebote für verschlüsselte E-Mails lediglich eine »Verbindungsverschlüsselung« vorsehen, d. h., die verschlüsselt übertragenen E-Mails werden von den Anbietern temporär entschlüsselt und könnten an diesen Schnittstellen gegebenenfalls im Klartext mitgelesen werden. Technisch ist es allerdings möglich, auf professioneller Basis eine Ende-zu-Ende-Verschlüsselung zu gewährleisten. Es ist nur eine Frage der Zeit, bis entsprechende Angebote auf den Markt kommen.

Noch nicht – oder nicht mehr – wirklich konkurrenzfähig

ist die europäische Industrie in weiten Bereichen der Netz-
werktechnik. Amerikanische und chinesische Unternehmen
haben hier außergewöhnlich starke Marktpositionen errun-
gen. Europäische Kunden können bei beiden Herkunftslän-
dern nicht sicher sein, dass die entsprechenden Produkte frei
von Hintertüren und nicht dokumentierten Überwachungsschnittstellen sind. Hier hätte eine europäische Industrie-
politik gute Chancen, mit gezielter Förderung sicherer und
zugleich leistungsfähiger Produkte die Entwicklung markt-
gängiger Produkte »made in Europe« zu erreichen, die sich in
der Konkurrenz mit chinesischen und US-amerikanischen
Anbietern behaupten. Wenn gewährleistet ist, dass die Systeme ohne Einbußen an Qualität und Komfort zugleich die
Vertraulichkeit und Integrität der Datenübertragung garantieren, könnte sich hier eine interessante Marktposition gewinnen lassen, weit über Deutschland und Europa hinaus.

Noch weitgehend offen ist die Entwicklung im Bereich der
Apps, die auf Smartphones, Tablet-Computern und zunehmend auch bei anderen IT-Systemen zum Einsatz kommen.
Bekanntlich profitieren die NSA und der GCHQ von daten-
gierigen Apps, die auf den Geräten gespeicherte Daten, Standorte und Gewohnheiten der Nutzerinnen und Nutzer ausspionieren. Es wäre vermutlich illusorisch, hier ausschließlich
auf Apps europäischer Provenienz zu setzen. Allerdings ist es
durchaus denkbar, auch hier über ein gestuftes System der
Qualitätssicherung für mehr Sicherheit und Transparenz zu
sorgen. Dabei wären die Betreiber von Plattformen, über die
Apps für die verschiedenen Geräte und Betriebssysteme angeboten werden, in die Pflicht zu nehmen, die Übereinstimmung der Programme mit den europäischen Datenschutzanforderungen zu garantieren. Datenschutz-Gütesiegel, die von

unabhängigen Experten vergeben werden, wären hier ein sinnvolles Werkzeug.

Als Reaktion auf die Berichte über die insbesondere durch die amerikanischen und britischen Geheimdienste betriebenen globalen Überwachungsmaßnahmen wurde vorgeschlagen, europäische Datenpakete nicht mehr über Netzknoten in Übersee zu senden. So forderten die Datenschutzbeauftragten des Bundes und der Länder, »zu prüfen, ob das Routing von Telekommunikationsverbindungen in Zukunft möglichst nur über Netze innerhalb der EU erfolgen kann.«[303] Das Internet-Routing sollte so konfiguriert werden, dass die innerhalb eines Gebiets versendeten Nachrichten dieses nicht mehr wie bisher verlassen. Bemerkenswert ist der Vorschlag eines »Schengen-Routing«, benannt nach dem Abkommen über den freien Reiseverkehr in Europa. Dabei würden die Datenpakete ausschließlich über Netzknoten in den Teilnehmerstaaten des Schengener Abkommens geleitet – Umwege über Drittstaaten, etwa die USA, wären auszuschließen.[304] Der Schengen-Raum umfasst die meisten Mitgliedstaaten der Europäischen Union und einige andere europäische Staaten, nicht jedoch Großbritannien und Irland. Die Begrenzung auf die Schengen-Staaten könnte – so die Überlegung – nicht nur die NSA an einem Datenzugriff hindern, sondern auch den britischen Nachrichtendienst GCHQ, der im Rahmen des Programms Tempora maßgeblich an den Überwachungsaktivitäten beteiligt ist. Ein Nebeneffekt könnte darin bestehen, wichtige US-Internetunternehmen mit europäischen Hauptniederlassungen in Großbritannien und Irland bei der Datenübertragung zu umgehen.

Auch in anderen Weltregionen – etwa in Brasilien und Indien – werden ähnliche Überlegungen über ein »eigenes In-

ternet« angestellt. Über die Machbarkeit und die Sinnhaftig-
keit eines regional begrenzten Routings gehen die Meinungen
auseinander. Nach wie vor dominieren amerikanische Anbieter das Internet. Mehr als die Hälfte der globalen Internetverbindungen entfallen auf die G20-Staaten, darunter 70 Prozent auf die »Big Five« USA, Russland, Großbritannien,
Deutschland und Frankreich.[305]

Technisch ist es heute ohne weiteres möglich, Datenver-
bindungen, bei denen beide Kommunikationspartner sich in
Europa befinden, nur über europäische Netzknoten zu leiten.
In den letzten Jahren wurden die europäischen Netzinfra-
strukturen massiv ausgebaut, so dass jedes Datenpaket innerhalb des Schengen-Raums geroutet werden könnte. Tatsächlich werden aber immer noch viele Datenströme über die USA
geleitet. Derzeit erfolgt die Wegewahl im Internet im Wesentlichen nach den Kriterien Preis, Entfernung und Service-Qua-
lität. Die Umleitung europäischer Datenpakete über US-
Netzknoten hat weniger technische als finanzielle Gründe,
denn die US-Anbieter bieten deutlich günstigere Konditionen als die europäische Konkurrenz. Das Schengen-Routing
würde dementsprechend vermutlich zu erhöhten Kosten führen, jedoch kaum mit Einbußen in der Qualität und Ge-
schwindigkeit der Verbindungen verbunden sein. Auch die
Ausfallsicherheit des europäischen Netzes ist durch vielfach
redundante Verbindungen heute weitgehend gewährleistet.

Trotzdem würden entsprechende Vorgaben zum Routing
nicht automatisch zum Versiegen der Datenströme über den
Atlantik führen. Zum einen werden Daten auch weiterhin
stets dann in die USA übertragen, wenn die elektronischen
Dienstleistungen von dort aus erbracht werden. Dazu kommt,
dass amerikanische Anbieter die Daten ihrer Nutzer über ihre

in den USA gelegenen Infrastrukturen leiten und überwiegend dort auf Servern ablegen. Wer einen amerikanischen E-Mail-Dienst nutzt oder Google als Suchmaschine verwendet, muss also – auch wenn das Schengen-Routing kommen sollte – weiterhin damit rechnen, dass seine Daten in den USA landen, auf dem Weg über Netzknoten und Überseekabel durch den GCHQ und die NSA abgehört und auf Anfrage an US-Sicherheitsbehörden herausgegeben werden. Dies gilt auch für Facebook, das seine Dienste seit einigen Jahren europäischen Nutzern offiziell unter der Firma »Facebook Ltd.« aus Dublin anbietet, denn technisch wird der Dienst weiterhin überwiegend in den USA betrieben.

Außer bei der Wahl des Anbieters können die Endverbraucher bisher kaum beeinflussen, ob ihre Daten in Europa oder in anderen Weltteilen gespeichert werden und über welche Leitungen sie fließen, sie können es nicht einmal erkennen. So verwenden viele europäische Unternehmen Dienste von US-Anbietern, die auf US-Infrastrukturen basieren. Dies gilt etwa für die Messung der Reichweite von Angeboten im Internet. Wenn ein Nutzer ein deutsches Web-Angebot aufruft, das mit einem amerikanischen Web-Analysesystem verknüpft ist (etwa Google Analytics), werden Nutzerdaten an einen US-Server übertragen und dort ausgewertet. Auch bei der Vermittlung von Werbebotschaften werden Webaufrufe umgeleitet, etwa wenn der Anbieter sich der Dienste des vor Jahren von Google aufgekauften Unternehmens DoubleClick bedient. Auch hier landen die Daten ohne Zutun der Nutzerinnen und Nutzer auf amerikanischen Rechnern. Neben der Festlegung von Routing-Vorgaben ist es deshalb entscheidend, ob es zukünftig konkurrenzfähige Alternativen zu den US-Diensten geben wird.

242

Nicht vergessen werden darf auch, dass Vorgaben zum Routing auch Auswirkungen auf die innereuropäische Konkurrenzsituation haben können. So erntete die Telekom auf ihren Vorschlag eines »nationalen IP-Routings«[306] empörte Reaktionen anderer deutscher Internet-Anbieter. Der Geschäftsführer des größten deutschen Internetknotens DE-CIX, Harald Summa, bezeichnete die Initiative der Telekom als »reine Marketingaktionen und Irreführung der Politik«. Die Telekom behindere den Verbleib der Datenpakete im deutschen Rechtsraum, denn sie organisiere den Transport ihrer Daten direkt mit anderen Netzbetreibern und beteilige sich nicht am öffentlichen, gleichberechtigten Datenaustausch (»public peering«). Dies habe die Folge, dass nicht mit der Telekom verbundene Netzanbieter an Telekom-Kunden gerichtete Datenpakete vielfach nur über das Ausland zustellen könnten.[307] Dieser Streit verdeutlicht, dass auch bei der Festlegung von Vorgaben zum Routing Wettbewerbsverzerrungen vermieden werden müssen.

Trotz dieser offenen Probleme ist absehbar, dass das Internet sich in kurzer Zeit dramatisch verändern wird. Aus einem globalen, die weltumspannende Kommunikation ermöglichenden Medium könnte – so ein extremes Szenario – ein Patchwork nationaler Netze werden, die jeweils eigenen Regeln folgen. Zwar würden diese nationalen oder regionalen Netze nicht völlig vom Internet abgehängt, die Außenkommunikation wäre aber nur noch in einem national definierten Umfang über kontrollierte Gateways möglich. Damit würden nationale Rechtsordnungen bei der Internet-Regulierung wieder eine stärkere Rolle spielen. Dies könnte – jedenfalls in demokratischen Staaten – durchaus positive Effekte haben, etwa für die Gewährleistung von Grundrechten, die durch die globale Internetüberwachung unterminiert, umgangen und auf breiter Front gebrochen worden sind. Andererseits ist aber auch zu befürchten, dass Zensur und Überwachung – nun auf nationaler Ebene – neue Triumphe feiern, wie man schon jetzt in China und Russland beobachten kann: Ein nationales Netz lässt sich leichter kontrollieren, seine Nutzer registrieren und reglementieren. Von dem emanzipatorischen Anspruch des Internet, der etwa nach dem arabischen Frühling 2011 beschworen wurde,[308] bliebe nicht mehr viel übrig.

## Zukunftstechnologie Verschlüsselung

Seit der Erfindung der E-Mail wird deren Vertraulichkeitsgrad ziemlich zutreffend mit dem einer Postkarte verglichen: Jeder, der Zugriff hat, kann mitlesen. Zudem grassieren Datenmissbrauch und Identitätsdiebstahl im Internet. Der NSA und dem GCHQ ist es offenbar nicht nur gelungen, diese Schwachstellen für ihre Zwecke auszunutzen und den verschlüsselten Internetverkehr großflächig auszuwerten. Der amerikanische Kryptologie- und Security-Experte Bruce Schneier setzt – wie viele andere Informatiker – weiterhin auf die Datenverschlüsselung. Selbst wenn man Überwachung letztlich nicht völlig verhindern könne, bestehe zumindest die Chance, sie den Nachrichtendiensten deutlich zu erschweren und für sie teuer zu machen.[309] Der auf IT-Sicherheit spezialisierte Hamburger Informatikprofessor Hannes Federrath ist der Auffassung, dass die Verschlüsselung von E-Mails, Datenvermeidung und Datensparsamkeit und die Verwendung aktueller Software aus legalen Quellen zum Basisschutz normaler Internetnutzer und großer Unternehmen gehören.[310] Wie und warum kryptographische Verfahren die Vertraulichkeit von Daten sicherstellen können – trotz intensiver geheimdienstlicher Überwachungsmaßnahmen – soll im Folgenden erläutert werden.

Bei der Verschlüsselung werden Texte oder andere Daten, etwa Ton- und Bildaufzeichnungen, in »unleserliche« Zeichenfolgen umgewandelt. Als wichtige Parameter der Verschlüsselung werden ein oder auch mehrere Schlüssel verwendet.[311] Wie sicher ein Verschlüsselungssystem ist, hängt von dem jeweils verwendeten mathematischen Verfahren (Verschlüsselungsalgorithmus), seiner Umsetzung in Hard- und Software (Implementierung) und von der Qualität und Länge des verwendeten Schlüssels ab. Eine Verschlüsselung gilt dann als »perfekt«, wenn »ein Kryptoanalytiker keine Chance hat, auch wenn er alles Wissen und alle Rechenkapazität der Welt einsetzte. Keine Chance zu haben bedeutet, dass er nach jeder noch so sorgfältigen Analyse nicht mehr weiß, als er ohnehin schon wusste.«[312] Die Möglichkeit eines solchen absolut sicheren Verschlüsselungssystems ist theoretisch nachgewiesen. Praktisch muss man allerdings einige Abstriche machen. Alle funktionierenden kryptographischen Systeme gelten nur unter bestimmten Prämissen hinsichtlich der Fähigkeiten der »Gegenseite«, insbesondere in Bezug auf die Rechenkapazitäten, als sicher. Bei der Bewertung der Sicherheitsmarge wird nicht nur die derzeitige Computertechnik berücksichtigt, sondern auch zukünftige Entwicklungen, etwa in den nächsten fünf bis zehn Jahren.

Die Sicherheit nahezu aller Verschlüsselungsalgorithmen ist zudem nicht vollständig nachgewiesen. Alle Feststellungen zur Sicherheit der jeweiligen Verfahren beruhen vielmehr auf der Prüfung und Diskussion durch die Fachöffentlichkeit.

Deshalb ist es von entscheidender Bedeutung, dass Verschlüsselungsalgorithmen dokumentiert und öffentlich nachprüfbar sind.

Zwar zeigen sich bisweilen selbst bei etablierten, schon lange öffentlich bekannten kryptographischen Verfahren Schwachstellen, dies ist aber eher die Ausnahme und nicht die Regel. Ein generelles Problem besteht darin, dass auf Zufallszahlen basierende Verschlüsselungsverfahren mit zunehmender Leistungsfähigkeit der zum Dechiffrieren verwendeten Computer prinzipiell gebrochen werden können. So konnte der in den 1970er Jahren entwickelte und lange Zeit als sicher geltende »Data Encryption Standard« (DES) aufgrund der auf 56 Bit begrenzten Schlüssellänge 1997 erstmals gebrochen werden, nachdem seine Schwächen bereits fünf Jahre zuvor zumindest theoretisch nachgewiesen worden waren.[313]

Dagegen können Verfahren, deren Funktionsweise geheim gehalten wird, nicht durch unabhängige Experten und eine kritische »Netz-Community« nachgeprüft werden. Bisweilen wird die Geheimhaltung der Verschlüsselungsalgorithmen sogar als Argument für mehr Sicherheit verkauft. Eine derartige Sichtweise blendet aber aus, dass nicht nur externe Angreifer versuchen, die Verschlüsselung zu durchbrechen, sondern dass auch Insider, die Kenntnisse über Schwachstellen eines Verschlüsselungsverfahrens besitzen, an Angriffen auf gesicherte Daten mitwirken oder ihr Wissen Dritten verkaufen könnten. An »Security by Obscurity« sollte man spätestens jetzt nicht mehr glauben, nachdem bekannt ist, wie erfolgreich die NSA auf die Schwächung von Verschlüsselungsverfahren hingearbeitet hat. Deshalb sollten grundsätzlich nur solche Verfahren verwendet werden, deren Programmcode und Funktionsweise öffentlich dokumentiert ist (»Open Source«).

Die Verschlüsselungsalgorithmen müssen in Software umgesetzt werden. Eine »schlampige« oder bewusst nachlässige Programmierung kann dazu beitragen, dass an und für sich sichere Algorithmen unterlaufen oder umgangen werden. So bieten derartige Schwachstellen den Geheimdiensten Ansatzpunkte zur Kommunikationsüberwachung. Auch hier gilt: Open-Source-Software ist solchen Programmen vorzuziehen, deren Programmcode und Funktionsweise von den Anbietern geheim gehalten werden.

Die verwendeten Schlüssel beruhen zumeist auf Zufallszahlen. Diese werden durch Zufallszahlengeneratoren erzeugt, zumeist Software, die eng mit der jeweils eingesetzten Hardware zusammenarbeitet. Nur wenn die Erzeugung und Verwaltung der Schlüssel einwandfrei und in einer gesicherten Umgebung stattfindet, kann der Schutz gewährleistet werden. Die Sicherheit eines Verschlüsselungsverfahrens wird danach beurteilt, wie lange ein leistungsfähiger Computer braucht, um einen unbekannten Schlüssel zu errechnen. Die Qualität eines Verfahrens ist umso besser, je schwieriger – und damit langwieriger – die Errechnung des Schlüssels ist. Auf diese Weise lässt sich bestimmen, ob und unter welchen Annahmen über die Entwicklung der Leistungsfähigkeit von Computern bestimmte Verfahren und Schlüssellängen als hinreichend sicher anzusehen sind. Für derartige Einschätzungen wird mit erheblichen Sicherheitsmargen gearbeitet, die allerdings unter dem Vorbehalt stehen, dass es bei mathematischen Verfahren zur Schlüsselberechnung nicht zu dramatischen Durchbrüchen kommt. Die jeweils empfohlenen Schlüssellängen werden laufend untersucht und in Empfehlungen zusammengefasst.[314]

Wenn der Zugriff auf die Schlüssel durch ein schwaches

Passwort »abgesichert« ist, nützt auch die beste Verschlüsselung nichts. Deshalb kommt der Passwortqualität große Bedeutung zu: Weder »1234567« noch »password« oder im Wörterbuch stehende Begriffe sollten verwendet werden.

Vielfach haben die Nutzer keinen Einfluss darauf, ob und mit welchem Verfahren Daten verschlüsselt werden. Dies gilt insbesondere für die Mobilfunknetze. Handy, Smartphone oder Tablet-Computer übertragen die Daten zwar im Regelfall verschlüsselt über die Funkstrecke. Die dabei verwendeten Verfahren sind aber nicht (mehr) als sicher anzusehen. Unter Verwendung handelsüblicher Geräte lassen sich entsprechende Abhörmaßnahmen durchführen – sowohl bei der Sprachkommunikation als auch bei der Datenübertragung. Zudem können Mobilfunknetze so konfiguriert werden, dass selbst die Standardverschlüsselung nicht aktiviert wird. Genau diese Schwäche nutzen Geheimdienste, wenn sie die Handys von Zielpersonen abhören wollen.

Gegen das Abhören der Mobilkommunikation helfen deshalb letztlich nur speziell »gehärtete« Mobilfunkgeräte, bei denen Daten und Sprache durchgängig verschlüsselt übertragen werden. Allerdings haben sich Kryptohandys, die seit Jahren von verschiedenen Herstellern angeboten werden, bisher nicht durchgesetzt. Auch bei Spitzenpolitikern und Wirtschaftsbossen, die von ihren Sicherheitsfachleuten mit entsprechenden Geräten ausgestattet worden sind, sind Kryptohandys unbeliebt, denn das Plus an Sicherheit wird durch ein Minus an Komfort bezahlt. Zudem kann man mit einem Kryptohandy nur dann sicher kommunizieren, wenn auch der Gesprächspartner ein Gerät mit demselben Standard gebraucht. Einem massenweisen Einsatz von Kryptohandys steht letztlich auch deren hoher Preis im Wege. Einen Ausweg könnte auch bei der Mobiltelefonie die Verwendung von Verschlüsselungsmechanismen bieten, die für das Internet zur Verfügung stehen. Ein Allheilmittel ist dies allerdings auch nicht, zumal wenn Geheimdienste sich – wie von Skype berichtet – über die jeweiligen Anbieter Zugang zur Internet-Telefonie verschaffen.

Während bei kommerziellen Verfahren heute überwiegend symmetrische Verschlüsselungsverfahren zum Einsatz kommen, basiert das für die Ende-zu-Ende-Verschlüsselung von E-Mails verwendete PGP (bzw. GPG) auf asymmetrischen Schlüsseln. Bei symmetrischen Verschlüsselungsverfahren erfolgt die Verschlüsselung und die Entschlüsselung mit demselben Schlüssel. Deshalb ist es für diese Verfahren entscheidend, wie der Schlüsselaustausch zwischen den Beteiligten stattfindet. Dagegen werden bei der asymmetrischen Verschlüsselung für die Ver- und Entschlüsselung jeweils unterschiedliche Schlüssel verwendet. Bei der Verschlüsselung kommt ein öffentlich zugänglicher Schlüssel zum Einsatz (Public Key); der Empfänger verwendet für die Entschlüsselung der Botschaft seinen geheimen Schlüssel (Secret Key). Der Vorteil eines asymmetrischen Verfahrens liegt auf der Hand: Der öffentliche Schlüssel kann auf einer Webseite veröffentlicht oder mittels E-Mail versandt werden. Von entscheidender Bedeutung ist allerdings die Verwaltung des geheimen Schlüssels. Auch wenn die NSA und andere Nachrichtendienste erhebliche Mittel aufwenden, um auch dieses System zu brechen, gilt es nach wie vor als sicher.

Das Fazit lautet: Öffentlich dokumentierte, sauber implementierte und sorgfältig eingesetzte Verschlüsselungsverfahren machen es Lauschern und Überwachern schwer bis unmöglich, die übertragenen Daten mitzulesen. Verschlüsselung bleibt also das Mittel der Wahl, um vertrauliche Daten zu schützen.

## Datenschutz als Wirtschaftsfaktor

Die Gewährleistung der Sicherheit und Vertraulichkeit von Daten ist von zunehmender wirtschaftlicher Bedeutung. Zum einen müssen Informationen von wirtschaftlichem Wert vor unerwünschten Einblicken Dritter bewahrt werden. Wenn etwa die Konkurrenz Einblick in die vertraulichen Kalkulationen und Konstruktionsunterlagen bekommt, kann dies existenzielle Gefahren für das betreffende Unternehmen auslösen. Deshalb genießt die Informationssicherheit beim Management vieler Unternehmen heute wesentlich größere Aufmerksamkeit als je zuvor. Auch wegen der größeren Sensibilität der privaten Nutzer wirken sich Berichte über Sicherheitslücken und staatliche Überwachung auf die Geschäfte von IT-Unternehmen aus, speziell wenn sie Produkte oder Dienstleistungen anbieten, die über das Internet abgewickelt werden. Der Vertrauensverlust der Nutzer gefährdet die Geschäftsinteressen der Internetwirtschaft, allen voran diejenigen der US-Internetkonzerne – es mehren sich Berichte über Verluste und Umsatzeinbußen.[315]

Diese wirtschaftlichen Schwierigkeiten können für den Datenschutz durchaus positive Effekte haben. Es verbessern sich die Chancen, dass es hier zu ungewöhnlichen Allianzen kommt – zwischen Internetunternehmen, Bürgerrechtlern und Datenschützern. So wandten sich acht der größten Internetkonzerne, darunter Google, Facebook, Twitter, Microsoft und Yahoo, in einer gemeinsamen Erklärung an die US-Regierung und forderten die Begrenzung staatlicher Überwachungspraktiken. In bis dahin ungewöhnlicher Deutlichkeit kritisierten die Konzerne das massenweise, anlasslose Ausspähen der Kommunikation. Und sie forderten mehr

Transparenz über die Datenanforderungen der Geheimdienste, denen zu folgen sie verpflichtet sind.[316]

Auch wenn diese Abgrenzung der Internetgiganten von staatlicher Massenüberwachung zu begrüßen ist, wäre es doch naiv, allein darauf zu setzen, dass die globalen Internetkonzerne plötzlich zu Garanten der Bürgerrechte werden. Es darf auch nicht vergessen werden, dass es insbesondere die überaus erfolgreichen Geschäftsmodelle von Facebook und Google sind, die den staatlichen Datensammlern den Weg gebahnt haben. Ohne diese Geschäftsmodelle wäre die Datenausbeute der globalen staatlichen Abhöraktionen bei weitem geringer.

Europäische Unternehmen, die sichere Internetdienste und datenschutzfreundliche Technik bereitstellen, könnten zu den großen Gewinnern der Überwachungsaffäre gehören. Wenn sie mit Produkten aufwarten können, deren Datenschutzfreundlichkeit durch unabhängige Gutachter geprüft und bescheinigt wird, wird sich das positiv auf ihre Konkurrenzfähigkeit auswirken. Insofern ist es nicht nur kein Wettbewerbsnachteil, sondern ein echter Wettbewerbsvorteil, wenn die deutsche – und europäische – Industrie verstärkt derartige Produkte und Dienstleistungen entwickelt und auf den Markt bringt. Datenschutz als Wettbewerbsvorteil – die Chancen dafür stehen heute besser denn je!

### Wie kommen wir zu einem neuen gesellschaftlichen Konsens?

Die von manchen gehegte Hoffnung oder Befürchtung, in die Zeiten vor dem Internet oder sogar vor Erfindung des Computers und Mobilfunks – und damit in eine Situation ohne technische Überwachung – zurückzukehren, wird sich nicht erfüllen. Zudem ist es höchst zweifelhaft, ob wir uns das wirklich wünschen sollten. Deshalb kommt die Gesellschaft nicht um die Frage herum, welchen anderen Ausweg aus der Überwachungsspirale es gibt.

Von zentraler Bedeutung ist die Frage, wie wir zukünftig mit Risiken umgehen. Kaum jemand wird der These widersprechen, eine hundertprozentige Sicherheit vor Lebensrisiken sei nicht zu erreichen. Gleichwohl strebt unsere postindustrielle Gesellschaft nach hundertprozentiger Risikovermeidung, gerade wenn es um den Umgang mit Gewalt, Kriminalität und Terrorismus geht. Auf diese Phänomene, die es seit Menschengedenken gibt, reagieren wir heute anders als unsere Vorfahren. Gerade die von dem Terrorismus ausgehenden Bedrohungen werden weniger durch die reale Zerstörungskraft seiner Aktionen, sondern viel stärker von unserer Furcht bestimmt, selbst Opfer eines terroristischen Anschlags zu werden. Die dabei stattfindenden Risikobewertungen sind vielfach verzerrt, wenn nicht sogar falsch. So sind viele Menschen nach den Anschlägen des 11. September 2001 vom Flugzeug auf andere Verkehrsmittel umgestiegen. Die durch diesen Umstieg verursachten zusätzlichen Opfer des Straßenverkehrs sind zahlreicher als die Opfer der bei den Terroranschlägen zum Absturz gebrachten Flugzeuge. Forscher kommen allein für die USA zu dem Ergebnis, dass in dem auf die Terroranschläge folgenden Jahr auf den Straßen 1500 Menschen zusätzlich ihr Leben ließen, während in den für die Anschläge verwendeten Flugzeugen selbst 256 Menschen starben[317] – wobei allerdings die Opfer in den zerstörten Gebäuden nicht mitgezählt sind.

Die ungeheure Beschleunigung der Kommunikation, die Berichterstattung in Echtzeit und die daraus resultierende Eskalation der persönlichen Betroffenheit führen zu einer verzerrten Wahrnehmung von Risiken. Dies gilt im Übrigen nicht nur für den internationalen Terrorismus, sondern für alle Arten spektakulärer Gewaltverbrechen, Epidemien und für sonstige Katastrophen. Obwohl die Kriminalitätskennziffern in den letzten Jahrzehnten kontinuierlich zurückgegangen sind,[318] verhält es sich mit der Wahrnehmung entsprechender Verbrechen genau umgekehrt.

Auf diesen Mechanismus ist es auch zurückzuführen, dass die Bereitschaft, auf grundlegende Freiheitsrechte zu Gunsten verbesserter Sicherheit zu verzichten, nach jedem erfolgreichen Terroranschlag stark zunimmt. Nach dem 11. September 2001 durchgeführte Umfragen haben dies eindrucksvoll belegt. Damals sprachen sich, über alle Parteigrenzen hinweg, breite Mehrheiten für zusätzliche Überwachungsmaßnahmen aus, auch wenn diese mit Unannehmlichkeiten und Einschränkungen der Freiheit verbunden wären.[319]

Wenn Politiker wie George W. Bush oder auch die deutschen Innenminister Otto Schily, Wolfgang Schäuble und Hans-Peter Friedrich die Sicherheit zu einem Grundrecht oder gar »Super-Grundrecht« erklärten, handelten sie damit durchaus in Übereinstimmung mit einer Mehrheitserwartung. Wenn es darum ging, durch zusätzliche Überwachungsmaßnahmen, Beschränkung von Grundrechten und umfassende Datensammlungen die Schutzwälle gegen den Terrorismus zu verstärken, konnten sie sich der breiten Unterstützung sicher sein. Gleichwohl haben die Veröffentlichungen, die auf die Snowden-Papiere zurückgehen, die öffentliche Wahrnehmung deutlich verändert. Eine Vielzahl der seit 2001 getroffenen Maßnahmen im »Krieg gegen den Terror« vollzog sich bis dahin außerhalb der öffentlichen Wahrnehmung. Gerade

die ungeheuren Datensammlungen und Überwachungsmaßnahmen erfolgten unter strengster Geheimhaltung. Erst jetzt
ist deutlich geworden, wie stark Freiheitsrechte wirklich eingeschränkt und Grundrechtspositionen beschädigt wurden.

David Lyon beschreibt das Dilemma zutreffend: »Die
Macht hat sich in einen globalen, extraterritorialen Raum ver-
zogen, während die Politik, die einst zwischen den Interessen
des Einzelnen und der Gemeinschaft vermittelte, an feste Orte
gebunden bleibt und nicht auf globaler Ebene zu agieren ver-
mag. Ohne politische Kontrolle wird Macht jedoch zur Quelle
großer Unsicherheit, während die Politik in Bezug auf die Probleme und Ängste vieler Menschen offenbar jede Bedeutung
verliert.«[320] Zunächst ist es deshalb von entscheidender Bedeutung, auch für die geheimdienstlichen Aktivitäten zur Terror-
abwehr für viel mehr Transparenz zu sorgen. Zwar ist es im
Einzelfall nicht zu widerlegen, dass das Bekanntwerden bestimmter Informationen über Sicherheitsmaßnahmen von
Kriminellen oder Terroristen dazu gebraucht werden könnte,
die entsprechenden Vorkehrungen zu umgehen oder zu unterlaufen. Gleichwohl ist dies kein überzeugendes Argument
gegen mehr Offenheit auch in diesem sensiblen Bereich. Es ist
durchaus möglich, für mehr Durchblick zu sorgen, ohne die
Sicherheit damit zu gefährden. Mindestens im Nachhinein
muss gewährleistet werden, dass der Erfolg bzw. Misserfolg bestimmter Maßnahmen nachprüfbar ist. Deshalb sollte schon
bei der Entscheidung über zusätzliche Sicherheitsvorkehrungen Vorsorge für deren Überprüfbarkeit getragen werden. Gerade wenn es um den sensiblen Bereich der Abgrenzung von
Sicherheit und Freiheit geht, reicht es einfach nicht aus, wenn
sich die Befürworter von Freiheitsbeschränkungen auf bloße
Plausibilitätsüberlegungen zurückziehen. Wer Grundrechte

einschränken will, ist beweispflichtig. Deshalb ist die fortlaufende Überprüfung und Evaluation grundrechtsbeschränkender Regelungen und Praktiken unbedingt erforderlich.

Die Maßnahmen und Gesetze, die unsere Sicherheit verbessern sollten, gehören dringend auf den Prüfstand. Diese Überprüfung oder »Evaluation« ist nicht allein Sache von Gerichten. Es ist auch eine originäre Aufgabe von Parlamenten und Regierungen, für einen angemessenen Ausgleich von Sicherheit und Freiheit zu sorgen und die Grundrechte zu gewährleisten. Es kann einfach nicht länger hingenommen werden, dass Sicherheitspolitiker immer wieder behaupten, die umfassenden Überwachungsmaßnahmen hätten Terroranschläge verhindert, ohne dafür den Nachweis zu führen. Beweise für diese Behauptung sind sie nämlich – häufig unter Hinweis auf die Notwendigkeit zur Geheimhaltung – weitestgehend schuldig geblieben. Inzwischen haben Wissenschaftler und unabhängige Datenschutzbehörden den Umgang mit den gesammelten Daten überprüft. Das ernüchternde Ergebnis: Die massenhaften anlasslosen Datensammlungen haben so gut wie keine positiven Auswirkungen auf die Sicherheit gehabt.[321] Terroristische Aktivitäten und Anschläge sind – anders als die offiziellen Verlautbarungen aus den Sicherheitsbehörden und Regierungskreisen behaupten – durch die Datensammlungen nicht aufgedeckt oder verhindert worden – jedenfalls gibt es dafür keine belastbaren Belege. Wesentlich effektiver sind nach wie vor klassische gezielte Ermittlungen. Zwar können auch dabei Unschuldige ins Visier der Sicherheitsbehörden geraten, aber in sehr viel geringerem Umfang als bei der anlasslosen Massenüberwachung.

Schließlich muss der Umgang unserer Gesellschaft mit Risiken kritisch überprüft werden. Es ist unverantwortlich, die Risiken von Terrorismus und Kriminalität nur anhand des medialen Aufregungspotentials zu bewerten. Auch wenn es »unkorrekt« erscheinen mag, müssen andere Gefahren in das gesellschaftliche Risikokalkül einbezogen werden: Risiken des Straßenverkehrs, Opfer des Gebrauchs von Schusswaffen, die in den USA frei verkäuflich sind, Gesundheitsgefährdungen, die vom Rauchen oder von Umweltschäden hervorgerufen werden. Auf all diesen Feldern bestehen Risiken und es gibt viele Opfer, die allerdings vielfach verharmlost oder ignoriert werden. Nicht ausgeblendet werden dürfen auch die Opfer, euphemistisch als »Kollateralschaden« bezeichnet, die bei kriegerischen Aktionen im Kampf gegen den Terrorismus zu beklagen sind. Eine solche, realistischere Risikowahrnehmung wird dazu beitragen, die Gefährdungen des internationalen Terrorismus neu zu bewerten.

## »Post Privacy« – Nacktheit als Prinzip?

Viele Menschen reagieren auf immer neue Berichte über Spionage, Überwachung und Manipulation im Internet mit einer Mischung aus Fatalismus und Ignoranz. Gegen die Übermacht aus Unternehmen und Geheimdiensten, die sich für unsere Daten interessieren, könne man nichts ausrichten. Viele nehmen auch an, sie könnten sich wegducken. Warum sollten sich NSA, GCHQ oder der BND für sie interessieren – schließlich habe man doch nichts zu verbergen?

Eine verhältnismäßig neue Reaktionsvariante besteht darin, aus der Not eine Tugend zu machen und darauf zu setzen, dass durch bewusste Selbstentblößung letztlich mehr gesellschaftliche Toleranz entsteht und damit Überwachung überflüssig wird. Das Stichwort hierfür heißt »Post Privacy«.[322] Ausgangspunkt für diese Richtung ist die These, dass die technisch nahezu unbegrenzten Speicherungs- und Auswertungsmöglichkeiten zwangsläufig dazu führen, dass alle digital erfassten Informationen öffentlich werden. Post-Privacy klammert sich an die Annahme, dass Daten, die einmal digital erfasst wurden, unkontrollierbar seien. »Die Privatsphäre ist weg – machen wir das Beste daraus« – das ist ihr Motto. Diese These scheint sich durch die aktuellen Überwachungsaffären zu bewahrheiten. Richtig ist, dass die Speicherungsmöglichkeiten heute ungleich größer sind als in Zeiten analoger Datenverarbeitung. Letztlich handelt es sich aber um eine Kapitulation vor den Überwachern, bei der Bürgerrechte und andere zivilisatorische Errungenschaften auf der Strecke bleiben. Zudem besteht die behauptete Zwangsläufigkeit …

Dabei muss die Frage erlaubt sein, ob grenzenlose Transparenz wirklich nur positive Folgen hat, wie etwa Jeff Jarvis meint, der praktisch sämtliche Argumente für Geheimhaltung und Wahrung der Privatsphäre vom Tisch wischt.[323] Undifferenziert ist auch, wie Vertreter von Post Privacy die Akteure einschätzen, die mit Daten umgehen. Da wird kaum unterschieden zwischen den Betroffenen, die ihre Gesundheitsdaten vertraulich behandelt sehen wollen, und Hausbesitzern, die das Abbild ihrer Häuser nicht in Google StreetView wünschen. Sie werden zusammen mit Unternehmen und staatlichen Stellen in einen Topf geworfen und mit der Aufschrift »Datenverweigerer« etikettiert. Sie alle seien ängstlich darum bemüht, ihre Daten zu kontrollieren und damit einer »guten« Öffentlichkeit vorzuenthalten. Zu den schlimmsten Daten-

257

verweigerern gehören natürlich die Datenschützer, die mit ihrer völlig »veralteten« Vorstellung von Privatsphäre der Gesellschaft neue Erkenntnisse über sich selbst vorenthalten wollen. Dass weder Heller noch Jarvis einen kritischen Blick auf jene Unternehmen werfen, deren Geschäftsmodelle auf umfassender Registrierung und Profilbildung beruhen, verwundert da schon nicht mehr. Einziger Kritikpunkt an Facebook & Co.: Sie bunkern die Daten und ermöglichen den Nutzern zu viele Stellschrauben zum Schutz ihrer Informationen.

Geradezu naiv und gefährlich ist es schließlich, wie von Post-Privacy-Aktivisten Unterdrückungspotentiale heruntergespielt wurden, die mit der alltäglichen Überwachung einhergehen. Inzwischen ist deutlich geworden, in welchem Ausmaß Datenströme kontrolliert, zensiert und manipuliert werden können. Offensichtlich haben sich auch die Apparate von Überwachungsstaaten darauf eingerichtet, die Informationen, die Facebook, Twitter und Co. liefern, zu nutzen und Oppositionelle noch gezielter zu unterdrücken.

»Machen wir das Beste daraus« heißt für mich nicht, derlei Entwicklungen achselzuckend hinzunehmen. Vielmehr müssen Politik und Recht den Weg in eine demokratische Informationsgesellschaft mit gestalterischem Anspruch begleiten und rechtlich flankieren. Dieser Anspruch umfasst rechtliche wie auch technologische Stellschrauben, mit denen die Rechte der Netzbürgerinnen und Netzbürger – darunter das Recht auf Privatsphäre und auf informationelle Selbstbestimmung – auch im 21. Jahrhundert gewährleistet werden können. Trotz der erschreckenden Snowden-Enthüllungen lassen sich auch heute noch digitale Informationen schützen. Allerdings bedarf es hierzu anonymer Nutzungsmöglichkeiten, effektiver Verschlüsselungstechniken und kluger Daten-

258

verarbeitungskonzepte. Auch in Zeiten von Big Data kann die Privatsphäre geschützt werden, wenn auch mit einigem Aufwand.

## Die neue Bürgerbewegung

Die Umkehr zu einem verbesserten Schutz unserer Daten wird nicht von selbst kommen. Nur wenn die Überwachung und die von ihr ausgehenden Gefahren stärker ins Blickfeld der Öffentlichkeit und der politischen Debatte rücken, werden sich die Kräfte, die für immer neue Instrumente zur Registrierung und Steuerung unseres Verhaltens eintreten, zurückdrängen lassen. Das Ringen um den Datenschutz ist eine politische Auseinandersetzung. Das Recht und die Technik stehen nicht außerhalb der Gesellschaft, sie sind Resultate und zugleich Triebfedern der Entwicklung.

Die Rechtsprechung des Bundesverfassungsgerichts, dem wir vielfältige Anstöße und Schutzvorkehrungen für den Datenschutz verdanken, ist in erster Linie ein Beitrag zur politischen Meinungsbildung unserer Gesellschaft und nicht nur das Ergebnis einer fein ziselierten Auslegung geschriebenen Rechts. So hätte es das Volkszählungsurteil, in dem das Gericht erstmals das »Grundrecht auf informationelle Selbstbestimmung« festgestellt hat, ohne eine breite Protestbewegung gegen die Volkszählung 1983 nicht gegeben. Auch die Verfassungsgerichtsentscheidungen zur Rasterfahndung, zum großen Lauschangriff und zur Online-Durchsuchung stehen im Kontext des Ringens um einen tragfähigen Interessenausgleich zwischen Freiheit und Sicherheit und sind nicht bloß Ausdruck gelehrter Rechtsexegese.

Heute können wir beobachten, dass die Kräfte in der Zivilgesellschaft stärker werden, die die Überwachung nicht mehr als Schicksal hinzunehmen bereit sind. Indizien dafür gibt es in Hülle und Fülle. Nicht nur die »üblichen Verdächtigen« aus Bürgerrechts- und Datenschutzorganisationen treten gegen die Überwachung ein, sondern auch Journalisten- und Ärzteverbände und Gewerkschaften. Selbst bei Wirtschaftsvertretern wächst das Unbehagen gegen die immer schrankenlosere staatliche Datensammlung. Schließlich ist in den letzten zwanzig Jahren eine überwiegend aus technikaffinen jüngeren Menschen bestehende »Netz-Community« entstanden, die sich nicht nur bei Hacker- oder Blogger-Konferenzen trifft, sondern auch zunehmend kampagnenfähig wird. Ihr ist es zu verdanken, dass das schon fertige internationale Abkommen zur Durchsetzung von Urheberrechten ACTA (Anti-Counterfeiting Trade Agreement, deutsch: Anti-Produktpiraterie-Handelsabkommen)[324] von der Europäischen Union nicht ratifiziert wurde, weil damit eine Einschränkung der Internet-Freiheit verbunden wäre. Auch bei der Diskussion über die Vorratsdatenspeicherung ist deutlich geworden, dass sich viele – überwiegend junge – Leute nicht damit abfinden wollen, im Namen eines »Supergrundrechts auf Sicherheit« ihre Freiheitsrechte zu opfern. Bereits seit Jahren organisieren sich Gegner der Vorratsdatenspeicherung in lockeren Organisationsstrukturen. Zum ersten Mal seit den Protesten gegen die Volkszählung in den 1980er Jahren gingen tausende Demonstranten gegen zunehmende Datensammlungen auf die Straße. In einem breiten Bündnis sprachen sich die unterschiedlichsten Organisationen gegen die anlasslose flächendeckende Registrierung des Kommunikationsverhaltens aus.

Die Schriftstellerin Juli Zeh bekam für einen offenen Brief an Bundeskanzlerin Angela Merkel und eine Petition gegen die globale Massenüberwachung, die sie kurz nach Bekanntwerden der NSA-Überwachung initiierte, große Unterstützung. Inzwischen haben mehr als 1000 Schriftsteller und andere Vertreter des Kulturlebens unterschrieben. Der »gläserne Mensch« sei Wirklichkeit geworden. »Wir können uns nicht wehren. Es gibt keine Klagemöglichkeiten, keine Akteneinsicht. Während unser Privatleben transparent gemacht wird, behaupten die Geheimdienste ein Recht auf maximale Intransparenz ihrer Methoden. Mit anderen Worten: Wir erleben einen historischen Angriff auf unseren demokratischen Rechtsstaat, nämlich die Umkehrung des Prinzips der Unschuldsvermutung hin zu einem millionenfachen Generalverdacht.«[325] Die Bundeskanzlerin solle den Menschen im Land die volle Wahrheit über die Spähangriffe sagen und entsprechend ihrem Auftrag Schaden von den Bundesbürgern abwenden. Zuversichtlich stimmt auch, dass die »neuen« Bürgerrechtler nicht dabei stehen bleiben, die globale Überwachung als Gefahr für die Demokratie zu brandmarken, sondern nach Auswegen auf unkonventionellen Wegen suchen. Neben der digitalen Gegenwehr wird auch über Pläne zur Machtbegrenzung im Internet diskutiert. Hierzu gehört etwa der Vorschlag einer »Internet-UNO«.[326] Dabei geht es um die Frage, wie grundlegende Prinzipien für die Netzkommunikation festgelegt werden: Wer bestimmt über die Vergabe von Internet-Nummern und Domain-Namen, über die Übertragungsgeschwindigkeit der Daten und über die Einstellungen zum Schutz der Daten? Wie lässt sich verhindern, dass sich das Internet weiter in ein Überwachungsnetz und Zensurinstrument verwandelt?

261

Dass sich ein Modell durchsetzen kann, bei dem die wesentlichen Entscheidungen staatsfern, durch die Internet-Community getroffen werden, ist indes fraglich. Ob bei der Festlegung technischer Standards oder bei der Vergabe von »Top Level Domains«, die etwa für einzelne Länder (z. B. für Deutschland: ».de«) oder Bereiche (».com«, ».net«) vergeben werden, stets sind mächtige staatliche und kommerzielle Interessen betroffen. Weder die Regierungen noch die großen Internetunternehmen werden freiwillig darauf verzichten, an solchen Entscheidungen mitzuwirken und sie im Rahmen ihrer Möglichkeiten zu beeinflussen. Durch die ihnen zur Verfügung stehenden finanziellen und technischen Mittel, durch politische Einflussnahme und rechtliche Vorgaben setzen sie laufend de facto Standards, ohne dass diese Entscheidungen demokratisch legitimiert sind. Sie werden diese Instrumente mit Sicherheit nicht freiwillig an eine »Netzbürgerschaft« abtreten.

Trotzdem oder gerade deshalb ist es wichtig, die grundlegenden Entscheidungen über das Netz transparenter und demokratischer zu gestalten. Dabei geht es nicht um eine Privatisierung, bei der an die Stelle staatlicher Einflussnahme die Unternehmensinteressen multinationaler Internetkonzerne treten. Die Mitwirkungsmöglichkeiten der Internetnutzer sind der eigentliche »Lackmustest« für demokratische Entscheidungsprozesse im und über das Netz. Mir erscheint es deshalb sinnvoll, die existierende UNO stärker für die Durchsetzung der Menschenrechte im Netz zu mobilisieren. Dabei muss auch nach neuen Wegen gesucht werden, wie die Internet-Community in entsprechende Entscheidungsprozesse einbezogen werden kann.

Nicht nur in Deutschland formiert sich Widerstand gegen

die Überwacher. Vor allem in den Vereinigten Staaten stößt die Kritik an den Praktiken der NSA auf breite Unterstützung. Unter Berufung auf die US-Verfassung haben Bürgerrechtler, liberale Demokraten und libertäre Republikaner ein spektakuläres Bündnis gegen die riesigen geheimdienstlichen Datensammlungen gebildet.

Auch wenn nicht zu erwarten ist, dass diese Proteste auf direktem Weg zum Erfolg führen, und bisher keine Totalumkehr in der Sicherheitspolitik bewirkt haben, sind erste Effekte durchaus spürbar. Wenn Hardliner einräumen müssen, sich geirrt oder die Öffentlichkeit unzutreffend informiert zu haben, wenn Spitzenpolitiker – wenn auch verspätet – Nachdenklichkeit demonstrieren, handelt es sich dabei um erste Anzeichen dafür, dass sich etwas geändert hat.

Das hermetische System geheimer Überwachung, das seit 2001 auch in demokratischen Gesellschaften errichtet wurde, zeigt die ersten Risse. Die auf Snowden zurückgehenden Veröffentlichungen haben die Fundamente dieses Gebäudes erschüttert, dessen Grundmauern aber nach wie vor stehen.

Letztlich darf auch Edward Snowden nicht vergessen werden, dem die Welt tiefe Einblicke in die globale Internetüberwachung verdankt. Er hat unter großen persönlichen Risiken brisantes Material gesammelt und über seriöse Medien der Öffentlichkeit bekannt gemacht. Er ist damit ein klassischer »Whistleblower«, also jemand, der laut pfeift, weil er mit Rechtsbrüchen und unmoralischem Handeln konfrontiert war. Dass er den Weg über China wählte und dann in Moskau hängen blieb, tut seiner Leistung keinen Abbruch. Wenn die westlichen Demokratien ihren Ansprüchen und Grundwerten treu bleiben wollen, müssen sie ihm einen gesicherten

Aufenthaltsstatus einräumen. Letztlich beweist sich am Umgang mit dem einzelnen Menschen, wie ernst es den Verantwortlichen mit den Grund- und Menschenrechten ist, ob es sich dabei um einen echten Willen oder nur um papierne Bekenntnisse handelt.

# Anhang

## Zehn Tipps für den digitalen Selbstschutz

Wer die folgenden Empfehlungen befolgt, vermindert damit das Risiko, dass seine Daten gestohlen und sein Verhalten überwacht wird. Einen hundertprozentigen Schutz können aber auch sie nicht gewährleisten. Zudem gehen neue technische Entwicklungen stets auch mit neuen oder mit veränderten Risiken einher. Deshalb sei allen, denen der Schutz ihrer Daten wichtig ist, empfohlen, ab und zu einmal die Angebote der unabhängigen Datenschutzbeauftragten im Internet zu besuchen. Ein guter Startpunkt ist das »virtuelle Datenschutzbüro« www.datenschutz.de. Dort findet man auch die Adressen der Datenschutzbehörden.

### 1. Vorsichtiger Umgang mit Identitätsdaten

Häufig sind Benutzernamen, User-IDs, PINs und Passwörter der Schlüssel zu vertraulichen Daten. Dies gilt nicht nur für das Online Banking, sondern auch für die Zugangsdaten zu E-Mail-Konten, zu sozialen Netzwerken oder zu Webshops. Wer nicht immer mit derselben »Identität« im Netz unterwegs ist und für die verschiedenen Dienste unterschiedliche Passwörter verwendet, vermeidet unnötige Risiken und erschwert es Datenverfolgern, ihm virtuell auf den Fersen zu bleiben.

Sofern man in bestimmten Bereichen – etwa in Foren – als Person mit dem »Realnamen« erkennbar sein will, hindert einen daran nichts. Es gibt aber gute und legitime Gründe, in bestimmten Situationen nicht namentlich identifiziert zu werden. Deshalb bieten etwa die Anbieter von Diskussionsplattformen, in denen regelmäßig über sensible Inhalte diskutiert wird, ihren Teilnehmern anonyme Nutzungsmöglichkeiten oder die Verwendung von Pseudonymen an. Wer hier einen Beitrag oder Kommentar erstellen will, sollte sich nicht mit seinem realen Namen, sondern nur unter Pseudonym anmelden.

Eine weitere Möglichkeit zum Schutz der Identität bieten Anonymisierungs-Netzwerke. Am bekanntesten ist der Dienst TOR, bei dem die Nachrichten über verschiedene weltweit verteilte Zwischenstationen (»Proxy-Server«) geleitet werden. Da dabei jeweils ein Wechsel der IP-Adresse stattfindet, können die Zugriffe auf Webseiten im Regelfall nicht dem Nutzer zugeordnet werden. Ähnlich funktioniert der an der Universität Dresden entwickelte Dienst AN.ON. Besonders wichtig sind solche Dienste in autoritären Staaten, in denen die Meinungsfreiheit unterdrückt wird. Die Anonymisierung der Kommunikation kann den Nutzern dabei helfen, Zensurmaßnahmen zu umgehen und unbeobachtet zu kommunizieren.

Während man im menschlichen Umgang ziemlich sicher damit rechnen kann, dass früheres Fehlverhalten, ungünstige Darstellungen oder Aussagen im Laufe der Zeit in Vergessenheit geraten, ist dies im digitalen Zeitalter nicht gewährleistet. So hatte das nicht-kommerzielle »Internet Archive« Anfang 2014 bereits mehr als 390 Milliarden Webseiten archiviert.[327] Ein Mausklick auf die dort angebotene »Way-BackMachine« genügt, und schon erscheint ein Webangebot genau so, wie es vor ein, zwei oder zehn Jahren ausgesehen hat. Auch kommerzielle Dienste sammeln und speichern seit langem alle verfügbaren veröffentlichten Informationen. Deshalb ist besondere Vorsicht geboten, ehe man in sozialen

266

Netzwerken oder auf anderen Plattformen auf den Sende-
knopf drückt und persönliche Daten über sich selbst oder
über andere Menschen öffentlich macht.


## 2. Vorsicht bei »kostenlosen« Angeboten

Nicht alle, die sich für persönliche Daten interessieren, tun
dies aus ideellen Gründen. Das Interesse von Datensammlern
beschränkt sich auch nicht auf die Daten, die von den Autoren für die Öffentlichkeit bestimmt sind. Besonders tun sich
in diesem Zusammenhang solche Dienste hervor, die vermeintlich »kostenlos« angeboten werden. Google, Facebook
und Co. finanzieren sich über die zielgerichtete Platzierung
von Werbebotschaften und sammeln deshalb alle möglichen
Daten über die Nutzer. Deshalb ist ein vorsichtiger Umgang
mit derartigen »Kostenlos-Angeboten« angebracht.

Es ist auch keine verlorene Zeit, wenn man sich darüber informiert, wie die Anbieter mit personenbezogenen Daten umgehen. Anhaltspunkte liefern Nutzungsbedingungen und Da-
tenschutzerklärungen der jeweiligen Dienste. Vorsicht ist
angebracht bei Diensten mit völlig unübersichtlichen, unver-
ständlichen oder nur fremdsprachlich verfügbaren Daten-
schutzerklärungen. Generell gilt: Man sollte Daten nur solchen Diensten anvertrauen, von denen man verstanden hat,
wie sie mit den Daten umgehen.


## 3. Der Ort der Datenverarbeitung ist wichtig

Per Mausklick bewegen wir unsere Daten um die halbe Welt.
Deshalb ist es bedeutsam, wo die Daten gespeichert werden
und welcher Rechtsordnung sie unterliegen. Nicht überall

gibt es Datenschutzgesetze und unabhängige Datenschutzbeauftragte, die darauf achten, dass personenbezogene Daten nicht missbraucht werden. In allen 28 EU-Mitgliedstaaten und in den Ländern, die dem Europäischen Wirtschaftsraum (EWR) angehören – Island, Norwegen und Liechtenstein – gilt das europäische Datenschutzrecht. Deshalb sind die Daten in diesen Ländern grundsätzlich besser aufgehoben als in anderen Weltteilen ohne vergleichbare Datenschutzbestimmungen. Die Europäische Kommission hat festgestellt, dass auch in der Schweiz, Kanada, Argentinien, Guernsey und auf der Isle of Man ein angemessenes Datenschutzniveau gewährleistet ist.

Auch viele US-Unternehmen haben sich verpflichtet, sich an Datenschutzprinzipien zu halten, welche die Europäische Union mit der US-Regierung ausgehandelt hat (»Safe Harbor«). Die Namen dieser Unternehmen sind einer Liste zu entnehmen, die vom US-Handelsministerium im Internet veröffentlicht wird.[328] Allerdings ist zu beachten, dass US-Behörden sehr weitgehende Befugnisse zum Zugriff auf personenbezogene Daten besitzen, die in den USA gespeichert werden. Zudem werden diese Daten stets über transatlantische Glasfaserkabel geleitet, die in großem Umfang überwacht werden. Wer also nicht will, dass fremde Nachrichtendienste und andere Behörden auf seine Daten zugreifen, sollte zumindest sensible Daten auf inländischen Servern speichern.

Auch bei Cloud-Diensten ist der Standort der Server wichtig. Deshalb sollte man darauf achten, ob ein Cloud-Anbieter in seiner Datenschutzerklärung oder in den Nutzungsbedingungen Angaben über die Standorte seiner Server macht. Dienste, bei denen entsprechende Angaben fehlen, sollte man meiden.

Diese Vorsichtsmaßregel gilt insbesondere für Träger von Amts- und Berufsgeheimnissen (Ärzte, Rechtsanwälte, Psychologen) und für Journalisten, die ihre Quellen nicht preisgeben wollen. Wenn diese Personen geheimhaltungsbedürftige, vertrauliche Daten unverschlüsselt auf ausländischen Servern speichern, machen sie sich unter Umständen sogar strafbar.

### 4. Datenschutzeinstellungen beachten!

Viele Internetdienste und Betriebssysteme bieten ihren Kunden Wahlmöglichkeiten zum Umgang mit ihren Daten. Vielfach sind diese Einstellungen sehr »freizügig« voreingestellt. Nutzer sollten diese Einstellungen deshalb überprüfen und so verändern, dass nur die gewünschten Zugriffs- und Nutzungsmöglichkeiten erhalten bleiben.

Cookies und Flash-Cookies (kleine Dateien, mit denen sich Nutzer identifizieren lassen) sollten regelmäßig gelöscht werden, am besten nach jeder Sitzung. Das automatisierte Löschen kann oftmals am Browser bei den Einstellungen konfiguriert werden. Zudem sollte die Datenübermittlung eingeschränkt werden, etwa durch Aktivierung der »Do Not Track«-Option im Browser.

Die meisten Browser bieten zudem die Option »privates Surfen«. Bei dieser Einstellung werden über die aktuelle Verbindung hinaus keine Cookies gespeichert und die Liste der aufgerufenen Webseiten wird nicht auf dem Computer gespeichert. Diese Einstellung hilft in erster Linie, andere Nutzer desselben Computers daran zu hindern, das Surfverhalten nachzuvollziehen. Gegen externe Späher und die Bildung von Nutzerprofilen bieten sie nur sehr begrenzten Schutz.

5. Tue nicht alle Eier in einen Korb!

Die alte Bauernregel, nicht sämtliche Eier in einem Korb zu transportieren, hat auch im Internetzeitalter ihren Wert. Je mehr Daten auf einem Server gespeichert sind, je mehr persönliche Angaben ich einem einzigen Anbieter anvertraue, desto größer sind die Folgen des Datenmissbrauchs und die Überwachungsmöglichkeiten. Im Falle eines Datenlecks sind die Folgen gravierender, wenn sämtliche Daten einem Anbieter anvertraut wurden, statt sie auf mehrere Stellen zu verteilen. Dem kann eine Risikostreuung entgegenwirken.

Der parallele Gebrauch mehrerer Anbieter und Dienste begrenzt auch die Möglichkeiten von Unternehmen, durch Kombination unterschiedlichster Daten Nutzer- und Persönlichkeitsprofile zu bilden. So sind Unternehmen wie Facebook und Google daran interessiert, soviel wie möglich von ihren Nutzern zu erfahren. Um diese Dauerregistrierung und -bewertung zu begrenzen, sollten die verschiedenen Internetdienste nicht aus einer Hand, von einem einzigen Unternehmen bezogen werden. So besteht überhaupt keine Notwendigkeit, E-Mail, Webserver, soziales Netzwerk und Suchmaschine nur eines einzigen Anbieters zu verwenden. Last but not least: Die Aufteilung der Daten auf verschiedene Anbieter macht es auch Nachrichtendiensten schwerer, umfassend auf unsere Daten zuzugreifen und uns zu überwachen.

Wer seine Daten aufteilt und dabei auch auf die Sensibilität der jeweiligen Daten achtet, tut etwas für den Schutz seiner Privatsphäre. So könnten zum Beispiel hochsensible Daten ausschließlich auf der eigenen Festplatte oder auf einem deutschen Server gespeichert werden, der eine sichere Ende-zu-Ende-Verschlüsselung anbietet. Die Internetsuche muss

270

auch nicht immer mit dem bekannten »G«-Dienst erfolgen. In vielen Fällen liefern datenschutzgerechte Suchmaschinen, etwa der niederländische Dienst ixquick oder das deutsche Metager, ebenso gute Ergebnisse. Zunehmend bieten auch deutsche Anbieter sichere E-Mail-Dienste – ohne Zugangsmöglichkeiten für NSA und GCHQ. Wer seine Daten verteilt, schützt sie besser!

6. Datenverschlüsselung

Eine weitere Maßnahme des informationellen Selbstschutzes besteht darin, dass man seine Daten verschlüsselt. Programme, mit denen man etwa seine E-Mails verschlüsseln kann, gibt es bereits seit vielen Jahren. Am bekanntesten ist das Programm PGP (Pretty Good Privacy), dessen erste Version 1991 von dem amerikanischen Informatiker Phil Zimmermann entwickelt wurde, um Bürgern und Bürgerinitiativen die unbeobachtete Kommunikation zu ermöglichen. Das Programm basiert auf einem Public-Key-Verfahren. Jeder Nutzer verfügt über einen öffentlichen und einen privaten (geheimen) Schlüssel. Der öffentliche Schlüssel des Empfängers wird zur Verschlüsselung der an diesen gerichteten Nachrichten verwendet. Nur er kann die empfangenen Nachrichten mit seinem geheimen Schlüssel öffnen. Dieses Verfahren hat den Vorteil, dass die öffentlichen Schlüssel allgemein bekannt gegeben werden können, da sie sich nur zur Verschlüsselung, nicht jedoch zur Entschlüsselung eignen. Aktuelle, nicht kommerzielle Versionen dieses Programms werden von dem Projekt GNU Privacy Guard zur Verfügung gestellt und etwa vom deutschen Bundesamt für die Sicherheit in der Informationstechnik empfohlen.

In den E-Mail-Einstellungen sollten sowohl beim Senden als auch beim Empfangen die Verschlüsselungsoption aktiviert werden. Bei Web-Angeboten ist darauf zu achten, dass die Verbindung mittels »https:« und nicht mit »http:« aufgebaut wird. Bei vielen Browsern gibt es zudem weitere Hinweise darauf, ob die Übertragung verschlüsselt erfolgt, etwa durch das eingeblendete Bild eines geschlossenen Vorhängeschlosses. Mit De-Mail steht zudem ein amtlich zertifizierter deutscher E-Dienst zur Verfügung, bei dem die Daten zumindest auf dem Verbindungsweg verschlüsselt übertragen werden.

## 7. Sicheres WLAN

Bei der Verwendung von Funknetzen (Wireless Local Area Network – WLAN) ist die Überwachung auf der Funkstrecke ein besonderes Risiko. Auch hier gibt es Möglichkeiten zum informationellen Selbstschutz. WLANs, die überhaupt nicht verschlüsselt sind, laden geradezu zur Überwachung und zur ungebetenen Nutzung durch Dritte ein. Die Kommunikation kann praktisch von jedermann mitgelesen werden, wenn sich der Lauscher im Empfangsbereich des entsprechenden Access Points aufhält. Die Nutzer (und Betreiber) ungesicherter WLANs setzen sich so auch der Gefahr aus, dass unberechtigte Dritte in die angeschlossenen Systeme eindringen. Besonders groß ist der Schaden, wenn Zugangskennungen und Passwörter mitgelesen und missbraucht werden. Mit den so erlangten Informationen ist Identitätsdiebstahl und Betrug Tür und Tor geöffnet. Ungesicherte WLANs sind deshalb ein absolutes No Go!

Vorsicht ist angebracht bei öffentlichen Hot Spots, die etwa in Hotels oder Kaufhäusern angeboten werden. Wenn diese Funknetze nicht verschlüsselt sind, sollten keine privaten oder sonstige sensiblen Daten übertragen werden, denn man kann hier nie sicher sein, dass nicht ungebetene Dritte mitlesen.

Wie stark der Schutz durch Verschlüsselung bei WLANS ist, hängt zum einen von den verwendeten Verschlüsselungs-mechanismen und zum anderen von Passwörtern ab. Der bis vor wenigen Jahren von Router-Herstellern mitgelieferte Ver-schlüsselungsmechanismus WEP (»Wired Equivalent Pri-vacy«) sollte nicht mehr verwendet werden. Inzwischen sind auch für den Privatgebrauch bestimmte Router und Access Points mit deutlich sichereren Verfahren ausgestattet. Das Bundesamt für die Sicherheit in der Informationstechnik (BSI) empfiehlt als Verschlüsselungstechnik für WLAN den Einsatz des Verfahrens WPA2 (»Wi-Fi Protected Access«, Version 2). Der notwendige Schutz wird allerdings nur er-reicht, wenn ein komplexes Passwort mit mindestens zwan-zig Zeichen verwendet wird. Passwörter aus bekannten oder in Wörterbüchern vorhandenen Zeichenkombinationen sind für Angreifer leicht zu knacken und sollten nicht verwendet werden. Außerdem sollten die auf den Routern voreingestell-ten Kennungen durch eigene Passwörter ersetzt werden.

## 8. Vorsicht bei Smartphones

Smartphones und Tablet-Computer versprechen Daten-sammlern eine reiche Ernte. Die eigentliche Verarbeitung fin-det dabei vielfach nicht auf dem lokalen Gerät, sondern auf Servern im Internet statt. Viele Apps sind so gestaltet, dass sie auch Daten aus dem mobilen Gerät erfassen und über das Netz versenden, die für die jeweilige Anwendung überhaupt nicht erforderlich sind. Dies betrifft Standortdaten, Angaben über Telefonate, Kontaktlisten und Kalender. Bedeutsam ist deshalb, auf welche Daten eine App zugreifen möchte. Von einer Taschenlampen-App, die auf Standort- oder Kontaktdaten zugreifen möchte, sollte man lieber Abstand nehmen. Apps aus vertrauenswürdigen Quellen und Plattformen können unerwünschte Nebeneffekte vermeiden.

Datenschutz-, Sicherheits- und Privatsphäreneinstellungen können den Zugriff von Apps auf die jeweils erforderlichen Daten begrenzen. Missbrauchsanfällige Funktionen, etwa die Ortung, WLAN, Bluetooth, Hotspot und mobile Datennetzwerke sollten nur dann aktiviert sein, wenn und solange die entsprechenden Funktionen benötigt werden. So ist es keinesfalls erforderlich, dass sich das Smartphone ständig per GPS ortet und den Standort übermittelt. Derartige sensible Funktionen sollten möglichst nur aktiviert werden, wenn sie tatsächlich gebraucht werden, etwa bei der Navigation.

Von den Möglichkeiten, die das Smartphone-Betriebssystem bietet, um persönliche Daten gegen Missbrauch zu schützen, sollte Gebrauch gemacht werden. Dazu gehört auch eine automatische Zugangssperre. Falls das Gerät verlorengegangen oder gestohlen wurde, sollten die Geräte per Fernzugriff gesperrt und die gespeicherten Daten gelöscht werden. Je länger man damit wartet, desto größer ist die Gefahr, dass der neue »Besitzer« an die Daten gelangt.


## 9. Immer auf dem neuesten Stand

Heutige Computersysteme sind komplex. Vielfältige Hard- und Softwarekomponenten müssen zusammenwirken, damit wir sie nutzen können. Dabei treten immer wieder Sicherheitslücken auf. Deshalb sollten regelmäßig Updates für das Betriebssystem und die angewendeten Programme geladen und

274

installiert werden. Zum Basisschutz gehört auch eine Firewall, die den Computer und das lokale Netz gegenüber Angriffen aus dem Internet schützt. Anti-Virenprogramme helfen dabei, dass sich keine Schadsoftware auf dem Computer einschleicht. Auch hier ist es wichtig, stets die aktuellsten Versionen zu installieren und Alarmmeldungen ernst zu nehmen.

Zudem gilt wie in der realen Welt auch im Internet: Wer mit offenen Augen unterwegs ist, vermindert damit Risiken und vermeidet böse Überraschungen. Gefahren drohen von E-Mails unbekannter Absender mit dubiosen Anhängen. Wer solche Sendungen öffnet, riskiert, dass sich Trojaner, Viren und Spähprogramme auf dem Computer einnisten. Deshalb sollten verdächtige E-Mails gelöscht werden, ohne sie zu öffnen. Besonders perfide ist es, wenn Angreifer versuchen, die Empfänger durch reißerische oder bedrohliche Betreffzeilen zum Öffnen einer E-Mail zu veranlassen. Bleiben Sie skeptisch und fallen Sie auf solche Tricks nicht herein. Vorsicht ist auch geboten bei Webseiten, auf die durch dubiose Mails hingewiesen wird. Die entsprechenden Links sollten nicht angeklickt werden. Auch bei unverlangt angelieferten CDs, DVDs und USB-Sticks ist Vorsicht geboten, denn sie könnten Schadsoftware enthalten. Aktuelle Informationen zur IT-Sicherheit stehen auf der Website des Bundesamts für die Sicherheit in der Informationstechnik: www.bsi-fuer-buerger.de.

## 10. Immer mal wieder abschalten

Die Vorstellung, immer und überall erreichbar sein zu müssen, ist der stärkste Verbündete der Überwacher. Schon das (heute) altmodische einfache Handy ohne Internetanbindung funktioniert nur, wenn es dem Netz seinen Standort mitteilt.

Nur dann kann man telefonieren oder Kurznachrichten austauschen. Standortdaten fallen deshalb bei der mobilen Kommunikation massenhaft an, und zwar nicht erst dann, wenn eine Verbindung zustande kommt. Noch wesentlich mehr Daten werden bei »intelligenten Endgeräten«, etwa Smartphones und Tablet-Computern gesammelt und übertragen.

Deshalb ist es durchaus sinnvoll, ab und zu »offline« zu sein. Bisweilen muss man dabei auf den Komfort elektronischer Unterstützung gar nicht verzichten. Manche Dienste – etwa zur Navigation – funktionieren wahlweise im Online- oder Offline-Modus. Beim Offlinebetrieb müssen die entsprechenden Daten – etwa Straßenkarten – vorab geladen werden, während beim Onlinebetrieb ständig Daten aus dem Netz gesaugt werden müssen – das ist nicht nur fehleranfällig und ggf. teuer, sondern auch ein zusätzlicher Ansatzpunkt für Tracking und Überwachung. Um die Dienste online nutzen zu können, muss der eigene Standort stets an den Anbieter übertragen werden. Was dieser damit macht, entzieht sich weitgehend unserem Einfluss. Hier gilt: Offline ist manchmal besser!

## Glossar

Bedarfsträger – Sicherheitsbehörden (die Nachrichtendienste und die Strafverfolgungsbehörden), denen gesetzlich die Überwachung der Telekommunikation (TKÜ) gestattet ist.

BfV – Bundesamt für Verfassungsschutz. Deutscher Inlandsgeheimdienst, der für die Bekämpfung verfassungsfeindlicher Bestrebungen und für die Spionageabwehr zuständig ist. Alle 16 Bundesländer verfügen über Landesämter für Verfassungsschutz (LfV), die entsprechende Aufgaben wahrnehmen.

BND – Bundesnachrichtendienst. Einziger deutscher Auslandsgeheimdienst. Er führt die ->strategische Fernmeldeüberwachung durch.

Cablegate – Der Gefreite Bradley Manning kopierte an seinem militärischen Außenposten im Irak viele elektronische Depeschen der diplomatischen US-Vertretungen. Am 28. November 2010 veröffentlichte die Whistleblower-Plattform WikiLeaks einen Teil dieser Dokumente. Das Wort ist eine Anspielung auf die Watergate-Affäre, die in den 1970er Jahren zum Sturz des US-Präsidenten Richard Nixon führte.

CALEA – Communications Assistance for Law Enforcement Act. US-Gesetz, das die Anbieter von Telekommunikationsdiensten dazu verpflichtet, den Bedarfsträgern durch Informationen über technische Schnittstellen den Zugriff auf überwachte Daten zu ermöglichen. Deutsches Pendant von CALEA ist die ->TKÜ.

Cloud Computing – Speicherung und Verarbeitung von Daten auf verteilten Servern im Internet.

Deep Packet Inspection – Kontrolle von Inhalten, die über das Internet übertragen werden, etwa von E-Mails oder von abgerufenen Webseiten.

ECHELON – in den 1970er Jahren von den ->Five Eyes aufgebautes System zur Überwachung der weltweiten Satellitenkommunikation.

EGMR – Europäischer Gerichtshof für Menschenrechte. Auf Basis der Europäischen Menschenrechtskonvention eingesetztes Gericht mit Sitz in Straßburg. Kontrolliert die Gesetzgebung, Rechtsprechung und Verwaltung in Bezug auf die Verletzung der Konvention in allen Unterzeichnerstaaten.

Enigma – Von der deutschen Wehrmacht im Zweiten Weltkrieg verwendetes System zur verschlüsselten Kommunikation per Funk. Wurde von den Alliierten insbesondere durch die zu diesem Zweck neu entwickelte Technologie des Universalcomputers gebrochen.

EuGH – Europäischer Gerichtshof. Höchstes Gericht der Europäischen Union mit Sitz in Luxemburg. Kontrolliert die Einhaltung des EU-Rechts durch die EU-Organe und die Mitgliedstaaten (vgl. auch ->EGMR).

Fingerprint – Profil eines IT-Systems, mit dem es eindeutig identifiziert werden kann. Kombination verschiedener Parameter der Hard- und Software: Prozessortyp und ggf. Seriennummer, Betriebssystem, verwendeter Browser, Browser-Plugins, Sprach- und Farbeinstellungen, installierte Schriftarten usw.

FISA – Der 1978 beschlossene Foreign Intelligence Surveillance Act sollte Überwachungsaktivitäten der US-Geheimdienste verhindern und Regeln für die Auslandsüberwachung aufstellen. Begrenzungen 2001 durch den ->Patriot Act und 2008 durch den FISA-Amendments-Act reduziert.

FISC – ->FISA Court – geheim tagendes US-Gericht, das Überwachungsmaßnahmen nach ->FISA genehmigen muss.

Five Eyes – Nachrichtendienste der Vereinigten Staaten, Großbritanniens, Australiens, Kanadas und Neuseelands. Die Mitglieder arbeiten eng zusammen und tauschen Informationen aus. Es wird berichtet, dass sie keine gegenseitige Spionage betreiben.

Funkzellenabfrage – Polizeiliche Anforderung der Metadaten sämtlicher Handys, die in einem bestimmten Zeitraum in einer oder mehreren Funkzellen eingebucht waren.

GCHQ – Government Communications Headquarters. Britischer Nachrichtendienst, der sowohl für die Sicherheit der Regierungskommunikation als auch für die elektronische Nachrichtengewinnung zuständig ist.

G10-Gesetz – Gesetz zur Beschränkung des Brief-, Post- und Fernmeldegeheimnisses (Artikel 10-Gesetz – G 10). Regelt die Überwachung der Telekommunikation durch die deutschen Nachrichtendienste (BND, Verfassungsschutz, MAD).

G10-Kommission – Geheim tagendes Gremium des Deutschen Bundestags, das die Maßnahmen zur Überwachung der Telekommunikation nach dem ->G10-Gesetz genehmigen muss und kontrolliert.

HUMINT – Human Intelligence. Sammelbegriff für Informationen, die von Nachrichtendiensten durch menschliche Quellen gewonnen werden. Gegenstück zu ->SIGINT.

IMSI – International Mobile Subscriber Identity. Weltweit eindeutige interne Teilnehmerkennung bei Telekommunikationsnetzen. Die IMSI wird z. B. in der SIM-Karte von Mobilfunkgeräten verwendet.

IMSI-Catcher – Gerät, das die ->IMSI der in der Nähe befindlichen Mobilfunkgeräte erfassen kann, etwa um daraus Bewegungsprofile zu bilden. Spiegelt den in seiner Reichweite befindlichen Handys vor, eine Basisstation des Mobilfunknetzes zu sein. In einer erweiterten Version eignet sich der IMSI-Catcher auch zum Abhören der per Funk übertragenen Inhalte.

Kryptographie – Wissenschaftliches Forschungsgebiet, das sich mit Verfahren zur ->Verschlüsselung und ihrer Geschichte beschäftigt.

Lissabon-Vertrag – Völkerrechtlicher Vertrag, der im Jahr 2007 von den Mitgliedstaaten der EU unter portugiesischer Ratspräsidentschaft unterzeichnet wurde. Durch den am 1.12.2009 in Kraft getretenen Vertrag von Lissabon wurden die Rechte des Europäischen Parlaments gestärkt und die EU-Grundrechtecharta wurde zu direkt anwendbarem Recht.

Metadaten – Daten, die bei der Nutzung von Telekommunikations- und Internetdiensten erzeugt werden. Dazu gehören IP- und E-Mail- sowie Web-Adressen, angerufene Telefonnummern, Zeitpunkte von Verbindungen, Ortsangaben und technische Daten der verwendeten Systeme.

NSA – National Security Agency. US-Nachrichtendienst, der sowohl für die Sicherheit der Regierungskommunikation als auch für die elektronische Nachrichtengewinnung zuständig ist.

NSL – National Security Letter. Schreiben, mit denen das FBI Daten bei Unternehmen und öffentlichen Stellen anfordert. Die Empfänger sind verpflichtet, die Daten herauszugeben und haben die NSL im Regelfall geheim zu halten.

Need to Know – Grundsatz, dass eine Behörde nur diejenigen Informationen erhält, die sie zur Erfüllung der eigenen Aufgaben benötigt. Im europäischen Datenschutzrecht auch als Erforderlichkeitsgrundsatz bezeichnet.

Need to Share – Grundsatz, dass eine Behörde alle ihr zugänglichen Informationen vorsorglich mit allen anderen Stellen teilt, die vielleicht etwas damit anfangen können.

No-Spy-Abkommen – Abkommen zwischen zwei oder mehr Staaten, keine gegenseitige Spionage zu betreiben.

Patriot Act – Im Oktober 2001 vom US-Kongress verabschiedetes Gesetz, das den US-Sicherheitsbehörden eine Vielzahl neuer Befugnisse einräumte.

PCLOB – Privacy and Civil Liberties Oversight Board. Unabhängiges Expertengremium, das die zur Terrorismusbekämpfung getroffenen Maßnahmen kontrolliert und den US-Präsidenten und den Kongress berät.

PNR-Daten – Passenger Name Records. In den Buchungssystemen der Fluggesellschaften gespeicherte Fluggastdaten, darunter auch Adressen, Telefon- und Kreditkartennummern, Essenswünsche. Die PNR-Daten werden auf Basis eines Abkommens zwischen der EU und der US-Regierung vorab an die US-Grenzschutzbehörden übermittelt.

PRISM – Codewort für ein Programm, mit dem die ->NSA auf Daten von Internetunternehmen zugreift. Umstritten ist, ob die Unternehmen sich verpflichtet haben, dem Nachrichtendienst auch ohne gesetzliche Verpflichtungen Zugang zu Daten zu gewähren, etwa über ->CALEA-ähnliche Schnittstellen.

Quellen-TKÜ – Quellen-Telekommunikationsüberwachung. Technik zur Überwachung verschlüsselter Kommunikation. Um die verschlüsselte Kommunikation abzuhören, werden die Daten »an der Quelle« – vor ihrer Verschlüsselung – abgefangen. Die dabei verwendete Software wird häufig mittels ->Trojaner in ein System eingeschleust.

RIPA – Regulation of Investigatory Powers Act (RIPA). Rechtsgrundlage für die Überwachungsmaßnahmen des britischen ->GCHQ.

Routing – Verfahren zur Wegewahl bei der Datenübertragung. Insbesondere im Internet bedeutsam, wenn unterschiedliche Übertragungswege für Datenpakete zur Verfügung stehen.

Safe Harbor – Im Jahr 2001 zwischen der EU und der US-Regierung geschlossenes Abkommen zum Schutz von personenbezogenen Daten, die aus der EU in die USA übermittelt wurden. Unternehmen, die sich auf die Einhaltung bestimmter Prinzipien verpflichten, profitieren von bestimmten rechtlichen Erleichterungen.

Schengen-Cloud – ->Cloud Computing, bei dem die verwendeten Server ausschließlich in Staaten betrieben werden, die dem ->Schengener Abkommen angehören.

Schengener Abkommen – Im luxemburgischen Schengen unterzeichnetes Abkommen über den freien Reiseverkehr in Europa. Der Schengen-Raum umfasst die meisten Mitgliedstaaten der Europäischen Union und einige andere europäische Staaten, nicht jedoch Großbritannien und Irland.

Schengen-Routing – Leitung von Datenpaketen im Internet (->Routing) ausschließlich über Netzknoten im Schengen-Raum (->Schengener Abkommen).

SIGINT – Signal Intelligence. Sammelbegriff für Informationen, die von Nachrichtendiensten mittels Technik bei der Signalübertragung über Funk oder terrestrische Netze gewonnen werden. Gegenstück zu ->HUMINT.

Skype – Bekannter Dienst zum Telefonieren und zur Übertragung von Kurzmitteilungen über das Internet. Wurde 2011 von Microsoft übernommen.

Strategische Fernmeldeüberwachung – Überwachung der grenzüberschreitenden Telekommunikation nach dem ->G10-Gesetz.

Stuxnet – In die Steuerung von iranischen Anlagen zur Urananreicherung eingeschleuste Software, die die Anlagen außer Betrieb setzte.

SWIFT – Society for Worldwide Interbank Financial Telecommunication. Internationale Genossenschaft der Geldinstitute, die ein Telekommunikationsnetz (SWIFT-Netz) für den Nachrichtenaustausch zwischen den Mitgliedern betreibt. Daten von SWIFT werden auf Basis eines zwischen der EU und den USA geschlossenen Abkommens (->TFTP-Abkommen) an US-Behörden übermittelt.

TAO – Spezialeinheit der ->NSA, die sich mit Tailored Access Operations (maßgeschneiderten Operationen) beschäftigt, insbesondere im Hinblick auf gezielte Abhörmaßnahmen oder das Eindringen in technische Systeme (->Trojaner).

Tempora – Codewort für ein Programm zur Überwachung der über Tiefseekabel abgewickelten Internetkommunikation durch den britischen ->GCHQ.

TFTP – Terrorist Financing Tracking Program. Von US-Behörden nach 2001 eingeführtes System zum Auffinden von Geldtransaktionen, die

281

im Zusammenhang mit dem internationalen Terrorismus stehen. Verwendet ->SWIFT-Daten, die auf vertraglicher Basis aus der EU in die USA übermittelt werden.

TKÜ – Telekommunikationsüberwachung. Überwachung aller Arten von Telekommunikation (insb. Telefon, Telefax, Datenübertragung über das Internet) durch Nachrichtendienste (->G10-Gesetz), Strafverfolgungs- und Polizeibehörden.

Trojaner – In IT-Systeme eingeschleuste Software, die – wie das Trojanische Pferd in der griechischen Sagenwelt – neben ihrer sichtbaren Funktion weitere Funktionalitäten enthält. Trojaner können dazu verwendet werden, das infiltrierte System zu überwachen, etwa im Rahmen der ->Quellen-TKÜ.

TTIP – Transatlantic Trade and Investment Partnership. Geplantes Abkommen zwischen der EU und den USA über eine Freihandelszone, über das seit 2013 verhandelt wird.

Verschlüsselung – Veränderung eines Textes oder einer anderen Information in der Weise, dass sie von Dritten nicht mehr gelesen und verstanden werden können. Der Geheimtext kann nur unter Einsatz eines geheimen Schlüssels wieder lesbar gemacht werden (->Kryptographie).

Vorratsdatenspeicherung – Speicherung von Verkehrsdaten der Telekommunikation (->Metadaten) ohne konkreten Anlass. Erfolgt in der EU auf Basis einer im Jahr 2006 in Kraft getretenen Richtlinie.

WikiLeaks – Plattform, auf der von Insidern (»Whistleblowern«) bereitgestellte Informationen veröffentlicht werden (->Cablegate).

X-Keyscore – Codewort für ein von der ->NSA entwickeltes Programm zur Zusammenführung und flexiblen Auswertung großer, unstrukturierter oder uneinheitlich strukturierter Daten.

Zivilrechtspakt – Im Rahmen der UN im Jahr 1966 vereinbarter Internationaler Pakt über bürgerliche und politische Rechte. Art. 17 garantiert den Schutz der Privatsphäre.

# Anmerkungen

1  SIGINT Strategy, 23.2.2012, http://s3.documentcloud.org/documents/838324/2012-2016-sigint-strategy-23-feb-12.pdf, abgerufen am 20. 12. 2013.

2  SZ, 1.8.2013, »Amerikas Großes Ohr«.

3  Guardian, 21. 6. 2013, »GCHQ taps fibre-optic cables for secret access to world's communications«.

4  Bericht der von US-Präsident Obama eingesetzten Expertenkommission, Liberty and Security in a Changing World. Report and Recommendations of The President's Review Group on Intelligence and Communications Technologies, 12.12.2013, S. 97, im Folgenden zitiert als »Liberty Report«.

5  WP, 6.6.2013, »NSA slides explain the PRISM data-collection program«.

6  Spiegel Online, 17.7.2013, »Bundesregierung spricht von zwei Prism-Programmen«.

7  Bundestagsdrucksache 17/14560, 14.8.2013, S. 15.

8  Wikipedia (engl.), Stichwort: »PRISM (surveillance program)«, abgerufen am 12.1.2014.

9  WP, 6.6.2013, »NSA slides explain the PRISM data-collection program«.

10  David Kahn, The Codebreakers. The story of secret writing, New York 1967, S. 354 ff.

11  James Bamford, NSA. Die Anatomie des mächtigsten Geheimdienstes der Welt, München 2001, S. 139.

12  Heise Online, 28.12.2012, »29C3: Gipfeltreffen der NSA-Whistleblower und ›Staatsfeinde‹«

13  http://googleblog.blogspot.de/2013/06/what.html, abgerufen am 25.12.2013, Übersetzung des Autors.

14  WP, 30.10.2013, »NSA infiltrates links to Yahoo, Google data centers worldwide, Snowden documents say«.

15  Erklärung der US-Internet-Unternehmen, »Global Government Surveillance Reform«, http://reformgovernmentsurveillance.com/, abgerufen am 5.3.2014.

16  Daniel Castro, How Much Will PRISM Cost the U.S. Cloud Computing Industry?, August 2013, Report der Information

283

Technology and Innovation Foundation (ITIF), http://www2.itif. org/2013-cloud-computing-costs.pdf, abgerufen am 22.4.2014.

17 Liberty Report, S. 95. Ob die Daten nach Ablauf dieser Frist gelöscht werden dürfen oder müssen, ist Gegenstand mehrerer Gerichtsverfahren, vgl. Spiegel Online, 11.3.2014, »NSA-Überwachung: Richter stoppt die Vernichtung von Telefon-Metadaten«.

18 Liberty Report, S. 97, Fußnote 91.

19 WP, 16.6.2013, »Call records of fewer than 300 people were searched in 2012, U.S. says«.

20 WP, 1.7.2013, »Misinformation on classified NSA programs includes statements by senior U.S. officials«.

21 http://sensenbrenner.house.gov/news/documentsingle.aspx?DocumentID=364892, abgerufen am 8.1.2014, Übersetzung des Autors.

22 Spiegel Online, 30.6.2013, »NSA überwacht 500 Millionen Verbindungen in Deutschland«.

23 Bundestagsdrucksache 17/14560, 14.08.2013, S. 8.

24 CNN Breaking News, 19.6.2013, Übersetzung des Autors.

25 WP, 15.7.2013, »For NSA chief, terrorist threat drives passion to ›collect it all,‹ observers say«, Übersetzung des Autors.

26 Gerhard Schmid, Abhören in der Premiumklasse, in: Manuskript für die Zeitschrift für Außen- und Sicherheitspolitik, Veröffentlichung 2014 vorgesehen.

27 Bundestagsdrucksache 17/14560, 14.8.2013, S. 20f.

28 Guardian, 21.6.2013, »GCHQ taps fibre-optic cables for secret access to world's communications«.

29 Spiegel Online, 1.7.2013, »Die Datenräuber von der USS ›Jimmy Carter‹«.

30 Guardian, 1.8.2013, »Exclusive: NSA pays £100m in secret funding for GCHQ«, Übersetzung des Autors.

31 Intelligence and Security Committee of the Parliament, Uncorrected Transcript of 7.11.2013, S. 13, Übersetzung des Autors.

32 Guardian, 1.8.2013, »Exclusive: NSA pays £100m in secret funding for GCHQ«.

33 Norbert Pohlmann, Illya Siromaschenko, Michael Sparenberg, Direktvermittlung. Das »Schengen-Routing zu Ende gedacht«, in: iX, Heft 2/2014, S. 116.

34 Ebd.

35 Heise Security, 26.2.2014, »RSA-Boss: Ja, wir haben mit der NSA zusammengearbeitet«.

36 Guardian, 5.9.2013, »The US government has betrayed the internet. We need to take it back«, Übersetzung des Autors.

37 Electronic Privacy Information Center (EPIC), The Clipper Chip, https://epic.org/crypto/clipper/, abgerufen am 14.3.2014.

38 NYT, 5.9.2013, »N.S.A. Able to Foil Basic Safeguards of Privacy on Web«.

39 Spiegel Online, 25.7.2013, »NSA und FBI: Überwacher verlangen Zugang zu verschlüsselten https-Verbindungen«.

40 Guardian, 12.7.2013, »Microsoft handed the NSA access to encrypted messages«.

41 NYT, 5.9.2013, »N.S.A. Able to Foil Basic Safeguards of Privacy on Web«.

42 Heise News, 9.11.2013, »NSA-Skandal: IETF bezweifelt Vertrauenswürdigkeit der NIST«.

43 Communications Assistance for Law Enforcement Act (CALEA), 18, US Code.

44 James Bamford, The Shadow Factory. The ultra-secret NSA from 9/11 to the eavesdropping on America, New York u.a. 2008, Pos. 3283.

45 WP, 29.4.2013, »Panel seeks to fine tech companies for noncompliance with wiretap orders«.

46 Ben Adida u.a., CALEA II: Risks of Wiretap Modifications to Endpoints, 17.5.2013, Report des Center for Democracy & Technology (CDT), https://www.cdt.org/files/.../CALEAII-techreport.pdf, abgerufen am 22.4.2014.

47 Verordnung über die technische und organisatorische Umsetzung von Maßnahmen zur Überwachung der Telekommunikation (Telekommunikations-Überwachungsverordnung – TKÜV), 3.11.2005.

48 WP, 8.10.2010, »History of telecom company illustrates lack of strategic trust between U.S., China«.

49 U.S. House of Representatives, Investigative Report on the U.S. National Security Issues Posed by Chinese Telecommunications Companies Huawei and ZTE, 8.10.2012.

50 http://www.afr.com/p/national/huawei_spies_for_china_says_ex_cia_QoPS9JWsvg6bMYqmPbtqLK, abgerufen am 26.1.2014.

51 Spiegel Online, 30.12.2013, »Interaktive Grafik: Hier sitzen die Spähwerkzeuge der NSA«.

52 Spiegel Online, 30.12.2013, »Der geheime Werkzeugkasten der NSA«.

53 IEEE Spectrum, 26.2.2013, »The Real Story of Stuxnet«, http://spectrum.ieee.org/telecom/security/the-real-story-of-stuxnet/, abgerufen am 16.3.2014.

54 BVerfG, Urteil vom 27.2.2008, 1 BvR 370/07, 1 BvR 595/07.

55 Spiegel Online, 30.12.2013, »Wie der US-Geheimdienst weltweit Rechner knackt«.

56 Spiegel Online, 30.12.2013, »Die Klempner von San Antonio«.

57 Spiegel Online, 23.10.2013, »Kanzler-Handy im US-Visier?«.

58 Spiegel, 28.10.2013, »Der unheimliche Freund«, S. 21.

59 Bamford, The Shadow Factory, 2008, Pos. 3313.

60 Vgl. Transkript der Rede von Barack Obama am 14.1.2014, http://www.washingtonpost.com/politics/full-text-of-president-obamas-jan-17-speech-on-nsa-reforms/2014/01/17/fa33590a-7f8c-11e3-9556-4a4bf7bcbd84_story.html, abgerufen am 20.1.2014.

61 http://www.washingtonpost.com/wp-srv/special/national/black-budget/, abgerufen am 2.2.2014.

62 Wirtschaftswoche Online, 27.1.2014, »NSA betreibt Wirtschaftsspionage in Deutschland«.

63 Europäisches Parlament, ECHELON-Bericht (A5-0264/2001), 11.7.2001, S. 76.

64 Economist, 12.7.2003, »Airbus's secret past«.

65 Kahn, The Codebreakers, 1967, S. 675.

66 SZ, 10.7.2013, „Standorte der NSA in Deutschland«.

67 Bild Online, 26.10.2013, »Hier lauscht und späht die NSA in Deutschland«.

68 New Scientist, 5.4.1984, »How Cheltenham entered America's back yard«.

69 Vgl. Schmid, Abhören in der Premiumklasse, 2014, Fußnote 36.

70 Ebd.

71 FAZ, 26.3.2014, »London befürchtet Laxheit bei No-Spy-Abkommen«.

72 Die folgenden Ausführungen beruhen im Wesentlichen auf dem Bericht, den ich als BfDI gegenüber dem Bundestag abgegeben habe (Unterrichtung durch den Bundesbeauftragten für den Da-

tenschutz und die Informationsfreiheit), Bundestagsdrucksache 18/59, 15.11.2013.

73  http://www.bnd.bund.de.

74  Spiegel Online, 8.10.2013, »Regierung verweigert Auskünfte über CIA-Projekt in Deutschland«.

75  BVerfG, Urteil vom 24.4.2013, 1 BvR 1215/07.

76  Bundestagsdrucksache 18/218, 19.12.2013, Unterrichtung durch das parlamentarische Kontrollgremium.

77  Vgl. Bundesbeauftragte für den Datenschutz und die Informationsfreiheit (BfDI), 24. Tätigkeitsbericht, Kap. 7.7.4.

78  WP Online, »The Black Budget«, http://www.washingtonpost.com/wp-srv/special/national/black-budget/, abgerufen am 2.2.2014.

79  Die Zeit, 8.8.2013, »Die Profiteure«.

80  Guardian, »GCHQ: inside the top secret world of Britain's biggest spy agency«, http://www.theguardian.com/world/interactive/2013/aug/01/gchq-spy-agency-nsa-edward-snowden#part-two, abgerufen am 2.2.2014.

81  Bundeshaushaltsplan 2013, Einzelplan 04, Kapitel 404.

82  Die Zeit, 8.8.2013, »Die Profiteure«.

83  C. Wright Mills, The Power Elite, New York 1956.

84  Bamford, The Shadow Factory, 2008, Pos. 3139, Übersetzung des Autors.

85  Ebd., Pos. 3130, Übersetzung des Autors.

86  Die Zeit, 8.8.2013, »Die Profiteure«.

87  Vgl. Website des Unternehmens, »Narus nSystem. Incisive intelligence for countering security threats in a zero-trust world«, http://www.narus.com/solutions/narus-nsystem, abgerufen am 11.2.2014, Übersetzung des Autors.

88  WSJ, 30.8.2011, »Firms Aided Libyan Spies«.

89  Reporter ohne Grenzen, Positionspapier zum Export deutscher Überwachungstechnologie vom 28.8.2012, http://bit.ly/VLQj8E, abgerufen am 25.4.2014.

90  Deutschlandfunk, 15.6.2013, Hintergrund Politik.

91  Spiegel Online, 11.10.2011, „DigiTask: Trojaner-Hersteller beliefert etliche Behörden und Bundesländer«.

92  BfDI, 24. Tätigkeitsbericht, Kap. 2.4.1.

93  Spiegel Online, 5.3.2014, »Amtliche Spähsoftware: Staatstrojaner-Fiasko verbittert Polizisten«.

94  Reuters US-Edition, 8. 8. 2013, »NSA to cut system administrators by 90 percent limit data access«.

95  Reuters US-Edition, 11. 6. 2013, »US intelligence chief urges guarding data, reassures contractors«, Übersetzung des Autors.

96  Bamford, NSA, 2001, S. 107.

97  Vgl. BfDI, 24. Tätigkeitsbericht, Kap. 7.4.6.

98  Henning Tillmann, Browser Fingerprinting. 93% der Nutzer hinterlassen eindeutige Spuren auf Websites, www.henning-tillmann.de/2013/10/browser-fingerprinting-93-der-nutzer-hinterlassen-eindeutige-spuren/, abgerufen am 23. 12. 2013.

99  NYT, 27. 1. 2014, »Spy Agencies Tap Data Streaming From Phone Apps«, Übersetzung des Autors.

100  Vgl. Google-Datenschutzerklärung, https://www.google.de/intl/de/policies/privacy/, abgerufen am 17. 3. 2014.

101  taz, 10. 12. 2011, »Die Stasi hätte Facebook genutzt«.

102  Die Presse.com, 10. 2. 2014, »Drohnen: Wie die NSA bei gezielten Tötungen hilft«.

103  Vgl. Christian Fuchs, John Goetz, Geheimer Krieg. Wie von Deutschland aus der Kampf gegen den Terror gesteuert wird, Reinbek bei Hamburg 2013, S. 17.

104  Vgl. etwa SZ, 25. 7. 2011, »Carsharing. Ein geteiltes Auto ersetzt 15 Privatwagen«.

105  Zeit Online, 24. 2. 2011, »Was Vorratsdaten über uns verraten«.

106  BR Online, 20. 1. 2014, »Deutscher KFZ-Versicherer setzt Blackbox ein«.

107  WP, 4. 12. 2013, »NSA tracking cellphone locations worldwide«.

108  Die Welt, 19. 10. 2013, »Angst vor Terror-Anschlag mit Herzschrittmacher«.

109  Berkeley School of Information, 6. 11. 2013, »Data Size Matters«, http://datascience.berkeley.edu/big-data-infographic/, abgerufen am 26. 3. 2014.

110  Viktor Mayer-Schönberger, Kenneth Cukier, Big Data. Die Revolution, die unser Leben verändern wird, München 2013, S. 8.

111  Zeit Online, 19. 8. 2011, »Die Polizei als Hellseher«.

112  BfDI Rechtsprechungsübersicht zum Urteil des Bundesverfassungsgerichts vom 4. 4. 2006, 1 BvR 518/02, http://www.bfdi.bund.de/DE/GesetzeUndRechtsprechung/Rechtsprechung/InnereSicherheit/Artikel/040406_Rasterfahndung.html, abgerufen am 20. 3. 2014.

113 BVerfG, Urteil vom 4.4.2006, 1 BvR 518/02.

114 Etwa Joris van Hoboken, Axel Arnbak, Nico van Eijk, Cloud Computing in Higher Education and Research Institutions and the USA Patriot Act 2012, http://www.ivir.nl/index-english.html. Siehe auch Didier Bigo u.a., Fighting cyber crime and protecting privacy in the cloud. Studie für das Europäische Parlament, Oktober 2012, S. 33 ff.

115 WP, 14.10.2013, »NSA collects millions of e-mail address books globally«, Übersetzung des Autors.

116 Der Begriff wurde im Wesentlichen geprägt durch das Werk von Samuel Huntington, Clash of Civilizations and the Remaking of World Order, New York 1996.

117 Kahn, The Codebreakers, 1967, S. 674.

118 Final Report of the National Commission on Terrorist Attacks Upon the United States, 22.7.2004.

119 taz, 6.12.2005, Stichwort: »20. September 2001«, http://www.taz.de/1/archiv/archiv-start/?ressort=sw&dig=2005%2F12%2F06%2Fa0138&cHash=de7c3d7e8b390e6be3f90e5e6975ed98, abgerufen am 25.4.2014.

120 So nannte Bush in seiner Rede zur Lage der Nation am 29. Januar 2002 Nordkorea, Iran und Irak, denen er die Unterstützung der Terroristen vom 11. September 2001 unterstellte, http://georgewbush-whitehouse.archives.gov/news/releases/2002/01/20020129-11.html, abgerufen am 17.3.2014.

121 Statement by the North Atlantic Council, 12.9.2001, http://www.nato.int/docu/pr/2001/p01-124e.htm, abgerufen am 30.1.2014, Übersetzung des Autors.

122 Plenarprotokoll des Deutschen Bundestags 14/187, 19.9.2001, S. 18302.

123 Liberty Report, S. 246.

124 NYT, 16.12.2005, »Bush Lets U.S. Spy on Callers Without Courts«.

125 USA Today, 11.5.2006, »NSA has massive database of Americans' phone calls«.

126 Bamford, The Shadow Factory, 2008, Pos. 4282.

127 Abschlussbericht der Church-Kommission vom 29.4.1976, zitiert nach: Liberty Report, S. 55 ff., Übersetzung des Autors.

128 DPA-Meldung vom 27.12.2013.

289

129  Liberty Report, S. 68.

130  Report on the Telephone Records Program conducted under Section 215 of the USA PATRIOT Act and on the Operations of the Foreign Intelligence Surveillance Court, S. 37, im Folgenden zitiert als »PCLOB-Report«.

131  Liberty Report, S. 84.

132  Ebd., S. 91.

133  Bamford, The Shadow Factory, 2008, Pos. 5037.

134  Liberty Report, S. 90.

135  NYT, 20. 6. 2008, »Deal Reached in Congress to Rewrite Rules on Wiretapping«.

136  Statement von Barack Obama vom 28. 1. 2008, zitiert nach: http:// firedoglake.com/2008/01/28/barack-obama-statement-on-fisa, Übersetzung des Autors.

137  NYT, 7. 7. 2013, »In Secret, Court Vastly Broadens Powers of N.S.A.«.

138  Liberty Report, S. 95, Übersetzung des Autors.

139  Heise News, 19. 4. 2012, »EU-Parlament segnet Fluggastdaten-Transfer in die USA ab«.

140  European Commission, Joint Review of the implementation of the Agreement between the European Union an the United States of America on the processing and transfer of passenger name records to the United States Department of Homeland Security, 27. 11. 2013, S. 15.

141  European Commission, Proposal for a Council Framework Decision on the Use of Passenger Name Record (PNR) for Law Enforcement Purposes, 6. 11. 2007.

142  Vgl. Gemeinsame Stellungnahme der Artikel-29-Datenschutzgruppe und der Arbeitsgruppe Polizei und Justiz (WP 145), 5./18. 12. 2007.

143  Proposal for a Directive of the European Parliament and of the Council on the use of Passenger Name Record data for the prevention, detection, investigation and prosecution of terrorist offences and serious crime, 2. 2. 2011.

144  Entschließung der 81. Konferenz der Datenschutzbeauftragten des Bundes und der Länder, 16./17. 3. 2011. Vgl. auch Stellungnahme der Artikel-29-Datenschutzgruppe (WP181), 5. 4. 2011.

145  BVerfG, Urteil vom 2. 3. 2010 zur Vorratsdatenspeicherung von Telekommunikationsverkehrsdaten, 1 BvR 256/08.

146 Telepolis, 6. 3. 2014, »Russische Regierung fordert vor jedem Flug über eigenes Territorium Passagierdaten«.

147 Handelsblatt, 10. 9. 2011, »Die wahren Kosten der Anschläge«.

148 Artikel-29-Gruppe, Stellungnahme 10/2006 zur Verarbeitung von personenbezogenen Daten durch die Society for Worldwide Interbank Financial Telecommunication (SWIFT) (WP 128).

149 TFTP: Terrorist Finance Tracking Program.

150 Abkommen zwischen der Europäischen Union und den Vereinigten Staaten von Amerika über die Verarbeitung von Zahlungsverkehrsdaten und deren Übermittlung aus der Europäischen Union an die Vereinigten Staaten für die Zwecke des Programms zum Aufspüren der Finanzierung des Terrorismus, Amtsblatt der EU, 27. 7. 2010, im Folgenden zitiert als »SWIFT-Abkommen«.

151 TFTP-Vertrag, Art. 4, Nr. 2a.

152 Spiegel-Online, 9. 9. 2013, »US-Spionage: NSA späht Banktransfers und brasilianischen Ölkonzern aus«.

153 Verordnungen (EG) Nr. 2580/2001, (EG) Nr. 881/2002 und (EU) Nr. 753/2011.

154 Vgl. BfDI, 22. Tätigkeitsbericht, Kap. 13.7.

155 (EG) Nr. 881/2002, 27. 5. 2002.

156 BfDI, 22. Tätigkeitsbericht, Kap. 13.6.

157 CBS News, 5. 10. 2006, http://www.cbsnews.com/news/unlikely-terrorists-on-no-fly-list/, abgerufen am 12. 2. 2014.

158 Bundestagsdrucksache 18/244, 27. 12. 2013, S. 9.

159 Ebd.

160 Plenarprotokolle des Deutschen Bundestags, 12./19. 9. 2001.

161 Plenarprotokoll des Deutschen Bundestags, 19. 9. 2001.

162 BfDI, 20. Tätigkeitsbericht, S. 25.

163 Die Zeit Newsroom, 2. 10. 2001, »Die Behauptung, Datenschutz sei Terroristenschutz ist falsch und Unsinn!«, http://www.presse-portal.de/pm/9377/287678/-die-behauptung-datenschutz-sei-terroristenschutz-ist-falsch-und-unsinn, abgerufen am 20. 3. 2014.

164 Bundestagsdrucksache 14/7386(neu), 08. 11. 2001, Entwurf eines Gesetzes zur Bekämpfung des internationalen Terrorismus (Terrorismusbekämpfungsgesetz).

165 Peter Schaar, Mit heißer Nadel gegen den Terrorismus?, in: Multimedia und Recht, November 2001.

166 BVerfG, Urteil vom 24. 4. 2013, 1 BvR 1215/07.

167 Richtlinie 2006/24/EG vom 15.3.2006 über die Vorratsspeicherung von Daten, die bei der Bereitstellung öffentlich zugänglicher elektronischer Kommunikationsdienste oder öffentlicher Kommunikationsnetze erzeugt oder verarbeitet werden.

168 Bundestagsdrucksache 15/4748, 26.1.2005.

169 Die Welt, 15.12.2009, »Die größte Verfassungsbeschwerde aller Zeiten«.

170 BVerfG, Urteil vom 2.3.2010, 1 BvR 256/08, 1 BvR 263/08, 1 BvR 586/08.

171 EuGH, Urteil vom 8.4.2014 zur Vereinbarkeit der Richtlinie 2006/24/EG zur Vorratsspeicherung von Daten mit Artikel 7, 8 und 11 der Charta der Grundrechte der Europäischen Union – C-293/12 und C-594/12.

172 Advocate General's Opinion in Joined Cases C-293/12 Digital Rights Ireland and C-594/12 Seitlinger and Others, http://curia. europa.eu/jcms/upload/docs/application/pdf/2013-12/cp130157 en.pdf.

173 Vgl. Artikel 15 Absatz 1 Satz 3 der Richtlinie 2002/58/EG vom 12.7.2002 Datenschutzrichtlinie für elektronische Kommunikation, Amtsblatt Nr. L 201 vom 31.7.2002, S. 0037–0047.

174 Koalitionsvertrag zwischen CDU, CSU und SPD, 18. Legislaturperiode, S. 147.

175 Erklärung des Bundesjustiz- und Verbraucherschutzministers Heiko Maas zur Entscheidung des EuGH in Sachen Vorratsdatenspeicherung vom 8.4.2014, http://www.bmjv.de/DE/Home/_doc/_aktuelles_zitat.html;jsessionid=5FF9DB5DAD907157C5ACE3C5F6 EAA917.1_cid324?nn=3433226, abgerufen am 25.4.2014.

176 Bundesministerium des Innern, Pressemitteilung vom 8.4.2014, http://www.bmi.bund.de/SharedDocs/Pressemitteilungen/DE/2014 /04/eugh.html, abgerufen am 25.4.2014.

177 Spiegel Online, 17.4.2014, »Einigung bei Schwarz-Rot: Koalition will vorerst keine Vorratsdatenspeicherung«.

178 Vgl. etwa FAZ, 24.4.2014, »SPD-Landespolitiker kämpfen für Datenspeicherung«. RP Online, 24.4.2014, »CDU-Vize Strobl will deutschen Alleingang«.

179 Kahn, The Codebreakers, 1967, S. 354 ff.

180 Bamford, NSA, 2001, S. 48.

181 Ebd., S. 156.

182 Duncon Campbell, Somebody's listening, in: New Statesman, 12.8.1988.

183 Nicky Hager, Secret Power. New Zealand's Role in the International Spy Network, Nelson 1996, abrufbar unter: http://www.nickyhager.info/ebook-of-secret-power.

184 Ebd., S. 29.

185 BfDI, 18.Tätigkeitsbericht, Kap. 16.4.

186 STOA – Scientific and Technological Options Assessment Programme, EP A5-0254/2001, 11.7.2001.

187 BfDI, 19. Tätigkeitsbericht, S. 169.

188 Entschließung des Europäischen Parlaments zu ECHELON, 5.9.2001, veröffentlicht im Amtsblatt der EU C 72 E/221, 21.3.2002.

189 Vgl. insb. Joseph Foschepoth, Überwachtes Deutschland. Post- und Telefonüberwachung in der alten Bundesrepublik, Göttingen 2012, S. 48 ff.

190 Heise Online, 29.12.2013, »30C3: Die überwachte Bundesrepublik«.

191 Foschepoth, Überwachtes Deutschland, 2012.

192 Ebd., S. 82.

193 Ebd., S. 192.

194 Zitiert nach: Ebd., S. 298 ff.

195 Bundestagsdrucksache 17/14560, 14.8.2013, S.11.

196 NYT, 6.6.2013, »U.S. Confirms That It Gathers Online Data Overseas«, Übersetzung des Autors.

197 Ebd.

198 Ebd.

199 Federal News Service, »Transcript: Obama's Remarks on NSA Controversy«, zitiert nach: WSJ, 7.6.2013, Übersetzung des Autors.

200 Originaltext: »They who can give up essential liberty to obtain a little temporary safety, deserve neither liberty nor safety«, Benjamin Franklin, Remarks on the Propositions, 1775, zitiert nach: Memoirs of the life and writings of Benjamin Franklin, Vol. 1, hrsg. von William Temple Franklin, Philadelphia 1818.

201 Zeit Online, 25.7.2013, »NSA-Kritiker scheitern im US-Parlament«, http://www.zeit.de/politik/2013-07/NSA-Spionage-Telefonueberwachung-Geheimdienst, abgerufen am 25.4.2014.

202 Jim Sensenbrenner, »The USA Freedom Act«, http://sensenbrenner.house.gov/legislation/theusafreedomact.htm, abgerufen am 25.4.2014.

203 Liberty Report, Fußnote 8.

204 WP, 17.1.2014, »Transcript of President Obama's Jan. 17 speech on NSA reforms«, http://www.washingtonpost.com/politics/full-text-of-president-obamas-jan-17-speech-on-nsa-reforms/2014/01/17/fa33590a-7f8c-11e3-9556-4a4bf7bcbd84_story.html, abgerufen am 25.4.2014.

205 SZ, 26.3.2014, »Obama will Amerikaner vor Geheimdienst schützen«.

206 PCLOB-Report, Fußnote 130.

207 Ebd., S. 11, Übersetzung des Autors.

208 Ebd., S. 16.

209 Intelligence and Security Committee of the Parliament, Uncorrected Transcript of 7.11.2013, S. 15, http://isc.independent.gov.uk/files/20131107_ISC_uncorrected_transcript.pdf.

210 Guardian, 6.10.2013, »Prism and Tempora: the cabinet was told nothing of the surveillance state's excesses«, Übersetzung des Autors.

211 Guardian, 10.11.2013, »Guardian faces fresh criticism over Edward Snowden revelations«.

212 Guardian, 31.1.2014, »Footage released of Guardian editors destroying Snowden hard drives«.

213 FAZ, 26.3.2014, »Auf Nummer Sicher«.

214 Spiegel Online, 11.6.2013, »Berlin und die Prism-Affäre: Gute Amis, böse Amis«.

215 Der Spiegel, 1.7.2013, »Angriff aus Amerika«.

216 Die Welt, 18.12.2013, »Deutschland soll exklusivem Spionageklub beitreten«.

217 SZ, 12.6.2013, »Leutheusser-Schnarrenberger verlangt Aufklärung von den USA«.

218 Ebd.

219 HAZ, 17.8.2013, »Beim Geheimdienst bin ich immer skeptisch«.

220 n-tv, 27.10.2013, »NSA-Affäre überschattet Freihandelsabkommen – Aigner will Gespräche aussetzen«, http://www.n-tv.de/politik/Aigner-will-Gespraeche-aussetzen-article11616131.html.

221 Spiegel Online, 19.6.2013, »Gespräch mit Merkel: Obama verteidigt Abhöraktion Prism«.

222 Bundestagsdrucksache 17/14560, 14.8.2013, S. 1. Bundestagsdrucksache 17/14739 , 12.9.2013, S. 6.

223 Zeit Online, 12.7.2014, »Prism: USA sagen Friedrich Informationen über Spähprogramm zu«.

224 tagesschau.de, 11.7.2013, »Innenminister Friedrich in den USA:
Verordnete Empörung im Wahlkampf«, http://www.tagesschau.de/
kommentar/friedrich-nsa100.html, abgerufen am 25.4.2014.

225 Bundesregierung, »Acht-Punkte-Programm zum besseren Schutz
der Privatsphäre«, http://www.bundesregierung.de/ContentArchiv/
DE/Archiv17/Artikel/2013/10/2013-10-28-acht-punkte-plan.
html, abgerufen am 25.4.2014.

226 Antwort der Bundesregierung auf die Kleine Anfrage der Fraktion
der SPD, Bundestagsdrucksache 17/14560.

227 Spiegel Online, 26.6.2013, »Tempora: Briten verweigern Antworten zum Schnüffelprogramm«.

228 Telepolis, 13.8.2013, »Der Vorwurf der vermeintlichen Totalausspähung in Deutschland ist nach den Angaben der Geheimdienste
vom Tisch«, http://www.heise.de/tp/artikel/39/39699/1.html, abgerufen am 25.4.2014.

229 Interview mit Bundesinnenminister Hans-Peter Friedrich, in: Rhei-
nische Post, 16.8.2013, »Friedrich: ›Stolz auf unsere Geheimdienste‹«.

230 Spiegel Online, 2.11.2013, »NSA-Affäre: Bundesregierung fordert Spitzelverbot für US-Dienste«.

231 Welt Online, 5.11.2013, »Ihr seid mir tolle Patrioten«.

232 tagesschau.de, 25.10.2013, »Niemand hat die Affäre für beendet
erklärt«, http://www.tagesschau.de/inland/nsa-affaere130.html, abgerufen am 25.4.2014.

233 Die Welt, 16.7.2013, »Friedrich erklärt Sicherheit zum ›Super-
grundrecht‹«.

234 Interview mit Sigmar Gabriel, in: Spiegel Online, 4.7.2013, »Gabriel fordert Ermittlungen gegen NSA-Chef«.

235 Interview mit Jürgen Trittin, in: Spiegel Online, 15.7.2013, »Die
Koalition agiert wie die drei Affen«.

236 Spiegel Online, 9.8.2013, »Kooperation mit dem BND: Steinmeier
will zur NSA-Verbindung berichten«.

237 Plenarprotokoll des Deutschen Bundestags 18/2, 18.11.2013, S. 46.

238 Vgl. etwa Bild.de, 14.7.2013, »Steinbrück greift Merkel an: Amtseid wurde verletzt«.

239 Koalitionsvertrag zwischen CDU, CSU und SPD für die 18. Legislaturperiode, S. 149.

240 Bundestagsdrucksache 18/843, 18.3.2014.

241 FAZ Online, 2.4.2014, »Es spricht leider wenig dafür, dass Amerika kooperiert«.

242 SZ Online, 9.4.2014, »Binninger legt Vorsitz im NSA-Untersuchungsausschuss nieder«.

243 Guardian, 30.6.2013, »New NSA leaks show how US is bugging its European allies«.

244 Der Spiegel, 1.7.2013, »Angriff aus Amerika«.

245 Spiegel Online, 20.9.2013, »Spähangriff auf Belgacom: Britischer Geheimdienst hackte belgische Telefongesellschaft«.

246 Ebd.

247 Spiegel Online, 30.6.2013, »NSA überwacht 500 Millionen Verbindungen in Deutschland«.

248 Draft Report on the US NSA surveillance programme, surveillance bodies in various Member States and their impact on EU citizens' fundamental rights and on transatlantic cooperation in Justice and Home Affairs, 23.12.2013.

249 Europäisches Parlament, Presseerklärung vom 12.3.2014.

250 Entschließung des Europäischen Parlaments vom 23. Oktober 2013 zur Aussetzung des TFTP-Abkommens infolge der Überwachungsmaßnahmen der NSA.

251 Vgl. Spiegel Online, 6.6.2013, »Wie die Industrielobby den EU-Datenschutz verwässern will«.

252 Europäisches Parlament, Pressemitteilung vom 12.3.2014, »Parlament verschärft Regeln zum Schutz persönlicher Daten im digitalen Zeitalter«.

253 Erich Kästner, Und wo bleibt das Positive, Herr Kästner?, Gedicht 1930, http://www.deutschelyrik.de/index.php/und-wo-bleibt-das-positive-herr-kaestner-1171.html.

354 James Michael, Privacy and human rights. An international and comparative study, with special reference to developments in information technology, Hampshire 1994, S. 15. Teile dieses Gesetzes blieben bis 2010 in Kraft.

255 Hans-Jürgen Papier, Verfassung und Verfassungswandel, in: 60 Jahre Grundgesetz, hrsg. von Caroline Y. Robertson-von Trotha, Baden-Baden 2009, S.15.

256 Jutta Limbach, Das Bundesverfassungsgericht, 2., überarb. Aufl., München 2010, S.10.

257 https://www.generalbundesanwalt.de/de/spionage.php, abgerufen am 8.3.2014.

258 Bundestagsdrucksache 17/14739, 12.9.2013.

259 BVerfG, Urteil vom 3.3.2004 zur akustischen Wohnraumüberwachung (»großer Lauschangriff«), 1 BvR 2378/98.

260 Vgl. etwa BVerfG, Urteil vom 27.7.2005 zur präventiven Telekommunikationsüberwachung durch die Polizei, 1 BvR 668/04.

261 Vgl. Bundestagsdrucksache 17/14560, 14.8.2013, S. 8.

262 Vgl. hierzu die Schilderungen des amerikanischen Chef-Anklägers Telford Taylor, Die Nürnberger Prozesse. Hintergründe, Analysen und Erkenntnisse aus heutiger Sicht, 2. Aufl., München 1992.

263 FOCUS Online, 14.4.2012, »Neuer BND-Chef Gerhard Schindler bläst zur Attacke«.

264 FAZ, 9.8.2013, »No risk, no fun«.

265 SZ Online, 14.1.2014, »No-Spy-Abkommen. Wie Washington der Mut verließ«.

266 Bundestagsdrucksache 17/14560, 14.8.2013.

267 WP, 17.1.2014, »Transcript of President Obama's Jan. 17 speech on NSA reforms«, Fußnote 204.

268 NYT, 16.12.2013, »U.S.-Germany Intelligence Partnership Falters Over Spying«.

269 FAZ, 26.3.2013, »London fürchtet Laxheit bei No-Spy-Abkommen«.

270 Guardian, 25.10.2013, »David Cameron agrees with EU concerns over NSA surveillance«.

271 FAZ, 26.3.2014, »Auf Nummer Sicher«.

272 Reuters, 20.11.2013, »Verfassungsschutz will Spionageabwehr ausbauen«.

273 Vgl. Entschließung der 31. Konferenz der Internationalen Konferenz der Beauftragten für den Datenschutz und den Schutz der Privatsphäre vom 4./6.11.2009 über internationale Standards zum Schutz der Privatsphäre, http://www.bfdi.bund.de/DE/Entschliessungen/IntDSK/IntDSK_node.html?gtp=409260%253D2, abgerufen am 25.4.2014.

274 Internationaler Pakt über bürgerliche und politische Rechte vom 19.12.1966 (BGBl. 1973 II 1553), im Folgenden zitiert als »Zivilrechtspakt«.

275 Ebd., Art. 2 Abs. 1.

276 Status der Ratifizierung des Zivilrechtspakts vgl. https://treaties. un.org/Pages/ViewDetails.aspx?src=TREATY&mtdsg_no=IV-4& chapter=4&lang=en, abgerufen am 10.2.2014.

277 Spiegel Online, 25.6.2013, »PRISM und Tempora: Zügellose Überwachung zurückfahren!«.

278 http://www.bundeskanzlerin.de/ContentArchiv/DE/Archiv17/ Mitschrift/Pressekonferenzen/2013/07/2013-07-19-merkel-bpk. html, abgerufen am 10.2.2014.

279 Die Welt, 24.7.2013, »FDP-Minister starten UN-Initiative – Erste Unterstützer für Datenschutzpakt sind gefunden«.

280 35. Internationale Konferenz der Beauftragten für den Datenschutz und den Schutz der Privatsphäre vom 23.–26.9.2013, »Verankerung des Datenschutzes und des Schutzes der Privatsphäre im internationalen Recht«, http://www.bfdi.bund.de/DE/Entschliessungen/IntDSK/IntDSK_node.html?gtp=409260%253D2, abgerufen am 25.4.2014.

281 FP, 20.11.2013, «Exclusive: Inside America's Plan to Kill Online Privacy Rights Everywhere«, http://thecable.foreignpolicy.com/ posts/2013/11/20/exclusive_inside_americas_plan_to_kill_online _privacy_rights_everywhere.

282 Spiegel Online, 26.11.2013, »Resolution gegen Abhöraktionen: Die Uno kuscht vor der NSA«.

283 Süddeutsche.de, 19.12.2013, »UN verabschieden Anti-Spionage-Resolution«.

284 Samuel D. Warren, Louis D. Brandeis, The Right to Privacy, in: Harvard Law Review, Heft 4/1890.

285 Europarat, Übereinkommen zum Schutz des Menschen bei der automatischen Verarbeitung personenbezogener Daten, 28.1.1981.

286 Heise Online, 24.1.2014, »Klage gegen britischen Geheimdienst GCHQ erhält in Straßburg Priorität«.

287 Council of Europe, Declaration of the Committee of Ministers on Risks to Fundamental Rights stemming from Digital Tracking and other Surveillance Technologies, 11.6.2013.

288 Charta der Grundrechte der Europäischen Union vom 7.12.2000, (2000/C 364/01), http://eur-lex.europa.eu/de/treaties/dat/ 32007X1214/htm/C2007303DE.01000101.htm.

289 Vertrag von Lissabon zur Änderung des Vertrags über die Europäische Union und des Vertrags zur Gründung der Europäischen Gemeinschaft, unterzeichnet in Lissabon am 13. Dezember 2007, Amtsblatt der EU 2007/C 306/01.

290 Richtlinie 95/46/EG des Europäischen Parlaments und des Rates vom 24. Oktober 1995 zum Schutz natürlicher Personen bei der Verarbeitung personenbezogener Daten und zum freien Datenverkehr (EG-DSRL, ABl. EG Nr. L 281 31).

291 Entscheidung der Europäischen Kommission vom 26. Juli 2000 gemäß der Richtlinie 95/46/EG über die Angemessenheit des von den Grundsätzen des »sicheren Hafens« (2000/520/EG).

292 Pressemitteilung der Konferenz der Datenschutzbeauftragten des Bundes und der Länder vom 24. Juli 2013, »Datenschutzkonferenz: Geheimdienste gefährden massiv den Datenverkehr zwischen Deutschland und außereuropäischen Staaten«.

293 Vgl. FT, 4.11.2013, »Data protection ruled out of EU-US trade talks«.

294 Vgl. Alexander Dix, Datenschutz und transatlantische Freihandelszone, Karlsruhe 2013, S. 8.

295 WP, 17.1.2014, »Transcript of President Obama's Jan. 17 speech on NSA reforms«, Fußnote 204.

296 Bundestagsdrucksache 18/59, 15.11.2013.

297 BVerfG, Urteil vom 15.12.1983, 1 BvR 209.

298 BVerfG, Urteil vom 27.2.2008, 1 BvR 370/07.

299 Welt Online, 18.7.2013, »NSA soll sieben Anschläge verhindert haben«.

300 Vgl. etwa SZ Online, 16.7.2013, »Innenminister Friedrich zur Spähaffäre: Bürger sollen ihre Daten selbst schützen«.

301 FAZ, 1.11.2013, »Europas Sputnik-Schock«.

302 Wirtschaftswoche online, 5.3.2014, »Bitkom wegen NSA-Affäre gespalten«.

303 Konferenz der Datenschutzbeauftragten des Bundes und der Länder, 5.9.2013, »Keine umfassende und anlasslose Überwachung durch Nachrichtendienste!«.

304 Vgl. Website der BfDI, Stichwort: »Schengener Abkommen«, www. bfdi.bund.de.

305 Pohlmann u.a., Das »Schengen-Routing« zu Ende gedacht, S. 112, Fußnote 33.

306 Heise Online, 11.11 2013, »Die Telekom und der NSA-Skandal: Auf ins Schengen-Netz«.
307 Heise Online, 13.11.2013, »Betreiber empört über Telekom-Pläne zum Schengen-Routing«.
308 Vgl. etwa Jakob Steinschaden, Digitaler Frühling, Wien 2012.
309 Guardian, 5.9.2013, »The US government has betrayed the internet. We need to take it back«.
310 Interview mit Informatikprofessor Hannes Federrath, http://www.uni-hamburg.de/newsletter/november-2013/gefahren-aus-dem-internet-interview-mit-informatikprofessor-hannes-federrath.html.
311 Wikipedia, Stichwort: »Verschlüsselung«.
312 Albrecht Beutelspacher, Kryptologie. Eine Einführung in die Wissenschaft vom Verschlüsseln, Verbergen und Verheimlichen; ohne alle Geheimniskrämerei, aber nicht ohne hinterlistigen Schalk, dargestellt zu Nutzen und Ergötzen des allgemeinen Publikums, Braunschweig/Wiesbaden 1987, S. 43.
313 Eli Biham, Adi Shamir, Differential Cryptanalysis of DES-like Cryptosystems, 19.7.1990, in: Advances in Cryptosystems, hrsg. von Alfred J. Manezes, Scott A. Vanstone, S. 2.
314 Vgl. etwa die Technische Richtlinie BSI TR-02102 des Bundesamts für die Sicherheit in der Informationstechnik, Empfehlungen zur Schlüssellänge bei kryptographischen Verfahren, 9.1.2013.
315 Vgl. etw NYT, 21.3.2014, »Revelations of N.S.A. Spying Cost U.S. Tech Companies«.
316 Erklärung der US-Internet-Unternehmen, »Global Government Surveillance Reform«, http://reformgovernmentsurveillance.com/, abgerufen am 5.3.2014.
317 Gerd Gigerenzer, Wolfgang Gaissmaier, Die Angst nach dem Terror, in: Max Planck Forschung, Heft 2/2007.
318 Vgl. Bundesministerien des Innern und der Justiz, Zweiter Periodischer Sicherheitsbericht, 2006.
319 Vgl. Infratest-Umfrage nach 9/11, in: Spiegel, 24.9.2001, »Angriff auf den Staat im Staate«, S. 31.
320 Zygmunt Baumann, David Lyon, Daten, Drohnen, Disziplin. Ein Gespräch über flüchtige Überwachung, Berlin 2013, S. 16.
321 Vgl. etwa Max-Planck-Institut für ausländisches und internationales Strafrecht, Schutzlücken durch Wegfall der Vorratsdatenspeicherung?, Juli 2011. Vgl. auch PCLOB-Report, 23.1.2014.

322  Christian Heller, Post-Privacy: Prima leben ohne Privatsphäre, München 2011.

323  Jeff Jarvis, Mehr Transparenz wagen! Wie Facebook, Twitter & Co. die Welt erneuern, Köln 2012.

324  Anti-Counterfeiting Trade Agreement (ACTA), 3.12.2010, http://trade.ec.europa.eu/doclib/docs/2010/december/tradoc_147079.pdf, abgerufen am 26.3.2014.

325  Zitiert nach: http://www.change.org/de/Petitionen/bundeskanzlerin-angela-merkel-angemessene-reaktion-auf-die-nsa-aff%C3%A4re, abgerufen am 10.3.2014.

326  Spiegel Online, 22.4.2014, »S.P.O.N. – Die Mensch-Maschine: Das Netz braucht eine Internet-Uno«.

327  https://www.archive.org, Stand: Februar 2014.

328  http://export.gov/safeharbor/index.asp.

## Dank

Ich danke allen, mit denen ich mich über die globalen Überwachungs-aktivitäten, die ihnen zu Grunde liegenden technologischen Entwicklungen und über die juristischen Hintergründe austauschen konnte. Besonderen Dank schulde ich meiner Frau Carmen und meiner Schwester Katrin, die das Manuskript gurchgesehen und mir vielfältige Anregungen gegeben haben. Danken möchte ich schließlich meiner Agentin Frau Aenne Glienke, die das projekt unterstützt und zu seiner Verwirklichung beigetragen hat.

**Deep Web - Die dunkle Seite des Internets**
221 Seiten. Gebunden
ISBN 978-3-351-05010-8

# Willkommen im Deep Web

Keiner weiß es. Es ist 40-450 Mal so groß wie das sichtbare Internet.
Eine digitale Parallelwelt. Das Meiste ist endlose Datenödnis. Aber
dazwischen sind anonyme Hochburgen des beinahe rechtsfreien Raums.
Hier hinterlässt man keine Spuren, bleibt unauffindbar – Das Deep Web
ist die letzte terra incognita dieser Erde.
Deep Web erklärt, wie es funktioniert, wie man hineinkommt, wer sich
dort herumtreibt und warum. Denn was Snowden und Assange und
vielen anderen den geheimen Datenaustausch und abhörsichere
Kommunikation ermöglicht, ist gleichzeitig einer der größten
Umschlagplätze für illegale Waren.
Alle Daten sind hochaktuell, es gibt exklusive Gesprächspartner,
Cybercrime-Beamte des BKA, Politiker und Staatsanwälte, Hacker,
Nerds und Leute, die lieber im Dunkeln bleiben wollen.

**Mehr Informationen erhalten Sie unter www.aufbau-verlag.de oder in Ihrer
Buchhandlung.**

*Blumenbar*